本书撰写人员

（以撰写内容为序）

刘春玲　沈国琴　李文姝

高茂春　李　亮　石启龙

中华人民共和国
治安管理处罚法
新旧条文对照 与 适用精解

刘春玲　主编

条文对照、逐条解读、关联指引

中国法治出版社
CHINA LEGAL PUBLISHING HOUSE

【撰稿人员简介】

　　[1] 刘春玲，法学博士、教授，专业技术二级警监。中国人民警察大学公安法学院公安行政执法教研室主任，中国人民大学公法研究中心警察法治研究所兼职研究员，河北省低空安全管控技术重点实验室低空安全政策法规研究中心负责人。

　　兼任中国法学会行政法学研究会常务理事、中国法学会宪法学研究会理事、中国廉政法制研究会理事，全国人大立法专家库成员（参与国防法、海警法、人民武装警察法等多部国家法律立法咨询和立法评估工作），教育部全国研究生（硕士、博士）教育审核监测专家。河北省人大常委会专家顾问，河北省人大社会建设委员会专家顾问，河北省人民检察院民事行政诉讼监督案件专家咨询委员会专家，廊坊市人大法制委员会委员。主要研究领域：警察法学、行政法学、数据法学等。公开发表论文40余篇，主持和参与省部级等科研项目10余项，独立和参与出版学术专著5部，主编教材1部。荣获中央和国家机关2023年度"四好"党员称号、河北省优秀中青年法学家提名奖称号，获评中国人民警察大学建校40周年科技创新突出贡献奖、河北省优秀社科成果三等奖、学校科研成果一、二等奖等奖励多项。

　　[2] 沈国琴，中国人民公安大学法学院宪法学行政法学教研室主任，副教授，法学博士，博士研究生导师。兼任中国法学会宪法学研究会理事，中国法学会立法学研究会理事，中国人民警察大学客座教授。长期从事宪法学、行政法学的教学研究工作。主要研究成果有著作3部，译著1部；发表学术论文40余篇；主编参编教材5部。

　　[3] 李文姝，中国刑事警察学院禁毒与治安学院党委委员、副院长，副教授，法学博士，硕士研究生导师。荣立个人三等功一次、嘉奖二次。辽宁省百千万人才工程万层次人才、沈阳市技术标兵。在《人大法律评论》等CSSCI来源期刊（含扩展版）发表论文6篇，出版专著1部，参编编著2部。主持教育部人文社科项目等部省级科研项目10项，1篇咨政建议研究成果被省级正职领导批示。

　　[4] 高茂春，中国人民警察大学特勤学院治安管理教研室主任，副教授，硕士研究生导师。中国人民警察大学"治安学"学科负责人，教育部本科、硕士论文评议专家。曾多次为公安部新入警人员，黑龙江移民部门、海南省公安厅、中国地质调查局自然资源综合调查指挥中心工作人员，以及中亚五国、泰国、菲律宾、越南等国警务部门来华人员授课，评价良好。主要研究领域："枫桥经验"与

1

社区警务、公安执法规范化建设、治安管理处罚法等。

［5］李亮，浙江警察学院治安学院院长、书记，教授、法学博士，浙江省一流 A 类（培育）学科公安学学科带头人、治安学专业带头人，浙江省哲社试点实验室公共安全风险治理实验室主任，兼中国法理学研究会理事，中国立法学研究会理事，浙江省预防未成年人犯罪研究会副会长，浙江省法学会、司法厅立法专家库入选专家，华东政法大学数字法治研究院特聘研究员。主持国家社科基金课题 1 项，主持省部级课题 7 项，在核心期刊发表论文 30 多篇。先后受邀参加中国法学会、公安部、全国人大常委会法工委等单位组织的人民警察法、治安管理处罚法、未成年人保护法、预防未成年人犯罪法、旅馆业治安管理办法等立法专家咨询会。

［6］石启龙，中国刑事警察学院法律教研部副教授，法学博士，专业技术一级警督，硕士研究生导师。主持国家社科基金一般项目以及辽宁省社科基金、中央高校科研业务基金等多项课题，参与国家重大专项计划、教育部社科基金重大项目、司法部重点项目以及中国法学会重点委托项目等课题研究。在《行政法学研究》《经济法研究》《江西社会科学》等刊物发表论文 10 余篇，出版学术专著 2 部。

前　　言

《中华人民共和国治安管理处罚法》作为维护社会治安秩序、保障公共安全、保护公民合法权益的重要法律，自颁布实施以来，在规范治安管理处罚、化解社会矛盾、促进社会和谐稳定等方面发挥了至关重要的作用。随着我国经济社会的快速发展，社会治安形势呈现出一系列新情况、新问题，对治安管理工作也提出了更高的要求。2025年6月27日，第十四届全国人民代表大会常务委员会第十六次会议通过了新修订的治安管理处罚法，新修订的治安管理处罚法自2026年1月1日起施行。治安管理处罚法此次修订是顺应时代发展、回应社会关切的重大举措，对于进一步完善我国治安管理法律体系具有里程碑式的意义。为了帮助广大执法人员、法律研究者以及社会公众准确理解和适用修订后的法律条文，我们组织撰写了《中华人民共和国治安管理处罚法新旧条文对照与适用精解》一书，希望能为相关工作和学习提供有益的参考。

本次修订的主要亮点。2025年对《中华人民共和国治安管理处罚法》的修订，是在深入总结多年来治安管理执法经验、广泛征求社会各界意见的基础上进行的，充分体现了新时代治安管理工作的新要求和新特点。本次修订在明确治安管理工作坚持中国共产党的领导、坚持综合治理原则的基础上，亮点纷呈，主要可概括为三个方面：一是进一步强化了对公民权利的保障。例如，修订后的法律更加注重规范公安机关的执法行为，新增询问违反治安管理行为人、当场检查场所和由一名人民警察当场作出治安管理处罚决定等规定情形，应当全程同步录音录像，并规定了剪接、删改、损毁、丢失同步录音录像的法律责任。二是适应了社会治安问题治理的新需求。治安管理处罚法此次修订将无人机违规飞行、抢控驾驶操纵装置、出售或者提供公民个人信息、一系列新型网络治安违法等行为都纳入了治安管理处罚的范畴。三是优化了处罚种类和幅度设置。例如，对于一些社会危害性较小、情节轻微的违法行为，适当降低了处罚幅度，增加了告诫、矫治教育等非处罚性措施的适用空间，注重教育与处罚相结合。

本书内容主要包括新旧对照、适用精解两部分。本书以2025年修订后的《中华人民共和国治安管理处罚法》为依据，旨在为读者提供全面、系统、深入的法律解读和适用指导。通过直观的新旧条文对照，读者可以快速掌握法律修订的具体内容，了解条文的变化轨迹，为深入理解法律的修订精神奠定基础；适用精解内容既包括对条文文本含义的解释，也包括对条文背后立法精神、法律原则的阐释，帮助读者能够准确理解条文的内涵和外延，掌握法律适用的关键要点，此外也注意围绕法律适用中的疑难问题、常见争议点进行详细解读，为执法人员准确认定治安违法行为、正确适用法律条款，提供具体的适用建议和操作指引。

本书的撰写工作由来自中国人民警察大学、中国人民公安大学、中国刑事警察学院、浙江警察学院的专家学者携手完成。 主编负责全书框架设计与统稿，撰写人员及具体分工如下（按照撰写章节顺序）：

刘春玲　　第一章，第二章，第三章第三节

沈国琴　　第三章第一节、第二节

李文姝　　第三章第四节

高茂春　　第四章第一节

李　亮　　第四章第二节

石启龙　　第四章第三节，第五章，第六章

最后，感谢盛夏时节各位同仁在繁忙教学工作之余的倾力投入，感谢中国法治出版社各位编辑及相关单位、个人对本书撰写工作的支持与帮助。法律的生命在于实施。希望本书能为公安干警、律师、法官及法学研究者提供有价值的参考，助力新法的正确理解与精准适用。限于时间和水平，书中难免存在疏漏，敬请读者批评指正。

刘春玲

2025 年 7 月

目　　录

第一章　总　　则

第 一 条　【立法目的和立法依据】 …………………………（1）
第 二 条　【工作原则与政府职责】 …………………………（2）
第 三 条　【处罚对象和实施机关】 …………………………（3）
第 四 条　【处罚程序适用原则】 ……………………………（3）
第 五 条　【空间效力范围】 …………………………………（4）
第 六 条　【处罚基本原则】 …………………………………（5）
第 七 条　【主管部门和案件管辖】 …………………………（6）
第 八 条　【处罚与民、刑责任衔接】 ………………………（7）
第 九 条　【多元调解机制】 …………………………………（8）

第二章　处罚的种类和适用

第 十 条　【处罚种类】 ……………………………………（10）
第十一条　【涉案财物处理】 ………………………………（11）
第十二条　【未成年人处罚及处理】 ………………………（12）
第十三条　【精神病人、智力残疾人处罚及处理】 ………（13）
第十四条　【盲聋哑人处罚】 ………………………………（14）
第十五条　【醉酒人处罚及处理】 …………………………（15）
第十六条　【数行为并罚】 …………………………………（16）
第十七条　【共同违法的处罚】 ……………………………（17）
第十八条　【单位违法处罚】 ………………………………（18）
第十九条　【正当防卫】 ……………………………………（19）
第二十条　【从轻减轻或不予处罚情形】 …………………（20）
第二十一条　【认错认罚从宽】 ……………………………（22）
第二十二条　【从重处罚】 …………………………………（23）
第二十三条　【不执行行政拘留情形】 ……………………（23）
第二十四条　【未成年人矫治教育】 ………………………（25）
第二十五条　【处罚追究时效】 ……………………………（26）

第三章 违反治安管理的行为和处罚

第一节 扰乱公共秩序的行为和处罚

第二十六条 【扰乱机关单位、公共场所、公共交通秩序及破坏选举秩序的行为和处罚】 …………………………………… (27)

第二十七条 【扰乱国家考试秩序的行为和处罚】 ………………… (29)

第二十八条 【扰乱大型群众性活动秩序的行为和处罚】 ………… (30)

第二十九条 【故意散布谣言、谎报险情、疫情、警情,投放虚假的危险物质或者扬言实施危害公共安全犯罪行为的行为和处罚】 ………………………………………… (32)

第 三 十 条 【寻衅滋事的行为和处罚】 ………………………… (34)

第三十一条 【组织、利用邪教,冒用宗教、气功名义扰乱社会秩序,制作、传播宣扬邪教、会道门内容的物品、信息、资料的行为和处罚】 ……………………………… (35)

第三十二条 【故意干扰无线电业务、对无线电台(站)产生有害干扰、擅自设置无线电台(站)的行为和处罚】 …… (37)

第三十三条 【危害计算机信息系统及其数据安全的行为和处罚】 …… (38)

第三十四条 【组织、领导传销,胁迫、诱骗他人参加传销的行为及处罚】 …………………………………………… (40)

第三十五条 【从事影响国家重要活动、从事有损纪念英雄烈士环境和氛围的活动,侵害英烈名誉及宣扬侵略的行为和处罚】 ……………………………………………… (41)

第二节 妨害公共安全的行为和处罚

第三十六条 【违反危险物质管理的行为和处罚】 ………………… (44)

第三十七条 【危险物质被盗、被抢或丢失不报告、故意隐瞒不报的行为和处罚】 …………………………………… (45)

第三十八条 【非法携带枪支、弹药、管制器具的行为和处罚】 ……… (46)

第三十九条 【盗窃、损毁重要公共设施、移动、损毁国(边)境标志设施,影响国(边)境管理设施的行为和处罚】 … (47)

第 四 十 条 【妨碍交通工具安全运行的行为和处罚】 …………… (49)

第四十一条 【妨碍铁路、城市轨道交通线路运行安全的行为和处罚】 … (51)

第四十二条 【妨碍火车行车安全、城市轨道交通安全的行为和处罚】 … (52)

第四十三条 【擅自安装使用电网、道路施工妨碍行人安全、破坏道路施工安全和破坏公共设施、违反规定升放携带明火的升空物体、高空抛物的行为和处罚】………… (53)
第四十四条 【举办大型活动违反有关规定的行为和处罚】………… (56)
第四十五条 【公共活动场所拒不执行安全规定的行为和处罚】………… (57)
第四十六条 【无人驾驶航空器违反空域管理规定进行飞行的行为和处罚】………… (58)

第三节 侵犯人身权利、财产权利的行为和处罚

第四十七条 【组织胁迫表演、强迫劳动、非法限制人身自由、非法侵宅、非法搜查等行为和处罚】………… (60)
第四十八条 【组织、胁迫未成年人有偿陪侍的行为和处罚】………… (61)
第四十九条 【胁迫乞讨等行为和处罚】………… (63)
第五十条 【恐吓威胁、公然侮辱、诽谤、诬告陷害、打击报复证人、干扰他人生活、侵犯隐私等行为、处罚及措施】… (64)
第五十一条 【殴打他人、故意伤害的行为和处罚】………… (66)
第五十二条 【猥亵、公共场所裸露隐私部位的行为和处罚】………… (67)
第五十三条 【虐待、遗弃的行为和处罚】………… (69)
第五十四条 【强买强卖的行为和处罚】………… (70)
第五十五条 【煽动、刊载民族仇恨、民族歧视等行为和处罚】………… (71)
第五十六条 【违规出售、提供或非法获取个人信息的行为和处罚】……… (72)
第五十七条 【冒领、隐匿、毁弃、倒卖、私自开拆或者非法检查他人邮件、快件的行为和处罚】………… (74)
第五十八条 【盗窃、诈骗、哄抢、抢夺或者敲诈勒索的行为和处罚】… (75)
第五十九条 【故意损毁公私财物的行为和处罚】………… (76)
第六十条 【学生欺凌的行为、处罚及措施】………… (76)

第四节 妨害社会管理的行为和处罚

第六十一条 【拒不执行政府在紧急情况下依法发布的决定,命令和阻碍执行职务,阻碍特种车辆船舶通行,冲闯警戒带、警戒区的行为和处罚】………… (78)
第六十二条 【冒充国家机关工作人员及其他虚假身份招摇撞骗的行为和处罚】………… (80)
第六十三条 【伪造、变造、出租出借公文、证件、证明文件、印章、有价票证、凭证、船舶户牌的行为和处罚】……… (81)

第六十四条　【船舶擅自进入、停靠国家禁止、限制进入的水域或者岛屿的行为和处罚】……………………………（83）

第六十五条　【非法以社会组织名义活动、被撤销登记的社会组织继续活动、擅自经营需公安机关许可的行业的行为和处罚】……………………………………………………（84）

第六十六条　【煽动、策划非法集会、游行、示威的行为和处罚】……（85）

第六十七条　【旅馆业不按规定登记旅客信息，不制止旅客带入危险物质，明知住宿旅客是犯罪嫌疑人不报告的行为和处罚】………………………………………………………（86）

第六十八条　【房屋出租人违反有关出租房屋管理规定的行为和处罚】…（88）

第六十九条　【娱乐场所、公章刻制业、机动车修理业、报废机动车回收行业经营者不依法登记信息的行为和处罚】……（90）

第七十条　【非法安装、使用、提供窃听、窃照专用器材的行为和处罚】………………………………………………………（91）

第七十一条　【违法典当、违法收购违禁物品等行为和处罚】………（91）

第七十二条　【隐藏、转移、变卖、擅自使用或者损毁行政执法机关依法扣押、查封、冻结、扣留、先行登记保存的财物，伪造、隐匿、毁灭证据，提供虚假证言、谎报案情，窝藏、转移或者代为销售赃物，违反监督管理规定的行为和处罚】……………………………（93）

第七十三条　【违反人民法院刑事判决中的禁止令或者职业禁止决定，拒不执行禁止家庭暴力告诫书、禁止性骚扰告诫书，违反禁止接触证人、鉴定人、被害人及其近亲属保护措施的行为和处罚】……………………（95）

第七十四条　【被关押的违法行为人脱逃的行为和处罚】……………（96）

第七十五条　【故意损坏国家保护的文物、名胜古迹；在文物保护单位附近进行爆破、钻探、挖掘等活动，危及文物安全的行为和处罚】………………………………………（97）

第七十六条　【偷开他人机动车的，未取得驾驶证驾驶或者偷开他人航空器、机动船舶的行为和处罚】………………………（98）

第七十七条　【故意破坏、污损他人坟墓或者毁坏、丢弃他人尸骨、骨灰；在公共场所停放尸体或者因停放尸体影响他人的行为和处罚】………………………………………（99）

第七十八条　【卖淫、嫖娼以及在公共场所拉客招嫖的行为和处罚】…（100）

第七十九条　【引诱、容留、介绍他人卖淫的行为和处罚】…………（100）

第八十条	【制作、运输、复制、出售、出租淫秽书刊、音像制品等淫秽物品及传播淫秽信息的行为和处罚】 ……	(101)
第八十一条	【组织播放淫秽音像、组织或者进行淫秽表演、参与聚众淫乱活动的行为和处罚】 ……	(102)
第八十二条	【为赌博提供条件或者参与赌博赌资较大的行为和处罚】 …	(103)
第八十三条	【非法种植罂粟不满五百株或者其他少量毒品原植物，非法买卖、运输、携带、持有少量未经灭活的罂粟等毒品原植物种子或者幼苗，非法运输、买卖、储存、使用少量罂粟壳的行为和处罚】 ……	(104)
第八十四条	【非法持有毒品，向他人提供毒品，吸食、注射毒品，胁迫、欺骗医务人员开具麻醉药品、精神药品的行为和处罚】 ……	(105)
第八十五条	【教唆、引诱、欺骗或者强迫他人吸食、注射毒品，以及容留他人吸食、注射毒品或者介绍买卖毒品的行为和处罚】 ……	(107)
第八十六条	【非法生产、经营、购买、运输用于制造毒品的原料、配剂的行为和处罚】 ……	(108)
第八十七条	【为吸毒、赌博、卖淫、嫖娼人员通风报信或提供条件的行为和处罚】 ……	(109)
第八十八条	【产生生活噪声干扰他人的行为和处罚】 ……	(110)
第八十九条	【饲养动物干扰他人正常生活，违法违规出售、饲养动物，未采取安全措施致动物伤人，驱使动物伤害他人的行为和处罚】 ……	(111)

第四章 处罚程序

第一节 调　　查

第九十条	【立案调查】 ……	(113)
第九十一条	【严禁非法取证】 ……	(114)
第九十二条	【收集、调取证据】 ……	(115)
第九十三条	【移送案件证据效力】 ……	(116)
第九十四条	【公安机关保密义务】 ……	(117)
第九十五条	【办案回避】 ……	(118)
第九十六条	【传唤与强制传唤】 ……	(120)
第九十七条	【询问查证时间及通知义务】 ……	(121)
第九十八条	【询问笔录及询问不满十八周岁人的规定】 ……	(122)

第九十九条	【询问被侵害人和其他证人】	(124)
第一百条	【异地代为询问与远程视频询问】	(126)
第一百零一条	【询问中的语言帮助】	(127)
第一百零二条	【人身检查与生物样本提取】	(128)
第一百零三条	【检查程序】	(129)
第一百零四条	【检查笔录】	(131)
第一百零五条	【扣押物品】	(131)
第一百零六条	【鉴定】	(134)
第一百零七条	【辨认】	(135)
第一百零八条	【警察执法人数的规范】	(137)

第二节 决　　定

第一百零九条	【处罚决定机关】	(138)
第一百一十条	【处罚前限制人身自由强制措施的时间折抵】	(140)
第一百一十一条	【定案证据】	(141)
第一百一十二条	【处罚告知】	(142)
第一百一十三条	【治安案件调查结束后的处理】	(144)
第一百一十四条	【处罚决定前的法制审核】	(146)
第一百一十五条	【处罚决定书内容】	(148)
第一百一十六条	【处罚决定书宣告和送达】	(150)
第一百一十七条	【听证适用范围】	(151)
第一百一十八条	【办案期限】	(153)
第一百一十九条	【当场处罚条件】	(155)
第一百二十条	【当场处罚程序】	(156)
第一百二十一条	【救济途径】	(158)

第三节 执　　行

第一百二十二条	【行政拘留处罚的投所执行和异地执行】	(159)
第一百二十三条	【罚款缴纳程序和当场收缴罚款的适用】	(160)
第一百二十四条	【当场收缴罚款缴付程序和时限】	(162)
第一百二十五条	【当场收缴罚款应出具专用票据】	(163)
第一百二十六条	【行政拘留暂缓执行适用条件和程序】	(164)
第一百二十七条	【担保人条件】	(166)
第一百二十八条	【担保人义务与法律责任】	(167)
第一百二十九条	【保证金没收】	(168)
第一百三十条	【保证金退还】	(169)

第五章　执法监督

第一百三十一条　【公安机关及人民警察办案原则】……………（170）
第一百三十二条　【尊重和保障人权】…………………………（171）
第一百三十三条　【接受监督】……………………………………（172）
第一百三十四条　【通报政务处分】………………………………（173）
第一百三十五条　【罚缴分离】……………………………………（174）
第一百三十六条　【治安违法记录封存】…………………………（175）
第一百三十七条　【同步录音录像管理】…………………………（176）
第一百三十八条　【个人信息保护】………………………………（177）
第一百三十九条　【人民警察违法违纪责任】……………………（178）
第一百四十条　　【公安机关及其人民警察赔偿责任】…………（181）

第六章　附　　则

第一百四十一条　【本法管辖适用的特殊规定】…………………（182）
第一百四十二条　【海警机构海上治安职责】……………………（183）
第一百四十三条　【特定法律用语的含义】………………………（184）
第一百四十四条　【本法施行日期】………………………………（184）

附　　录

中华人民共和国治安管理处罚法 ………………………………（186）

第一章 总 则

第一条 【立法目的和立法依据】[①] 为了维护社会治安秩序，保障公共安全，保护公民、法人和其他组织的合法权益，规范和保障公安机关及其人民警察依法履行治安管理职责，根据宪法，制定本法。

【新旧对照】[②]

修订后	修订前
第一条 为了维护社会治安秩序，保障公共安全，保护公民、法人和其他组织的合法权益，规范和保障公安机关及其人民警察依法履行治安管理职责，**根据宪法**，制定本法。	第一条 为维护社会治安秩序，保障公共安全，保护公民、法人和其他组织的合法权益，规范和保障公安机关及其人民警察依法履行治安管理职责，制定本法。

【适用精解】

本条由2012年《治安管理处罚法》[③]第一条修改而来，主要增加了"根据宪法"的表述。

本条是关于本法立法目的和立法依据的规定。

本条规定了本法三个层次的立法目的：

第一，"维护社会治安秩序"是本法的首要立法目的，也是直接立法目的；

第二，"保障公共安全，保护公民、法人和其他组织的合法权益"，既是本法立法目的的重要组成，也是"维护社会治安秩序"这一首要而直接的立法目的的价值所在；

第三，"规范和保障公安机关及其人民警察依法履行治安管理职责"，是本法重要的立法目的，也是实现"维护社会治安秩序""保障公共安全，保护公民、法人和其他组织的合法权益"立法目的的条件保障。

本条明确了宪法是本法的立法依据。治安管理处罚直接涉及公民的人身自由、

[①] 条文主旨为编者所加，下同。
[②] 条文中的重要修改之处用黑体字凸显。
[③] 本书正文中的《中华人民共和国治安管理处罚法》一般使用简称，2012年《治安管理处罚法》指2012年10月26日修改后的《中华人民共和国治安管理处罚法》，以下不另外提示。

财产等基本权利，本条明确了宪法是本法的制定依据，本法符合宪法中保护公民、法人和其他组织合法权益以及公安机关依法履职等要求。

【相关法律法规】

《中华人民共和国宪法》等。

> 第二条 【工作原则与政府职责】治安管理工作坚持中国共产党的领导，坚持综合治理。
> 各级人民政府应当加强社会治安综合治理，采取有效措施，预防和化解社会矛盾纠纷，增进社会和谐，维护社会稳定。

【新旧对照】

修订后	修订前
第二条 治安管理工作坚持中国共产党的领导，坚持综合治理。 各级人民政府应当加强社会治安综合治理，采取有效措施，**预防和化解社会矛盾纠纷**，增进社会和谐，维护社会稳定。	第六条 各级人民政府应当加强社会治安综合治理，采取有效措施，化解社会矛盾，增进社会和谐，维护社会稳定。

【适用精解】

本条由2012年《治安管理处罚法》第六条修改而来。

本条是关于治安管理工作原则与政府相关职责及履行要求的规定。

本条新增加的第一款内容，规定了治安管理工作必须坚持的政治原则与根本方法：中国共产党领导是治安管理工作的政治保证，综合治理是根本方法与核心路径。

本条第二款则明确了治安管理工作的义务主体、工作方针和任务目标。按照本条规定，各级人民政府应该依法采取积极措施，有效预防和化解社会矛盾纠纷，以"预防—化解—维稳"的递进逻辑，将治安管理与基层治理、平安建设相衔接，最终服务于社会和谐稳定的总体目标。

【相关法律法规】

《全国人民代表大会常务委员会关于加强社会治安综合治理的决定》等。

> **第三条　【处罚对象和实施机关】** 扰乱公共秩序，妨害公共安全，侵犯人身权利、财产权利，妨害社会管理，具有社会危害性，依照《中华人民共和国刑法》的规定构成犯罪的，依法追究刑事责任；尚不够刑事处罚的，由公安机关依照本法给予治安管理处罚。

【新旧对照】

修订后	修订前
第三条　扰乱公共秩序，妨害公共安全，侵犯人身权利、财产权利，妨害社会管理，具有社会危害性，依照《中华人民共和国刑法》的规定构成犯罪的，依法追究刑事责任；尚不够刑事处罚的，由公安机关依照本法给予治安管理处罚。	第二条　扰乱公共秩序，妨害公共安全，侵犯人身权利、财产权利，妨害社会管理，具有社会危害性，依照《中华人民共和国刑法》的规定构成犯罪的，依法追究刑事责任；尚不够刑事处罚的，由公安机关依照本法给予治安管理处罚。

【适用精解】

　　本条由2012年《治安管理处罚法》第二条延续而来，未作修改。
　　本条是关于治安管理处罚适用对象和实施机关的规定。
　　根据本条规定，治安管理处罚适用于扰乱公共秩序，妨害公共安全，侵犯人身权利、财产权利，妨害社会管理，具有社会危害性，但尚不够给予刑事处罚的个人或单位。所以，很明确，治安管理处罚在性质上属于行政处罚。
　　根据本条规定，治安管理处罚由公安机关依法作出。

【相关法律法规】

《中华人民共和国刑法》。

> **第四条　【处罚程序适用原则】** 治安管理处罚的程序，适用本法的规定；本法没有规定的，适用《中华人民共和国行政处罚法》、《中华人民共和国行政强制法》的有关规定。

【新旧对照】

修订后	修订前
第四条　治安管理处罚的程序，适用本法的规定；本法没有规定的，适用《中华人民共和国行政处罚法》、**《中华人民共和国行政强制法》**的有关规定。	第三条　治安管理处罚的程序，适用本法的规定；本法没有规定的，适用《中华人民共和国行政处罚法》的有关规定。

【适用精解】

本条由 2012 年《治安管理处罚法》第三条修改而来。

本条是关于治安管理处罚程序适用原则的规定。

本条规定了治安管理处罚程序原则上适用本法规定，本法没有规定的，适用《中华人民共和国行政处罚法》、《中华人民共和国行政强制法》的有关规定。其中，适用《中华人民共和国行政强制法》有关规定，是新增内容，这一规定为治安管理处罚程序的适用提供了必要且重要的法律依据补充。

【相关法律法规】

《中华人民共和国行政处罚法》《中华人民共和国行政强制法》等。

第五条　【空间效力范围】在中华人民共和国领域内发生的违反治安管理行为，除法律有特别规定的外，适用本法。

在中华人民共和国船舶和航空器内发生的违反治安管理行为，除法律有特别规定的外，适用本法。

在外国船舶和航空器内发生的违反治安管理行为，依照中华人民共和国缔结或者参加的国际条约，中华人民共和国行使管辖权的，适用本法。

【新旧对照】

修订后	修订前
第五条　在中华人民共和国领域内发生的违反治安管理行为，除法律有特别规定的外，适用本法。 在中华人民共和国船舶和航空器内发生的违反治安管理行为，除法律有特别规定	第四条　在中华人民共和国领域内发生的违反治安管理行为，除法律有特别规定的外，适用本法。 在中华人民共和国船舶和航空器内发生的违反治安管理行为，除法律有特别规定

续表

修订后	修订前
的外，适用本法。 在外国船舶和航空器内发生的违反治安管理行为，依照中华人民共和国缔结或者参加的国际条约，中华人民共和国行使管辖权的，适用本法。	的外，适用本法。

【适用精解】

本条由2012年《治安管理处罚法》第四条修改而来。

本条是关于我国治安管理处罚法空间效力范围的规定。

本条第一、二款由2012年《治安管理处罚法》第四条延续而来，未作修改。此两款规定以属地管辖原则确定了在中华人民共和国领域内发生的违反治安管理行为或在中华人民共和国船舶和航空器内发生的违反治安管理行为，除法律有特别规定的外，皆适用本法。

本条第三款是新增规定，是在第一、二款属地管辖原则基础上增加的国际条约下的延伸管辖。根据本条第三款规定，在外国船舶和航空器内发生的违反治安管理行为，依照中华人民共和国缔结或者参加的国际条约，中华人民共和国行使管辖权的，适用本法。增加本款管辖规定，主要是基于涉外法治的客观需要。

【相关法律法规】

《中华人民共和国刑法》《中华人民共和国民用航空法》《公安机关办理行政案件程序规定》等。

第六条 【处罚基本原则】 治安管理处罚必须以事实为依据，与违反治安管理的事实、性质、情节以及社会危害程度相当。

实施治安管理处罚，应当公开、公正，尊重和保障人权，保护公民的人格尊严。

办理治安案件应当坚持教育与处罚相结合的原则，充分释法说理，教育公民、法人或者其他组织自觉守法。

【新旧对照】

修订后	修订前
第六条 治安管理处罚必须以事实为依据，与违反治安管理**的事实**、性质、情节以及社会危害程度相当。 实施治安管理处罚，应当公开、公正，尊重和保障人权，保护公民的人格尊严。 办理治安案件应当坚持教育与处罚相结合的原则，**充分释法说理，教育公民、法人或者其他组织自觉守法**。	第五条 治安管理处罚必须以事实为依据，与违反治安管理行为的性质、情节以及社会危害程度相当。 实施治安管理处罚，应当公开、公正，尊重和保障人权，保护公民的人格尊严。 办理治安案件应当坚持教育与处罚相结合的原则。

【适用精解】

本条规定由 2012 年《治安管理处罚法》第五条修改而来。

本条是关于治安管理处罚四大原则的规定。

根据本条规定，治安管理处罚四大原则如下：

其一，过罚相当原则。本原则要求治安管理处罚设定和实施都必须与违反治安管理的事实（即以事实为依据）、性质、情节以及社会危害程度相当，不得"重过轻罚"或"轻过重罚"。

其二，公开、公正原则。其中，公开原则，要求实施治安管理处罚的依据、过程和决定等都要依法公开，而不是秘密进行；公正原则，要求实施治安管理处罚必须基于公平正义、不偏不倚，平等、公正地适用法律。

其三，保障人权原则。本原则要求实施治安管理处罚必须尊重和保障人权，保护公民的人格尊严。

其四，教育与处罚相结合原则。本原则在 2012 年《治安管理处罚法》第五条第三款的基础上增加了"充分释法说理，教育公民、法人或者其他组织自觉守法"的规定，要求公安机关办理治安案件需综合考量个案情节与社会效果，强化释法说理义务，避免"以罚代教"，提升相对人对处罚的认同感，引导其自觉守法。

第七条　【主管部门和案件管辖】 国务院公安部门负责全国的治安管理工作。县级以上地方各级人民政府公安机关负责本行政区域内的治安管理工作。

治安案件的管辖由国务院公安部门规定。

【新旧对照】

修订后	修订前
第七条 国务院公安部门负责全国的治安管理工作。县级以上地方各级人民政府公安机关负责本行政区域内的治安管理工作。 治安案件的管辖由国务院公安部门规定。	第七条 国务院公安部门负责全国的治安管理工作。县级以上地方各级人民政府公安机关负责本行政区域内的治安管理工作。 治安案件的管辖由国务院公安部门规定。

【适用精解】

本条由 2012 年《治安管理处罚法》第七条延续而来，未作修改。

本条是关于治安管理工作主管部门和治安案件管辖的规定。

本条第一款规定的是治安管理工作主管部门：国务院公安部门负责全国的治安管理工作，县级以上地方各级人民政府公安机关负责本行政区域内的治安管理工作。

本条第二款规定的是治安案件管辖，治安案件的管辖由国务院公安部门规定。

【相关法律法规】

《公安机关办理行政案件程序规定》等。

第八条 【处罚与民、刑责任衔接】违反治安管理行为对他人造成损害的，除依照本法给予治安管理处罚外，行为人或者其监护人还应当依法承担民事责任。

违反治安管理行为构成犯罪，应当依法追究刑事责任的，不得以治安管理处罚代替刑事处罚。

【新旧对照】

修订后	修订前
第八条 违反治安管理行为对他人造成损害的，**除依照本法给予治安管理处罚外**，行为人或者其监护人还应当依法承担民事责任。 **违反治安管理行为构成犯罪，应当依法追究刑事责任的，不得以治安管理处罚代替刑事处罚。**	第八条 违反治安管理的行为对他人造成损害的，行为人或者其监护人应当依法承担民事责任。

【适用精解】

本条规定由 2012 年《治安管理处罚法》第八条修改而来。

本条两款规定确定了治安管理处罚与民事、刑事责任的衔接规则。

本条第一款新增了"除依照本法给予治安管理处罚外"等表述，进一步明确了治安管理处罚与民事责任并行原则，违反治安管理行为人（或监护人）在承担治安管理处罚责任的同时，须依法赔偿受害人损害，体现了权利救济的全面性和科学性。

本条第二款是新增规定，与《中华人民共和国行政处罚法》第八条相呼应，要求必须严格区分治安违法行为与犯罪行为，准确把握行刑界限，禁止"以罚代刑"，避免执法"降格处理"，维护法律的权威性和统一性。

【相关法律法规】

《公安机关办理行政案件程序规定》等。

第九条　【多元调解机制】 对于因民间纠纷引起的打架斗殴或者损毁他人财物等违反治安管理行为，情节较轻的，公安机关可以调解处理。

调解处理治安案件，应当查明事实，并遵循合法、公正、自愿、及时的原则，注重教育和疏导，促进化解矛盾纠纷。

经公安机关调解，当事人达成协议的，不予处罚。经调解未达成协议或者达成协议后不履行的，公安机关应当依照本法的规定对违反治安管理行为作出处理，并告知当事人可以就民事争议依法向人民法院提起民事诉讼。

对属于第一款规定的调解范围的治安案件，公安机关作出处理决定前，当事人自行和解或者经人民调解委员会调解达成协议并履行，书面申请经公安机关认可的，不予处罚。

【新旧对照】

修订后	修订前
第九条　对于因民间纠纷引起的打架斗殴或者损毁他人财物等违反治安管理行为，情节较轻的，公安机关可以调解处理。**调解处理治安案件，应当查明事实，并遵循合法、公正、自愿、及时的原则，注重教育和疏导，促进化解矛盾纠纷。**	第九条　对于因民间纠纷引起的打架斗殴或者损毁他人财物等违反治安管理行为，情节较轻的，公安机关可以调解处理。经公安机关调解，当事人达成协议的，不予处罚。经调解未达成协议或者达成协议后不履行的，公安机关应当依照本法的规定

续表

修订后	修订前
经公安机关调解，当事人达成协议的，不予处罚。经调解未达成协议或者达成协议后不履行的，公安机关应当依照本法的规定对违反治安管理行为**作出处理**，并告知当事人可以就民事争议依法向人民法院提起民事诉讼。 对属于第一款规定的调解范围的治安案件，公安机关作出处理决定前，当事人自行和解或者经人民调解委员会调解达成协议并履行，书面申请经公安机关认可的，不予处罚。	对违反治安管理行为人给予处罚，并告知当事人可以就民事争议依法向人民法院提起民事诉讼。

【适用精解】

本条规定由 2012 年《治安管理处罚法》第九条修改而来。

本条是关于治安调解及多元解纷机制的规定。

本条规定修改幅度较大，由一款内容修改为层次更加清楚、内容更加完整、体系更加科学的四款内容。其中，本条第二款和第四款规定为新增内容；第三款中的"作出处理"代替了原条文中的"给予处罚"，表述更加严谨、全面。

本条第一款规定了治安调解适用条件，第二款规定了调解处理治安案件的原则、任务目标等制度构成要素，第三款主要规定了治安调解法律后果及当事人救济途径，第四款则规定了当事人自行和解或者经人民调解委员会调解等多元治安解纷机制的运行要求及法律后果。

相较于 2012 年《治安管理处罚法》第九条规定，本条规定新变化主要体现在以下两个方面：

一是治安调解制度体系化。本条新增的第二款规定要求治安调解应当在"查明事实"的基础上，必须坚持"合法、公正、自愿、及时"四项原则，新增了以"注重教育和疏导"方法"促进化解矛盾纠纷"的功能定位。相比较而言，2012 年相关条文主要是授权性规定。

二是治安解纷机制多元化、程序规则精细化。本条第四款新增两类非诉解纷渠道——当事人自行和解与人民调解，突破了原来单一的公安行政调解模式。此外，将新增两类非诉解纷渠道时效限定于"作出处理决定前"，并设置"作出处理决定前+书面申请+公安机关认可"的三重要件，并将"协议履行"作为不予处罚条件，程序规则精细、具有操作性。

第二章 处罚的种类和适用

> **第十条 【处罚种类】** 治安管理处罚的种类分为:
> (一) 警告;
> (二) 罚款;
> (三) 行政拘留;
> (四) 吊销公安机关发放的许可证件。
> 对违反治安管理的外国人, 可以附加适用限期出境或者驱逐出境。

【新旧对照】

修订后	修订前
第十条 治安管理处罚的种类分为: (一) 警告; (二) 罚款; (三) 行政拘留; (四) 吊销公安机关发放的许可证**件**。 对违反治安管理的外国人, 可以附加适用限期出境或者驱逐出境。	第十条 治安管理处罚的种类分为: (一) 警告; (二) 罚款; (三) 行政拘留; (四) 吊销公安机关发放的许可证。 对违反治安管理的外国人, 可以附加适用限期出境或者驱逐出境。

【适用精解】

本条由 2012 年《治安管理处罚法》第十条延续而来, 未作实质性修改。

本条是关于治安管理处罚种类的规定。

本条第一款是关于对违反治安管理行为人普遍适用的治安管理处罚种类的规定; 第二款是关于对违反治安管理的外国人附加适用的治安管理处罚种类的规定。

本条规定与 2012 年相关条款内容在治安管理处罚种类上保持一致, 均规定警告、罚款、行政拘留、吊销许可证件四种基本处罚类型, 并保留对违反治安管理外国人的限期出境或驱逐出境附加处罚, 体现处罚种类体系的稳定性。

公安机关在办案中主要需注意: 一是要依法适用处罚种类, 过罚相当; 二是对外国人附加适用限期出境或驱逐出境时, 需严格遵守出入境管理相关程序规定; 三是公安机关只能吊销公安机关发放的许可证。

【相关法律法规】

《中华人民共和国出境入境管理法》《公安机关办理行政案件程序规定》《海警机构行政执法程序规定》等。

> 第十一条 【涉案财物处理】办理治安案件所查获的毒品、淫秽物品等违禁品，赌具、赌资、吸食、注射毒品的用具以及直接用于实施违反治安管理行为的本人所有的工具，应当收缴，按照规定处理。
> 违反治安管理所得的财物，追缴退还被侵害人；没有被侵害人的，登记造册，公开拍卖或者按照国家有关规定处理，所得款项上缴国库。

【新旧对照】

修订后	修订前
第十一条 办理治安案件所查获的毒品、淫秽物品等违禁品，赌具、赌资、吸食、注射毒品的用具以及直接用于实施违反治安管理行为的本人所有的工具，应当收缴，按照规定处理。 违反治安管理所得的财物，追缴退还被侵害人；没有被侵害人的，登记造册，公开拍卖或者按照国家有关规定处理，所得款项上缴国库。	第十一条 办理治安案件所查获的毒品、淫秽物品等违禁品，赌具、赌资、吸食、注射毒品的用具以及直接用于实施违反治安管理行为的本人所有的工具，应当收缴，按照规定处理。 违反治安管理所得的财物，追缴退还被侵害人；没有被侵害人的，登记造册，公开拍卖或者按照国家有关规定处理，所得款项上缴国库。

【适用精解】

本条由2012年《治安管理处罚法》第十一条延续而来，未作修改。

本条是关于治安案件涉案财物处理的规定。

本条规定与2012年《治安管理处罚法》相关条款在违禁品收缴、违法所得处理规则保持一致，未作修改，体现出立法者对该涉案财物处理规定的认可。

公安机关适用本条规定时主要需注意：（1）收缴范围严格限定为违禁品、作案工具等法定类别；（2）追缴程序需区分有、无被侵害人两种情形，分别适用退还或上缴国库程序；（3）对无主财物应通过公开拍卖或者按照国家有关规定处理，确保处理程序透明合规，所得款项上缴国库。

【相关法律法规】

《中华人民共和国禁毒法》《公安机关办理行政案件程序规定》《罚没财物管理办法》等。

> **第十二条　【未成年人处罚及处理】** 已满十四周岁不满十八周岁的人违反治安管理的，从轻或者减轻处罚；不满十四周岁的人违反治安管理的，不予处罚，但是应当责令其监护人严加管教。

【新旧对照】

修订后	修订前
第十二条　已满十四周岁不满十八周岁的人违反治安管理的，从轻或者减轻处罚；不满十四周岁的人违反治安管理的，不予处罚，但是应当责令其监护人严加管教。	第十二条　已满十四周岁不满十八周岁的人违反治安管理的，从轻或者减轻处罚；不满十四周岁的人违反治安管理的，不予处罚，但是应当责令其监护人严加管教。

【适用精解】

本条由2012年《治安管理处罚法》第十二条延续而来，未作修改。

本条是关于未成年人违反治安管理的，应该如何处罚及如何处理的原则性规定。

本条与2021年修订的《中华人民共和国行政处罚法》第三十条相关规定基本保持一致。

考虑到未成年人因年龄小，智力体力仍处于发育时期，控制自己行为和辨别是非善恶的能力较差，因此规定：（1）对已满十四周岁不满十八周岁未成年人，应当从轻或减轻处罚；（2）对不满十四周岁未成年人不予处罚，但应当责令监护人严加管教。立法者维持以上原有规定，体现出对未成年人"教育为主、惩罚为辅"原则的一贯立场。

公安机关适用本条规定时主要需注意：（1）未成年人年龄认定，以违法行为发生时年龄为准，需依法严格核查身份证明等材料信息；（2）需与未成年人刑事责任年龄区分开来，以免混淆（《中华人民共和国刑法修正案（十一）》新增对已满十二周岁不满十四周岁的未成年人追责规定，回应社会关注的极端低龄恶性案件，同时设置严格的核准程序以防滥用）；（3）对已满十四周岁不满十八周岁未成年人，应综合考量其违法情节、悔过态度等因素裁量从轻或减轻幅度。

【相关法律法规】

《中华人民共和国未成年人保护法》《中华人民共和国预防未成年人犯罪法》《中华人民共和国刑法》《公安机关办理行政案件程序规定》等。

> 第十三条 【精神病人、智力残疾人处罚及处理】精神病人、智力残疾人在不能辨认或者不能控制自己行为的时候违反治安管理的，不予处罚，但是应当责令其监护人加强看护管理和治疗。间歇性的精神病人在精神正常的时候违反治安管理的，应当给予处罚。尚未完全丧失辨认或者控制自己行为能力的精神病人、智力残疾人违反治安管理的，应当给予处罚，但是可以从轻或者减轻处罚。

【新旧对照】

修订后	修订前
第十三条 精神病人、**智力残疾人**在不能辨认或者不能控制自己行为的时候违反治安管理的，不予处罚，但是应当责令其监护人**加强看护管理**和治疗。间歇性的精神病人在精神正常的时候违反治安管理的，应当给予处罚。尚未完全丧失辨认或者控制自己行为能力的精神病人、智力残疾人违反治安管理的，应当给予处罚，但是可以从轻或者减轻处罚。	第十三条 精神病人在不能辨认或者不能控制自己行为的时候违反治安管理的，不予处罚，但是应当责令其监护人严加看管和治疗。间歇性的精神病人在精神正常的时候违反治安管理的，应当给予处罚。

【适用精解】

本条由 2012 年《治安管理处罚法》第十三条修改而来。

本条是关于精神病人、智力残疾人违反治安管理的，应该如何处罚及处理的原则性规定。

本条规定与 2021 年修订的《中华人民共和国行政处罚法》第三十一条相关规定基本保持一致。

本条规定此次修改主要有三个方面变化：

其一，扩大主体范围。2012 年条文仅规定"精神病人"，2025 年修订新增"智力残疾人"，实现该特殊责任能力主体的科学覆盖。

其二，完善责任形态。本条规定新增内容使原来的"二元治安管理处罚责任形态"变为现在的"三元治安管理处罚责任形态"。

具体而言，原来的"二元治安管理处罚责任形态"是：（1）精神病人、智力残疾人（本次修订新增）不能辨认或者不能控制自己行为时候违反治安管理的，"不予处罚，但是应当责令其监护人加强看护管理和治疗"；（2）"间歇性的精神病人在精神正常的时候"违反治安管理的，"应当给予处罚"。

而本条规定现在经修改后，在原来"二元治安管理处罚责任形态"基础上，新增"尚未完全丧失辨认或控制能力"的限制责任能力形态，即"尚未完全丧失辨认或者控制自己行为能力的精神病人、智力残疾人违反治安管理的，应当给予处罚，但是可以从轻或者减轻处罚"。

其三，监护措施升级。将"严加看管"升级为"加强看护管理"，体现从单纯管控向综合照护的理念和做法的转变，更加科学、更加人性化。

公安机关适用本条规定时主要需注意智力残疾与精神障碍的鉴定诊断标准差异，避免责任能力认定错误。

【相关法律法规】

《中华人民共和国精神卫生法》《中华人民共和国残疾人保障法》《中华人民共和国民法典》《中华人民共和国社区矫正法》《公安机关办理行政案件程序规定》《最高人民法院 最高人民检察院 公安部 司法部 卫生部关于精神疾病司法鉴定暂行规定》等。

第十四条　【盲聋哑人处罚】 盲人或者又聋又哑的人违反治安管理的，可以从轻、减轻或者不予处罚。

【新旧对照】

修订后	修订前
第十四条　盲人或者又聋又哑的人违反治安管理的，可以从轻、减轻或者不予处罚。	第十四条　盲人或者又聋又哑的人违反治安管理的，可以从轻、减轻或者不予处罚。

【适用精解】

本条由2012年《治安管理处罚法》第十四条延续而来，未作修改。

本条是关于盲人或者又聋又哑的人违反治安管理的，如何给予处罚的原则性规定。

本条规定与《中华人民共和国刑法》第十九条的立法思路一致。

本条规定包含两方面含义：一是盲人或者又聋又哑的人违反治安管理的，应予以处罚。盲人和又聋又哑的人，只是生理上表现为视力、听力和言语功能有比较大的缺陷，他们不是未成年人，智力和精神状况正常情况下，拥有正常辨认或者控制自己行为的能力，对自己行为的危害与性质也会有正确的判断，不属于无行为能力的人或限制行为能力人。所以，盲人或者又聋又哑的人违反治安管理的，应该依法负法律责任。二是对于盲人或者又聋又哑的人违反治安管理的，"可以"从轻、减轻或者不予处罚。考虑到又聋又哑的人在社会生活中接受教育、了解事物会受到一定限制和影响，辨认事物的能力也会低于正常人，因此，本条规定"可以从轻、减轻或者不予处罚"。

公安机关适用本条规定时主要需注意：（1）询问聋哑人，应当有通晓手语的人提供帮助，并在询问笔录中注明被询问人的聋哑情况以及翻译人员的姓名、住址、工作单位和联系方式。（2）要根据行为人违反治安管理的具体情形、危害后果、悔过态度等因素科学分析，依法裁量是否给予处罚，是否从轻或减轻处罚。

【相关法律法规】

《中华人民共和国残疾人保障法》《中华人民共和国刑法》《公安机关办理行政案件程序规定》等。

第十五条　【醉酒人处罚及处理】 醉酒的人违反治安管理的，应当给予处罚。

醉酒的人在醉酒状态中，对本人有危险或者对他人的人身、财产或公共安全有威胁的，应当对其采取保护性措施约束至酒醒。

【新旧对照】

修订后	修订前
第十五条　醉酒的人违反治安管理的，应当给予处罚。 　　醉酒的人在醉酒状态中，对本人有危险或者对他人的人身、财产或公共安全有威胁的，应当对其采取保护性措施约束至酒醒。	第十五条　醉酒的人违反治安管理的，应当给予处罚。 　　醉酒的人在醉酒状态中，对本人有危险或者对他人的人身、财产或公共安全有威胁的，应当对其采取保护性措施约束至酒醒。

【适用精解】

本条由 2012 年《治安管理处罚法》第十五条延续而来，未作修改。

本条是关于醉酒的人违反治安管理的应当给予处罚及相关处理措施的规定。

在本法整体修订背景下，此条文未变，体现了对醉酒违反治安管理情形处理的一贯立场，强调对公共安全及公民权益保障，契合社会治安管理客观需求。

本条规定分为两款：第一款规定明确醉酒的人违反治安管理的，应当给予处罚；第二款规定，对处于醉酒状态中，对本人有危险或者对他人的人身、财产或者公共安全有威胁的，应当对其采取保护性措施约束至酒醒。本条两款旨在兼顾对醉酒违反治安管理者的惩戒与对其及公众安全的保护。

公安机关适用本条规定时主要需注意：（1）要准确判断醉酒人行为是否达到需要约束程度；（2）约束措施规范化与透明化，避免执法争议。

【相关法律法规】

《公安机关办理行政案件程序规定》等。

第十六条　【数行为并罚】有两种以上违反治安管理行为的，分别决定，合并执行处罚。行政拘留处罚合并执行的，最长不超过二十日。

【新旧对照】

修订后	修订前
第十六条　有两种以上违反治安管理行为的，分别决定，合并执行**处**罚。行政拘留处罚合并执行的，最长不超过二十日。	第十六条　有两种以上违反治安管理行为的，分别决定，合并执行。行政拘留处罚合并执行的，最长不超过二十日。

【适用精解】

本条由 2012 年《治安管理处罚法》第十六条延续而来，未作实质性修改。

本条主要是关于两种以上违反治安管理行为的，如何作出处罚决定和执行的原则性规定。

根据《公安机关办理行政案件程序规定》，公安机关适用本条规定时主要需注意以下三方面问题：

一是一人有两种以上违法行为的，分别决定，合并执行处罚，可以制作一份决定书，分别写明对每种违法行为的处理内容和合并执行的内容。

二是一个案件有多个违法行为人的，分别决定，可以制作一式多份决定书，写明给予每个人的处理决定，分别送达每一个违法行为人。

三是行政拘留处罚执行完毕前，如果发现违法行为人有其他违法行为，公安机关依法作出行政拘留决定的，与正在执行的行政拘留应该合并执行。

【相关法律法规】

《公安机关办理行政案件程序规定》等。

第十七条 【共同违法的处罚】 共同违反治安管理的，根据行为人在违反治安管理行为中所起的作用，分别处罚。

教唆、胁迫、诱骗他人违反治安管理的，按照其教唆、胁迫、诱骗的行为处罚。

【新旧对照】

修订后	修订前
第十七条 共同违反治安管理的，根据行为人在违反治安管理行为中所起的作用，分别处罚。 教唆、胁迫、诱骗他人违反治安管理的，按照其教唆、胁迫、诱骗的行为处罚。	第十七条 共同违反治安管理的，根据违反治安管理行为人在违反治安管理行为中所起的作用，分别处罚。 教唆、胁迫、诱骗他人违反治安管理的，按照其教唆、胁迫、诱骗的行为处罚。

【适用精解】

本条由2012年《治安管理处罚法》第十七条延续而来，未作实质性修改。

本条是关于共同违反治安管理的，如何给予处罚的原则性规定。

本条共两款内容：第一款规定了共同违反治安管理的一般处罚原则，即共同违反治安管理的，根据行为人在违反治安管理行为中所起的作用，分别处罚。第二款则是关于教唆、胁迫、诱骗他人违反治安管理的，按照其教唆、胁迫、诱骗的行为处罚的规定。

公安机关适用本条规定时主要需注意：

1. 在共同违法情形中，需精准判断各行为人所起作用。主谋、主要实施者通常责任更重，辅助者责任相对较轻。例如，多人共同殴打他人，组织策划者与仅参与推搡者处罚应该不同。公安机关应依据行为人的动机、参与程度、行为手段等综合判定，做到过罚相当。

2. 教唆、胁迫、诱骗他人违反治安管理，行为性质恶劣的，在按其所教唆、胁迫、诱骗行为处罚基础上（如教唆他人盗窃，教唆者按盗窃行为受罚），还要从重处罚（见本法第二十二条第一款第二项规定——教唆、胁迫、诱骗他人违反治安管理的从重处罚）。

另外，还需要注意，关于"教唆、胁迫、诱骗"，除了上述的第十七条和本法第二十二条的原则性规定外，本法中还有一处关于"教唆、胁迫、诱骗"的特别规定，即第三十一条的"教唆、胁迫、诱骗、煽动他人从事邪教等活动"的规定。

第十八条　【单位违法处罚】单位违反治安管理的，对其直接负责的主管人员和其他直接责任人员依照本法的规定处罚。其他法律、行政法规对同一行为规定给予单位处罚的，依照其规定处罚。

【新旧对照】

修订后	修订前
第十八条　单位违反治安管理的，对其直接负责的主管人员和其他直接责任人员依照本法的规定处罚。其他法律、行政法规对同一行为规定给予单位处罚的，依照其规定处罚。	第十八条　单位违反治安管理的，对其直接负责的主管人员和其他直接责任人员依照本法的规定处罚。其他法律、行政法规对同一行为规定给予单位处罚的，依照其规定处罚。

【适用精解】

本条由2012年《治安管理处罚法》第十八条延续而来，未作修改。

本条是关于单位违反治安管理，如何处罚的原则性规定。

根据本条规定，单位违反治安管理时，依法处罚直接负责的主管人员和其他直接责任人员（类似于按照自然人违法给予处罚）。若其他法律、行政法规有单位处罚规定，则从其规定。

公安机关适用本条规定时主要需注意单位治安违法与单位犯罪在制裁方式上的差异。

本条规定与《中华人民共和国刑法》中的单位犯罪制裁相比较，《中华人民共和国刑法》以双罚制为主，既罚单位（判处罚金）也罚责任人；特殊情况适用单罚制，仅罚责任人。即《中华人民共和国刑法》第三十一条规定了单位犯罪的处罚原则："单位犯罪的，对单位判处罚金，并对其直接负责的主管人员和其他直接责任人员判处刑罚。本法分则和其他法律另有规定的，依照规定。"而治安管理处罚原则上只针对单位主管人员和其他直接责任人员，不涉及对单位的罚款等处罚，除非其他法律、行政法规另有规定。

【相关法律法规】

《中华人民共和国刑法》等。

> 第十九条 【正当防卫】为了免受正在进行的不法侵害而采取的制止行为，造成损害的，不属于违反治安管理行为，不受处罚；制止行为明显超过必要限度，造成较大损害的，依法给予处罚，但是应当减轻处罚；情节较轻的，不予处罚。

【新旧对照】

修订后	修订前
第十九条 为了免受正在进行的不法侵害而采取的制止行为，造成损害的，不属于违反治安管理行为，不受处罚；制止行为明显超过必要限度，造成较大损害的，依法给予处罚，但是应当减轻处罚；情节较轻的，不予处罚。	

【适用精解】

本条是 2025 年《治安管理处罚法》[①] 重要新增条款。

本条是关于正当防卫（即为了免受正在进行的不法侵害而采取的制止行为，造成损害），应否给予治安管理处罚和如何给予处罚的规定。

本条新增正当防卫规定，与《中华人民共和国刑法》第二十条（为了使国家、公共利益、本人或者他人的人身、财产和其他权利免受正在进行的不法侵害，而采取的制止不法侵害的行为，对不法侵害人造成损害的，属于正当防卫，不负刑事责任。正当防卫明显超过必要限度造成重大损害的，应当负刑事责任，但是应当减轻或者免除处罚）和《中华人民共和国民法典》第一百八十一条（因正当防卫造成损害的，不承担民事责任。正当防卫超过必要的限度，造成不应有的损害的，正当防卫人应当承担适当的民事责任）的"正当防卫"规定相呼应，立法思路一致。

本次修订前的《治安管理处罚法》缺乏正当防卫相关规定，可能挫伤公众面

[①] 指 2025 年 6 月 27 日修订后的《中华人民共和国治安管理处罚法》，以下不另外提示。

对不法侵害时自卫及见义勇为的积极性。此次修订新增该条款，明确公民面对不法侵害的防卫权利，契合"法不能向不法让步"的法治精神，有助于提升公众安全感，维护社会公平正义。

本条规定由两部分构成。前半部分表明为免受正在进行的不法侵害的制止行为，不属于违反治安管理行为，不受治安管理处罚，明确正当防卫的合法性。后半部分规定制止行为明显超过必要限度且造成较大损害的，应依法给予处罚但减轻处罚；情节较轻的则不予处罚，对防卫过当的不同情形给出处罚指引，兼顾对防卫行为的约束与对防卫者权益的保障。

公安机关适用本条规定时，主要需注意判断是否符合以下要件：

1. "不法侵害"的前提要件。首先需判断是否存在正在进行的不法侵害，这是前提。例如，面对他人无端殴打、抢夺财物等行为。

2. "正在进行"的时间要件。正当防卫必须是针对正在进行的不法侵害。

3. "免受侵害"的目的要件。正当防卫须建立在"免受正在进行的不法侵害"的目的之上，而不是故意伤害等其他非法意图。

4. "不法侵害人"的对象要件。正当防卫必须针对不法侵害人进行。如果是多人共同实施的不法侵害，则既可以针对直接实施不法侵害的人进行防卫，也可以针对在现场共同实施不法侵害的人进行防卫。

5. "必要限度"的程度要件。防卫行为应该在合理限度内，如推搡阻止小偷行窃致其倒地受伤等。若明显过度，如对方仅用手轻微推搡两次，便持器械伤及对方，则可构成防卫过当，不过鉴于制止不法侵害的初衷，应减轻处罚；若只是情绪激动下多踢一脚且未造成严重后果，属情节较轻，不予处罚。

【相关法律法规】

《中华人民共和国刑法》《中华人民共和国民法典》《关于依法适用正当防卫制度的指导意见》等。

第二十条 【从轻减轻或不予处罚情形】 违反治安管理有下列情形之一的，从轻、减轻或者不予处罚：

（一）情节轻微的；

（二）主动消除或者减轻违法后果的；

（三）取得被侵害人谅解的；

（四）出于他人胁迫或者诱骗的；

（五）主动投案，向公安机关如实陈述自己的违法行为的；

（六）有立功表现的。

【新旧对照】

修订后	修订前
第二十条 违反治安管理有下列情形之一的,**从轻**、减轻或者不予处罚: (一)**情节轻微的**; (二)主动消除或者减轻违法后果的; (三)**取得被侵害人谅解的**; (四)出于他人胁迫或者诱骗的; (五)主动投案,向公安机关如实陈述自己的违法行为的; (六)有立功表现的。	第十九条 违反治安管理有下列情形之一的,减轻处罚或者不予处罚: (一)情节特别轻微的; (二)主动消除或者减轻违法后果,并取得被侵害人谅解的; (三)出于他人胁迫或者诱骗的; (四)主动投案,向公安机关如实陈述自己的违法行为的; (五)有立功表现的。

【适用精解】

本条由 2012 年《治安管理处罚法》第十九条修改而来。

本条是关于从轻、减轻或不予处罚情形的规定。

本条规定相较于原条文主要有三方面变化:

一是在原来"减轻处罚或者不予处罚"基础上增加了"从轻"处罚。

二是放宽了"从轻、减轻或者不予处罚"的认定标准。现规定将原来的"情节特别轻微"修改为"情节轻微",删掉了"特别"二字,合理放宽了从轻、减轻或不予处罚情形的认定标准。

三是,将原"(二)主动消除或减轻违法后果,并取得被侵害人谅解"拆分为两项——"(二)主动消除或者减轻违法后果的"和"(三)取得被侵害人谅解的",细化了从轻、减轻或不予处罚情形,明确了各情形的相对独立性,使本条适用起来更清晰明了、更具操作性。

公安机关适用本条规定时需要特别注意,实施治安管理处罚有一个基本的前提,即必须遵守本法第六条的基本原则。根据第六条规定"治安管理处罚必须以事实为依据,与违反治安管理的事实、性质、情节以及社会危害程度相当。"因此,在运用本条决定是否从轻、减轻或不予处罚时,必须综合考量违法者违法行为的具体情况以及相关情节,以便能够依法作出正确决定。例如,在实践中主要需注意:(1)对情节轻微与否需综合判断。(2)主动消除后果即使未获谅解也可考虑从宽。(3)取得谅解但情节严重,也不一定从轻等。

【相关法律法规】

《公安部关于公安机关适用行政处罚若干问题的指导意见》等。

> **第二十一条 【认错认罚从宽】**违反治安管理行为人自愿向公安机关如实陈述自己的违法行为，承认违法事实，愿意接受处罚的，可以依法从宽处理。

【新旧对照】

修订后	修订前
第二十一条 违反治安管理行为人自愿向公安机关如实陈述自己的违法行为，承认违法事实，愿意接受处罚的，可以依法从宽处理。	

【适用精解】

本条是 2025 年《治安管理处罚法》重要新增条款。

本条是关于违反治安管理认错认罚的，可以从宽处理的新增规定。

近年来，我国违法犯罪治理领域强调"宽严相济"的治理理念，推动非强制性执法方式的适用。例如，《中华人民共和国刑事诉讼法》第一百二十条有"如实供述自己罪行可以从宽处理和认罪认罚"的规定。另外，《公安机关办理行政案件程序规定》第四十条也有"认错认罚快速办理"的规定。本条新增旨在优化执法效率，降低对抗性执法风险。2025 年《治安管理处罚法》首次在治安管理领域确立"认错认罚从宽"制度，填补了行政处罚与刑事司法衔接的空白，形成"刑事认罪认罚与治安认错认罚"的双轨体系。

本条规定强调行为人主观上自愿如实陈述、承认违法事实并愿意接受处罚，满足这些条件即可依法从宽处理。从宽处理方式多样，如依法从轻、减轻处罚或采取其他较缓和的处理措施等，旨在给予有积极态度者合理回报，激励其主动纠正错误的同时提高执法效率。

公安机关适用本条规定时主要需注意，要准确判断行为人是否真的自愿。例如，行为人被询问时积极主动交代，而非经反复追问才勉强承认，可认定为自愿。对于承认事实，不能避重就轻，要全面陈述。愿意接受处罚体现在配合调查程序，不抗拒执法等。

【相关法律法规】

《中华人民共和国刑事诉讼法》等。

> **第二十二条 【从重处罚】** 违反治安管理有下列情形之一的,从重处罚:
> (一)有较严重后果的;
> (二)教唆、胁迫、诱骗他人违反治安管理的;
> (三)对报案人、控告人、举报人、证人打击报复的;
> (四)一年以内曾受过治安管理处罚的。

【新旧对照】

修订后	修订前
第二十二条 违反治安管理有下列情形之一的,从重处罚: (一)有较严重后果的; (二)教唆、胁迫、诱骗他人违反治安管理的; (三)对报案人、控告人、举报人、证人打击报复的; (四)**一年以内**曾受过治安管理处罚的。	第二十条 违反治安管理有下列情形之一的,从重处罚: (一)有较严重后果的; (二)教唆、胁迫、诱骗他人违反治安管理的; (三)对报案人、控告人、举报人、证人打击报复的; (四)六个月内曾受过治安管理处罚的。

【适用精解】

本条由 2012 年《治安管理处罚法》第二十条修改而来。

本条是关于违反治安管理给予从重处罚情形的规定。

本条分项规定了四种从重处罚的情形,与本法第二十条"从轻、减轻或不予处罚"情形的规定相呼应。其中第一、二、三项未作修改,第四项将"六个月内"改为"一年以内"。"一年以内曾受过治安管理处罚的"从重处罚的规定,体现对多次违法者的严惩,旨在强化对屡教不改行为的规制,彰显法律严肃性与威慑力的同时,对多次违法者从重处罚,也可防止其进一步滑向更严重的违法犯罪。

> **第二十三条 【不执行行政拘留情形】** 违反治安管理行为人有下列情形之一,依照本法应当给予行政拘留处罚的,不执行行政拘留处罚:
> (一)已满十四周岁不满十六周岁的;
> (二)已满十六周岁不满十八周岁,初次违反治安管理的;
> (三)七十周岁以上的;
> (四)怀孕或者哺乳自己不满一周岁婴儿的。

> 前款第一项、第二项、第三项规定的行为人违反治安管理情节严重、影响恶劣的,或者第一项、第三项规定的行为人在一年以内二次以上违反治安管理的,不受前款规定的限制。

【新旧对照】

修订后	修订前
第二十三条 违反治安管理行为人有下列情形之一,依照本法应当给予行政拘留处罚的,不执行行政拘留处罚: (一)已满十四周岁不满十六周岁的; (二)已满十六周岁不满十八周岁,初次违反治安管理的; (三)七十周岁以上的; (四)怀孕或者哺乳自己不满一周岁婴儿的。 前款第一项、第二项、第三项规定的行为人违反治安管理情节严重、影响恶劣的,或者第一项、第三项规定的行为人在一年以内二次以上违反治安管理的,不受前款规定的限制。	第二十一条 违反治安管理行为人有下列情形之一,依照本法应当给予行政拘留处罚的,不执行行政拘留处罚: (一)已满十四周岁不满十六周岁的; (二)已满十六周岁不满十八周岁,初次违反治安管理的; (三)七十周岁以上的; (四)怀孕或者哺乳自己不满一周岁婴儿的。

【适用精解】

本条由2012年《治安管理处罚法》第二十一条修改而来。

本条是关于不执行行政拘留情形的规定。

本条在原条款内容的基础上,新增第二款规定,明确对于已满十四周岁不满十六周岁、已满十六周岁不满十八周岁初次违反治安管理及七十周岁以上的行为人,若出现情节严重、影响恶劣或第一项、第三项规定的行为人("一老一小")一年以内二次以上违反治安管理的,将不再适用不执行行政拘留处罚的规定。

本条新增内容旨在平衡对特殊群体的人文关怀与维护法律威严之间的关系。防止部分人肆意违法,对情节严重、影响恶劣、屡教不改者,依法取消不执行行政拘留的豁免,强化法律的教育与惩戒功能,更好地维护社会治安秩序。

公安机关适用本条规定时主要需注意:(1)要精准判定情节严重、影响恶劣程度,综合行为性质、危害后果等因素考量。(2)对于"一年以内二次以上",要严格依时间与次数标准界定,确保执法公正、合理。(3)要注意本条四项规定的不同主体的不同规定,以免混淆。

> **第二十四条 【未成年人矫治教育】** 对依照本法第十二条规定不予处罚或者依照本法第二十三条规定不执行行政拘留处罚的未成年人，公安机关依照《中华人民共和国预防未成年人犯罪法》的规定采取相应矫治教育等措施。

【新旧对照】

修订后	修订前
第二十四条　对依照本法第十二条规定不予处罚或者依照本法第二十三条规定不执行行政拘留处罚的未成年人，公安机关依照《中华人民共和国预防未成年人犯罪法》的规定采取相应矫治教育等措施。	

【适用精解】

本条是 2025 年《治安管理处罚法》重要新增条款。

本条是关于未成年人矫治教育措施及适用依据的规定。

近年来，未成年人违法现象受到广泛关注，部分未成年人因年龄或情节未受治安拘留，缺乏后续有效教育矫治，易再次违法。《中华人民共和国预防未成年人犯罪法》为违法未成年人的矫治教育提供了法律框架，新修订的《治安管理处罚法》新增此条规定，旨在与其衔接，填补法律空白，完善未成年人违法治理体系，实现教育与惩戒结合的立法目的。

本条明确，对于因年龄等原因不予处罚或不执行行政拘留的未成年人，公安机关需依据《中华人民共和国预防未成年人犯罪法》，采取相应矫治教育措施。这打破了以往对治安违法未成年人简单"一放了之"的局面，强调以教育为主、惩罚为辅的原则和理念，促进其回归正轨，避免其因缺乏管束走向更严重的犯罪。

公安机关适用本条规定时主要需注意两方面问题：一是要准确识别本条规定的适用对象；二是要严格遵循《中华人民共和国预防未成年人犯罪法》规定的九类矫治教育措施，如训诫、责令赔礼道歉等。

【相关法律法规】

《中华人民共和国预防未成年人犯罪法》《中华人民共和国未成年人保护法》等。

> **第二十五条　【处罚追究时效】**违反治安管理行为在六个月以内没有被公安机关发现的，不再处罚。
>
> 前款规定的期限，从违反治安管理行为发生之日起计算；违反治安管理行为有连续或者继续状态的，从行为终了之日起计算。

【新旧对照】

修订后	修订前
第二十五条　违反治安管理行为在六个月**以**内没有被公安机关发现的，不再处罚。 　　前款规定的期限，从违反治安管理行为发生之日起计算；违反治安管理行为有连续或者继续状态的，从行为终了之日起计算。	第二十二条　违反治安管理行为在六个月内没有被公安机关发现的，不再处罚。 　　前款规定的期限，从违反治安管理行为发生之日起计算；违反治安管理行为有连续或者继续状态的，从行为终了之日起计算。

【适用精解】

本条由 2012 年《治安管理处罚法》第二十二条延续而来，未作实质性修改。本条是关于治安管理处罚追究时效的规定。

本条规定明确，治安违法行为若在六个月内未被公安机关发现的，便不再予以处罚。同时明确了时效起算规则，正常情况下从行为发生日起算；若行为存在连续或继续状态，则从行为结束之日起算。这既防止对轻微违法的过度追溯，又对持续违法情形作出合理规制，保障治安管理处罚的公平性与合理性。

公安机关适用本条规定时主要需注意：（1）要明确"发现"违反治安管理行为的时间点，如报案登记、现场查获、主动巡查发现等均属"发现"情形。（2）对于"连续或继续状态"（如非法侵入住宅持续占据等），要准确识别。

【相关法律法规】

《公安机关办理行政案件程序规定》等。

第三章　违反治安管理的行为和处罚

第一节　扰乱公共秩序的行为和处罚

> **第二十六条**　【扰乱机关单位、公共场所、公共交通秩序及破坏选举秩序的行为和处罚】有下列行为之一的，处警告或者五百元以下罚款；情节较重的，处五日以上十日以下拘留，可以并处一千元以下罚款：
> （一）扰乱机关、团体、企业、事业单位秩序，致使工作、生产、营业、医疗、教学、科研不能正常进行，尚未造成严重损失的；
> （二）扰乱车站、港口、码头、机场、商场、公园、展览馆或者其他公共场所秩序的；
> （三）扰乱公共汽车、电车、城市轨道交通车辆、火车、船舶、航空器或者其他公共交通工具上的秩序的；
> （四）非法拦截或者强登、扒乘机动车、船舶、航空器以及其他交通工具，影响交通工具正常行驶的；
> （五）破坏依法进行的选举秩序的。
> 聚众实施前款行为的，对首要分子处十日以上十五日以下拘留，可以并处二千元以下罚款。

【新旧对照】

修订后	修订前
第二十六条　有下列行为之一的，处警告或者**五百元**以下罚款；情节较重的，处五日以上十日以下拘留，可以并处**一千元**以下罚款： （一）扰乱机关、团体、企业、事业单位秩序，致使工作、生产、营业、医疗、教学、科研不能正常进行，尚未造成严重损失的； （二）扰乱车站、港口、码头、机场、商场、公园、展览馆或者其他公共场所秩序的； （三）扰乱公共汽车、电车、**城市轨道**	第二十三条　有下列行为之一的，处警告或者二百元以下罚款；情节较重的，处五日以上十日以下拘留，可以并处五百元以下罚款： （一）扰乱机关、团体、企业、事业单位秩序，致使工作、生产、营业、医疗、教学、科研不能正常进行，尚未造成严重损失的； （二）扰乱车站、港口、码头、机场、商场、公园、展览馆或者其他公共场所秩序的； （三）扰乱公共汽车、电车、火车、船

续表

修订后	修订前
交通车辆、火车、船舶、航空器或者其他公共交通工具上的秩序的； （四）非法拦截或者强登、扒乘机动车、船舶、航空器以及其他交通工具，影响交通工具正常行驶的； （五）破坏依法进行的选举秩序的。 聚众实施前款行为的，对首要分子处十日以上十五日以下拘留，可以并处**二千元**以下罚款。	舶、航空器或者其他公共交通工具上的秩序的； （四）非法拦截或者强登、扒乘机动车、船舶、航空器以及其他交通工具，影响交通工具正常行驶的； （五）破坏依法进行的选举秩序的。 聚众实施前款行为的，对首要分子处十日以上十五日以下拘留，可以并处一千元以下罚款。

【适用精解】

本条由 2012 年《治安管理处罚法》第二十三条修改而来。

本条是关于扰乱机关单位、公共场所、公共交通秩序及破坏选举秩序的行为和处罚的规定。本条保护的客体是特定公共场所的秩序或者特定活动的秩序。

本条列举了五类应予以治安管理处罚的行为：

第一类是扰乱单位秩序的行为。这种行为的违法性要件包括两个方面，一是行为要件，存在扰乱机关、团体、企业、事业单位秩序的行为。这里的单位不区分单位性质、单位规模等，只要属于单位范畴即可。二是结果要件，要求扰乱的行为致使单位的工作无法正常进行，但同时要求尚未造成严重损失。根据《中华人民共和国刑法》第二百九十条规定，要注意这类行为若出现三种情形则构成犯罪：（1）聚众扰乱且造成严重损失的，则构成聚众扰乱社会秩序罪，对首要分子和其他积极参加的分情形予以刑事制裁；（2）多次扰乱国家机关工作秩序，经行政处罚后仍不改正，造成严重后果的构成犯罪；（3）针对组织和资助行为进行特别规定，规定多次组织、资助他人非法聚集，扰乱社会秩序，情节严重构成犯罪。

第二类是扰乱公共场所秩序的行为。这种行为的违法性仅要求存在扰乱行为即可。需要注意的是，此项对公共场所的规定采取了列举加兜底的方式，因此对于未列举的，但具有向不特定的人群开放的特征，如运动场馆、影剧院等，也属于公共场所范畴，应纳入本项的调整范围。

第三类是扰乱公共交通工具上的秩序的行为。此项规定强调必须是在公共交通工具上发生的扰乱公共秩序的行为。与 2012 年《治安管理处罚法》相比，新的规定增加了城市轨道交通车辆的明确列举。在大中城市，这类交通工具越来越重要，成为人们出行的重要交通工具。维护好城市轨道交通车辆上的秩序极为重要。根据原条文，不具体列举也可以将城市轨道交通车辆纳入调整范围，但是明确列举之后有助于为执法者和社会主体提供更为清晰的指引。

第四类是扰乱交通秩序的行为。这类行为拦截、强登、扒乘的对象包括各类交通工具，条文中列举了机动车、船舶、航空器，并兜底性地规定了其他交通工具。其范围显然不限于公共交通工具。此项规定对于构成治安管理处罚的行为、交通工具的类型并不重要，重要的是要求"影响交通工具正常行驶"，目的在于保护交通秩序和安全。

第五类是破坏选举秩序的行为。这里所规定的"依法进行的选举秩序"包括依法律规定条件和程序开展的各类选举，如选举各级人民代表大会代表，选举农村村民委员会、城市居民委员会的选举等。根据本项规定，破坏依法进行的选举秩序的行为是违反本法的行为，处相应的治安管理处罚。

相较于2012年《治安管理处罚法》，本条核心修改内容是针对扰乱单位秩序、扰乱公共场所秩序等五类扰乱公共秩序行为加大了处罚的力度，罚款金额有所提升。

【相关法律法规】

《中华人民共和国全国人民代表大会和地方各级人民代表大会选举法》《城市公共交通条例》等。

> **第二十七条 【扰乱国家考试秩序的行为和处罚】** 在法律、行政法规规定的国家考试中，有下列行为之一，扰乱考试秩序的，处违法所得一倍以上五倍以下罚款，没有违法所得或者违法所得不足一千元的，处一千元以上三千元以下罚款；情节较重的，处五日以上十五日以下拘留：
> （一）组织作弊的；
> （二）为他人组织作弊提供作弊器材或者其他帮助的；
> （三）为实施考试作弊行为，向他人非法出售、提供考试试题、答案的；
> （四）代替他人或者让他人代替自己参加考试的。

【新旧对照】

修订后	修订前
第二十七条　在法律、行政法规规定的国家考试中，有下列行为之一，扰乱考试秩序的，处违法所得一倍以上五倍以下罚款，没有违法所得或者违法所得不足一千元的，处一千元以上三千元以下罚款；情节较重的，处五日以上十五日以下拘留：	

续表

修订后	修订前
（一）组织作弊的； （二）为他人组织作弊提供作弊器材或者其他帮助的； （三）为实施考试作弊行为，向他人非法出售、提供考试试题、答案的； （四）代替他人或者让他人代替自己参加考试的。	

【适用精解】

本条为新增条款。

本条是关于扰乱国家考试秩序的行为和处罚的规定。本条保护的客体是国家重要考试的考试秩序。目的在于保障国家重要考试的公平性。

对于扰乱考试秩序的行为，2015年颁布的《中华人民共和国刑法修正案（九）》增加了相应的刑事制裁性规定，被纳入《中华人民共和国刑法》第二百八十四条之一。但是，对于尚未达到刑事立案标准的扰乱考试秩序行为，缺乏相关处罚规定。2025年修订的《治安管理处罚法》增加了对扰乱考试秩序四类行为的治安处罚，实现了对扰乱考试秩序行为的全面规制，实现了与刑法相关规定的有效衔接。

本条规定的四种具体违法行为类型基本对应《中华人民共和国刑法》中的组织考试作弊罪，为组织考试作弊者提供帮助罪，非法出售、提供试题、答案罪和代替考试罪的规定。违法行为构成要件较为类似，在法律适用时要结合《最高人民法院、最高人民检察院关于办理组织考试作弊等刑事案件适用法律若干问题的解释》谨慎地进行区分。区分时注意以下方面：一是注意刑法规定的考试是"法律"规定的国家考试，而本条规定的考试范围相对较大，包含"法律、行政法规"规定的国家考试；二是根据考试作弊行为的情节、后果、社会影响的不同来区分行政违法行为和刑事犯罪行为。

第二十八条 【扰乱大型群众性活动秩序的行为和处罚】有下列行为之一，扰乱体育、文化等大型群众性活动秩序的，处警告或者五百元以下罚款；情节严重的，处五日以上十日以下拘留，可以并处一千元以下罚款：

（一）强行进入场内的；

（二）违反规定，在场内燃放烟花爆竹或者其他物品的；

（三）展示侮辱性标语、条幅等物品的；
（四）围攻裁判员、运动员或者其他工作人员的；
（五）向场内投掷杂物，不听制止的；
（六）扰乱大型群众性活动秩序的其他行为。

因扰乱体育比赛、文艺演出活动秩序被处以拘留处罚的，可以同时责令其六个月至一年以内不得进入体育场馆、演出场馆观看同类比赛、演出；违反规定进入体育场馆、演出场馆的，强行带离现场，可以处五日以下拘留或者一千元以下罚款。

【新旧对照】

修订后	修订前
第二十八条 有下列行为之一，扰乱**体育、文化**等大型群众性活动秩序的，处警告或者**五百元**以下罚款；情节严重的，处五日以上十日以下拘留，可以并处**一千元**以下罚款： （一）强行进入场内的； （二）违反规定，在场内燃放烟花爆竹或者其他物品的； （三）展示侮辱性标语、条幅等物品的； （四）围攻裁判员、运动员或者其他工作人员的； （五）向场内投掷杂物，不听制止的； （六）扰乱大型群众性活动秩序的其他行为。 因扰乱体育比赛、**文艺演出活动**秩序被处以拘留处罚的，可以同时责令其**六个月至一年以内**不得进入体育场馆、**演出场馆**观看同类比赛、**演出**；违反规定进入体育场馆、**演出场馆**的，强行带离现场，**可以处五日以下拘留或者一千元以下罚款。**	第二十四条 有下列行为之一，扰乱文化、体育等大型群众性活动秩序的，处警告或者二百元以下罚款；情节严重的，处五日以上十日以下拘留，可以并处五百元以下罚款： （一）强行进入场内的； （二）违反规定，在场内燃放烟花爆竹或者其他物品的； （三）展示侮辱性标语、条幅等物品的； （四）围攻裁判员、运动员或者其他工作人员的； （五）向场内投掷杂物，不听制止的； （六）扰乱大型群众性活动秩序的其他行为。 因扰乱体育比赛秩序被处以拘留处罚的，可以同时责令其十二个月内不得进入体育场馆观看同类比赛；违反规定进入体育场馆的，强行带离现场。

【适用精解】

本条由 2012 年《治安管理处罚法》第二十四条修改而来。

本条是关于扰乱大型群众性活动秩序的行为和处罚的规定。本条保护的客体是大型群众性活动的秩序，主要涉及体育比赛秩序和文艺演出活动秩序。条文采用列举与兜底相结合的方式予以规定。由于大型群众性活动聚集的人员较多，现场气氛较为热烈，出现特殊情况或过激行为容易引发拥挤、混乱，导致重大伤害事故，因此必须提前预防可能导致现场人员情绪失控、秩序陷入混乱的情形。法条中列举的五种类型就属于实践中常见的必须及时制止并予以惩罚的情形。第六种类型是兜底性规定，主要针对未在列举范围内，但是亦危害了大型群众性活动的秩序、扰乱了大型群众活动正常进行的行为，如不听制止，跳入场内追逐裁判、运动员，或者进入演出场地扰乱正在进行的演出等。对兜底性行为的判断关键要注意两方面，一是治安处罚目的是维护大型群众性活动的现场秩序，避免发生灾害性后果；二是治安处罚针对对象是发生在大型群众性活动现场、具有扰乱性质的行为。

相较于2012年《治安管理处罚法》，本条核心修改内容表现在以下四个方面：

一是调换了体育和文化活动的顺序，并在第二款中对文艺演出活动秩序进行了明确表述。整体强调体育比赛秩序和文艺演出活动秩序同为本条保护对象；二是加大了处罚的力度，罚款金额有所提升；三是对限制进入体育场馆、演出场馆观看同类比赛、演出的时间期限有了裁量幅度，从原来的十二个月内改变为现在的六个月至一年以内，有助于根据扰乱行为的情节和带来的影响程度进行惩罚程度相适应的治安处罚；四是提升了对违反规定进入体育场馆、演出场馆的惩罚力度。原有的规定对治安处罚执行的保障强度不够，仅仅规定对违反规定进入场馆的当事人强行带离现场。新的规定除了对当事人"强行带离现场"，还可以根据具体情况处五日以下拘留或者一千元以下罚款。

第二十九条 【故意散布谣言、谎报险情、疫情、警情，投放虚假的危险物质或者扬言实施危害公共安全犯罪行为的行为和处罚】有下列行为之一的，处五日以上十日以下拘留，可以并处一千元以下罚款；情节较轻的，处五日以下拘留或者一千元以下罚款：

（一）故意散布谣言，谎报险情、疫情、灾情、警情或者以其他方法故意扰乱公共秩序的；

（二）投放虚假的爆炸性、毒害性、放射性、腐蚀性物质或者传染病病原体等危险物质扰乱公共秩序的；

（三）扬言实施放火、爆炸、投放危险物质等危害公共安全犯罪行为扰乱公共秩序的。

【新旧对照】

修订后	修订前
第二十九条　有下列行为之一的，处五日以上十日以下拘留，可以并处**一千元**以下罚款；情节较轻的，处五日以下拘留或者**一千元**以下罚款： （一）**故意**散布谣言，谎报险情、疫情、**灾情**、警情或者以其他方法故意扰乱公共秩序的； （二）投放虚假的爆炸性、毒害性、放射性、腐蚀性物质或者传染病病原体等危险物质扰乱公共秩序的； （三）扬言实施放火、爆炸、投放危险物质**等危害公共安全犯罪行为**扰乱公共秩序的。	第二十五条　有下列行为之一的，处五日以上十日以下拘留，可以并处五百元以下罚款；情节较轻的，处五日以下拘留或者五百元以下罚款： （一）散布谣言，谎报险情、疫情、警情或者以其他方法故意扰乱公共秩序的； （二）投放虚假的爆炸性、毒害性、放射性、腐蚀性物质或者传染病病原体等危险物质扰乱公共秩序的； （三）扬言实施放火、爆炸、投放危险物质扰乱公共秩序的。

【适用精解】

本条由2012年《治安管理处罚法》第二十五条修改而来。

本条是关于故意散布谣言、谎报险情、疫情、警情，投放虚假的危险物质或者扬言实施危害公共安全犯罪行为的行为和处罚的规定。本条保护的客体是公共秩序，这种公共秩序包含民众的正常生活秩序和国家机关正常工作秩序。本条避免因为故意散布谣言，谎报险情、疫情、警情等，投放虚假的危险物质或者散布危害公共安全犯罪行为的信息而给民众带来恐慌，扰乱民众的正常生活秩序；避免因虚假信息而影响国家行政机关对形势作出错误研判，扰乱正常的国家工作秩序。对本条的把握要特别注意，《治安管理处罚法》所规范的对象是尚不构成犯罪的行为。区分是否构成犯罪需要根据情节轻重、后果严重程度进行判断。

相较于2012年《治安管理处罚法》，本条核心修改内容表现在以下三个方面：

一是第一种类型的违法行为增加了主观要件的规定，强调必须是基于"故意"。随着手机、电脑的使用量增加，自媒体快速发展，普通民众接收到的各种信息剧增，但是对于这些信息普通民众并无甄别能力。对于并非出于主观故意而转发的虚假信息一律处罚并不现实，也无正当性。因此，法律上明确规定要求必须是"故意"散布谣言的行为。

二是对第三种类型的违法行为作了扩张性规定，增加了"等"及行为性质概括性规定。这意味着在本项列举的扬言实施放火、爆炸、投放危险物质之外的行为，只要符合扬言要实施危害公共安全的犯罪行为的，都纳入该项的调整范围之内。根据《中华人民共和国刑法》的规定，如爆炸以及投放毒害性、放射性、传染病病原体等物质等都构成危害公共安全的行为，如果扬言实施这些行为，都应给予相应的治安管理处罚。

三是加大了处罚的力度，罚款金额有所提升。

> **第三十条　【寻衅滋事的行为和处罚】**有下列行为之一的，处五日以上十日以下拘留或者一千元以下罚款；情节较重的，处十日以上十五日以下拘留，可以并处二千元以下罚款：
> （一）结伙斗殴或者随意殴打他人的；
> （二）追逐、拦截他人的；
> （三）强拿硬要或者任意损毁、占用公私财物的；
> （四）其他无故侵扰他人、扰乱社会秩序的寻衅滋事行为。

【新旧对照】

修订后	修订前
第三十条　有下列行为之一的，处五日以上十日以下拘留或者**一千元**以下罚款；情节较重的，处十日以上十五日以下拘留，可以并处**二千元**以下罚款： （一）结伙斗殴或者**随意殴打他人的**； （二）追逐、拦截他人的； （三）强拿硬要或者任意损毁、占用公私财物的； （四）其他**无故侵扰他人、扰乱社会秩序**的寻衅滋事行为。	第二十六条　有下列行为之一的，处五日以上十日以下拘留，可以并处五百元以下罚款；情节较重的，处十日以上十五日以下拘留，可以并处一千元以下罚款： （一）结伙斗殴的； （二）追逐、拦截他人的； （三）强拿硬要或者任意损毁、占用公私财物的； （四）其他寻衅滋事行为。

【适用精解】

本条由2012年《治安管理处罚法》第二十六条修改而来。

本条是关于寻衅滋事行为和处罚的规定。本条保护的客体是复合性的，包括个人的人身权利、财产权利以及公共秩序，并且是基于对公共秩序的保护而合并性对个人权利进行保护，如果仅仅涉及保护个人权利则不属于本条的保护范围，应根据本法第三节规定处罚。

适用本条应当注意的是，法律规定的四类行为属于寻衅滋事范围，其核心特点在于行为人在公共场所实施无事生非、制造事端、起哄闹事、肆意挑衅，横行霸道等扰乱公共秩序的行为，其主观表现为故意，目的是寻求刺激、发泄情绪、逞强耍横，表现出极强的"随意性"和"无故性"的特点。2025年修订的《治安管理处罚法》对此条的修改重点强调了这一特点。寻衅滋事行为类型中的各种行为对公共场所的秩序和安全造成威胁，因此需要纳入本节的规范中。

在实践中要注意寻衅滋事行为中的结伙斗殴行为与聚众斗殴罪的区分。二者的差别主要在于情节恶劣程度和产生的后果的严重程度。并且从惩罚对象来看，结伙参与斗殴者都予以治安管理处罚，而聚众斗殴罪主要针对首要分子和其他积极参加的行为人。

实践中还需要注意寻衅滋事行为和寻衅滋事罪的区分。根据刑法规定，寻衅滋事罪是指随意殴打他人，追逐、拦截、辱骂、恐吓他人，强拿硬要或者任意损毁、占用公私财物，情节严重的；在公共场所起哄闹事，造成公共场所秩序严重混乱的。两者区别的关键在于情节是否恶劣，造成公共场所秩序的混乱是否严重。寻衅滋事行为的情节较轻，对公共场所秩序造成混乱但尚不严重；而构成寻衅滋事罪必须是情节恶劣，对公共场所秩序造成严重混乱。

相较于2012年《治安管理处罚法》，本条核心修改内容表现在以下三个方面：

一是针对第一类行为增加了"随意殴打他人"的类型，意在与刑法中寻衅滋事罪相衔接。

二是针对兜底性规定进行了修改，对寻衅滋事的行为特征进行了抽象规定，强调寻衅滋事具有"无故侵扰他人、扰乱社会秩序"的特征，避免实践操作中不易明确把握，扩大寻衅滋事行为的认定范围。

三是加大了处罚力度，罚款金额有所提升。

第三十一条　【组织、利用邪教，冒用宗教、气功名义扰乱社会秩序，制作、传播宣扬邪教、会道门内容的物品、信息、资料的行为和处罚】 有下列行为之一的，处十日以上十五日以下拘留，可以并处二千元以下罚款；情节较轻的，处五日以上十日以下拘留，可以并处一千元以下罚款：

（一）组织、教唆、胁迫、诱骗、煽动他人从事邪教活动、会道门活动、非法的宗教活动或者利用邪教组织、会道门、迷信活动，扰乱社会秩序、损害他人身体健康的；

（二）冒用宗教、气功名义进行扰乱社会秩序、损害他人身体健康活动的；

（三）制作、传播宣扬邪教、会道门内容的物品、信息、资料的。

【新旧对照】

修订后	修订前
第三十一条　有下列行为之一的，处十日以上十五日以下拘留，可以并处**二千元以下罚款**；情节较轻的，处五日以上十日以下拘留，可以并处**一千元以下罚款**： （一）组织、教唆、胁迫、诱骗、煽动他人从事邪教活动、会道门活动、**非法的宗教活动**或者利用邪教组织、会道门、迷信活动，扰乱社会秩序、损害他人身体健康的； （二）冒用宗教、气功名义进行扰乱社会秩序、损害他人身体健康活动的； （三）制作、传播宣扬邪教、会道门内容的物品、信息、资料的。	第二十七条　有下列行为之一的，处十日以上十五日以下拘留，可以并处一千元以下罚款；情节较轻的，处五日以上十日以下拘留，可以并处五百元以下罚款： （一）组织、教唆、胁迫、诱骗、煽动他人从事邪教、会道门活动或者利用邪教、会道门、迷信活动，扰乱社会秩序、损害他人身体健康的； （二）冒用宗教、气功名义进行扰乱社会秩序、损害他人身体健康活动的。

【适用精解】

本条由2012年《治安管理处罚法》第二十七条修改而来。

本条是关于组织、利用邪教，冒用宗教、气功名义扰乱社会秩序，制作、传播宣扬邪教、会道门内容的物品、信息、资料的行为和处罚的规定。本条保护的客体具有复合性，前两种类型包括社会公共秩序，也包括个人身体健康权。新增的第三种类型则保护单一的社会公共秩序。

在实践适用中需要注意的是，第一种类型要求不仅具有法律上列举的行为，而且要求这些行为带来了实际的侵害后果，即扰乱社会秩序、损害他人身体健康。第二种类型要注意根据宪法规定，正常宗教活动受法律保护；气功是中华传统文化中的重要组成部分，具有强身健体的作用，正常的以强身健体为目的的气功活动也是受法律保护的。这种类型所惩罚的是冒用宗教、气功名义进行扰乱社会秩序、损害他人身体健康的行为。第三种类型为新增内容，主要针对的是制作、传播宣扬邪教、会道门内容的物品、信息、资料的行为。

在实践中要注意区分本条与组织、利用会道门、邪教组织或者利用迷信破坏法律、行政法规实施罪，以及组织、利用会道门、邪教组织或者利用迷信致人重伤、死亡罪的区别。构成犯罪与违反治安管理处罚法的区别主要看社会危害程度，以及制作、传播邪教宣传品的数量或者敛取钱财数额的多少等。构成犯罪的情形在2017年最高人民法院和最高人民检察院发布的《关于办理组织、利用邪教组织破坏法律实施等刑事案件适用法律若干问题的解释》中有明确的列举。

相较于2012年《治安管理处罚法》，本条核心修改内容表现在以下三个方面：

一是在第一项列举的违法行为中增加"非法的宗教活动"。由于本项采用的是列举方式，未结合兜底方式，因此只能按照法律明确列举进行处罚。实践中违反宪法法律法规和政策的宗教活动都属于非法宗教活动。

二是增加了第三项，对制作、传播宣扬邪教、会道门内容的物品、信息、资料的行为进行惩罚。实现了与刑法相关规定的衔接。

三是加大了处罚的力度，罚款金额有所提升。

第三十二条　【故意干扰无线电业务、对无线电台（站）产生有害干扰、擅自设置无线电台（站）的行为和处罚】 违反国家规定，有下列行为之一的，处五日以上十日以下拘留；情节严重的，处十日以上十五日以下拘留：

（一）故意干扰无线电业务正常进行的；

（二）对正常运行的无线电台（站）产生有害干扰，经有关主管部门指出后，拒不采取有效措施消除的；

（三）未经批准设置无线电广播电台、通信基站等无线电台（站）的，或者非法使用、占用无线电频率，从事违法活动的。

【新旧对照】

修订后	修订前
第三十二条　违反国家规定，有下列行为之一的，处五日以上十日以下拘留；情节严重的，处十日以上十五日以下拘留： （一）故意干扰无线电业务正常进行的； （二）对正常运行的无线电台（站）产生有害干扰，经有关主管部门指出后，拒不采取有效措施消除的； （三）未经批准设置无线电广播电台、通信基站等无线电台（站）的，或者非法使用、占用无线电频率，从事违法活动的。	第二十八条　违反国家规定，故意干扰无线电业务正常进行的，或者对正常运行的无线电台（站）产生有害干扰，经有关主管部门指出后，拒不采取有效措施消除的，处五日以上十日以下拘留；情节严重的，处十日以上十五日以下拘留。

【适用精解】

本条由2012年《治安管理处罚法》第二十八条修改而来。

本条是关于故意干扰无线电业务、对无线电台（站）产生有害干扰、擅自设置无线电台（站）的行为和处罚的规定。本条保护的客体是国家对无线电业务的正常管理秩序。随着无线电事业的发展，无线电频谱资源在国家建设、安全生产、交通运输、重大警卫、远程通信、航空导航、低空经济、广播电视、公众通信等领域占据越来越重要的地位，因此维护无线电业务的管理秩序也越来越重要。

相较于2012年《治安管理处罚法》，本条核心修改内容表现为，对违法行为采用明确列举方式进行规定，并增加了第三项："未经批准设置无线电广播电台、通信基站等无线电台（站）的，或者非法使用、占用无线电频率，从事违法活动的"。

适用此条需要注意：

一是第二项规定针对的是拒不采取有效措施消除的行为，因此需要存在无线电管理部门履行监管职能，发现了干扰无线电台（站）的行为，并明确要求行为人采取措施予以消除的情形。实践中，查处干扰无线电业务行为的主管部门是无线电管理部门，而不是公安机关。对于符合本项规定的违法行为，应当给予拘留处罚的，无线电管理部门应当将案件查处的证据材料移交给公安机关，由公安机关给予拘留处罚。

二是对于本条新增的第三项内容，要特别注意其与扰乱无线电通讯管理秩序罪的界限。2015年施行的《中华人民共和国刑法修正案（九）》确立扰乱无线电通讯管理秩序罪，将其规定为《中华人民共和国刑法》第二百八十八条。二者主要区别在于情节的严重程度不同。

> **第三十三条 【危害计算机信息系统及其数据安全的行为和处罚】** 有下列行为之一，造成危害的，处五日以下拘留；情节较重的，处五日以上十五日以下拘留：
>
> （一）违反国家规定，侵入计算机信息系统或者采用其他技术手段，获取计算机信息系统中存储、处理或者传输的数据，或者对计算机信息系统实施非法控制的；
>
> （二）违反国家规定，对计算机信息系统功能进行删除、修改、增加、干扰的；
>
> （三）违反国家规定，对计算机信息系统中存储、处理、传输的数据和应用程序进行删除、修改、增加的；
>
> （四）故意制作、传播计算机病毒等破坏性程序的；
>
> （五）提供专门用于侵入、非法控制计算机信息系统的程序、工具，或者明知他人实施侵入、非法控制计算机信息系统的违法犯罪行为而为其提供程序、工具的。

【新旧对照】

修订后	修订前
第三十三条 有下列行为之一，**造成危害的**，处五日以下拘留；情节较重的，处五日以上十五日以下拘留： （一）违反国家规定，侵入计算机信息系统或者采用其他技术手段，**获取计算机信息系统中存储、处理或者传输的数据，或者对计算机信息系统实施非法控制的**； （二）违反国家规定，对计算机信息系统功能进行删除、修改、增加、干扰的； （三）违反国家规定，对计算机信息系统中存储、处理、传输的数据和应用程序进行删除、修改、增加的； （四）故意制作、传播计算机病毒等破坏性程序的； **（五）提供专门用于侵入、非法控制计算机信息系统的程序、工具，或者明知他人实施侵入、非法控制计算机信息系统的违法犯罪行为而为其提供程序、工具的。**	第二十九条 有下列行为之一的，处五日以下拘留；情节较重的，处五日以上十日以下拘留： （一）违反国家规定，侵入计算机信息系统，造成危害的； （二）违反国家规定，对计算机信息系统功能进行删除、修改、增加、干扰，造成计算机信息系统不能正常运行的； （三）违反国家规定，对计算机信息系统中存储、处理、传输的数据和应用程序进行删除、修改、增加的； （四）故意制作、传播计算机病毒等破坏性程序，影响计算机信息系统正常运行的。

【适用精解】

本条由2012年《治安管理处罚法》第二十九条修改而来。

本条是关于非法侵入计算机信息系统，非法改变计算机信息系统功能，非法获取、改变计算机信息系统数据和应用程序，故意制作、传播计算机破坏性程序影响运行，提供侵入、非法控制计算机信息系统程序、工具的行为和处罚的规定。本条保护的客体是计算机信息系统的安全。计算机信息系统与人们的生活日益密切，关系国家安全、社会安全秩序和个人的信息权益和数据安全，有必要加强保护。其中对于与国家安全相关的国家事务、国防建设、尖端科学技术领域的计算机信息系统的保护由刑法承担，其他的侵害计算机信息系统的行为根据情节的轻重分别由刑法和治安管理处罚法进行规制。

相较于2012年《治安管理处罚法》，本条核心修改内容体现在：一是第一项中增加了列举的内容，在侵入计算机信息系统之外，又增加了两种类型，即非法获取数据行为和非法控制计算机信息系统行为，并删除了"造成危害的"的表述。二是增加了第五项内容，即提供专门用于侵入、非法控制计算机信息系统的程序、工具，或者明知他人实施侵入、非法控制计算机信息系统的违法犯罪行为而为其提供程序、工具的。这两个重要的变化均是为了和刑法规定相衔接，避免出现规制空白地带。第一项是为了与"非法获取计算机信息系统数据、非法控制计算机信息系统罪"相衔接，新增的第五项是为了与"提供侵入、非法控制计算机系统程序、工具罪"相衔接。至于构成刑事制裁与治安管理处罚的区别主要在于情节是否严重。对此，最高人民法院、最高人民检察院颁布的《关于办理危害计算机信息系统安全刑事案件应用法律若干问题的解释》中明确规定了何谓"情节严重"，根据该规定可以进行明确区分。

> **第三十四条 【组织、领导传销，胁迫、诱骗他人参加传销的行为及处罚】**组织、领导传销活动的，处十日以上十五日以下拘留；情节较轻的，处五日以上十日以下拘留。
>
> 胁迫、诱骗他人参加传销活动的，处五日以上十日以下拘留；情节较重的，处十日以上十五日以下拘留。

【新旧对照】

修订后	修订前
第三十四条 组织、领导传销活动的，处十日以上十五日以下拘留；情节较轻的，处五日以上十日以下拘留。 胁迫、诱骗他人参加传销活动的，处五日以上十日以下拘留；情节较重的，处十日以上十五日以下拘留。	

【适用精解】

本条为新增条款。

本条是关于组织、领导传销，胁迫、诱骗他人参加传销的行为和处罚的规定。保护的客体具有复合性，既涉及公民的财产所有权，又涉及市场经济秩序和社会管理秩序。

根据2005年颁布的《禁止传销条例》的规定，传销是指组织者或者经营者发展人员，通过对被发展人员以其直接或者间接发展的人员数量或者销售业绩为依据计算和给付报酬，或者要求被发展人员以交纳一定费用为条件取得加入资格等方式牟取非法利益，扰乱经济秩序，影响社会稳定的行为。传销活动影响正常的经济秩序，骗取他人财物，使大量参与者承受巨大的经济损失，陷入经济困境，甚至倾家荡产，引发社会不稳定因素，具有严重的社会危害性。对这种行为，我国在 2009 年出台的《中华人民共和国刑法修正案（七）》中规定了"组织、领导传销罪"，正式将其纳入刑法。但是，根据《最高人民法院、最高人民检察院、公安部关于办理组织领导传销活动刑事案件适用法律若干问题的意见》，入罪的标准是"三十人以上且层级在三级以上"。对于未达到刑法制裁标准的传销行为，比如层级未完全形成的初期传销则无法进行法律规制。2025 年《治安管理处罚法》新增此条规定，针对不构成《中华人民共和国刑法》规制的传销行为进行治安处罚，形成"行政违法—刑事犯罪"的梯度化规制体系。

在适用中应注意本条处罚的是传销活动中的"组织者""领导者""胁迫者""诱骗者"等关键角色。通过对组织者、领导者的拘留，直接限制其组织、策划和推进实施的能力，切断传销活动的"指挥中枢"，从源头上消灭传销活动；对胁迫、诱骗者的处罚，目的在于提高"拉人头"的违法成本，减少传销网络的扩张动力，遏制传销中的受害者转变为加害者的冲动。本条通过"人身自由+情节区分"的处罚模式与《禁止传销条例》中规定的工商行政管理部门（现市场监督管理部门）的罚款相结合，有助于全方位打击传销活动中"组织者""领导者""胁迫者""诱骗者"的违法活动。

同时也要注意本条两款内容处罚上的差别。对于"组织、领导传销活动的"处罚相对较重，对于"胁迫、诱骗他人参加传销活动的"处罚相对较轻。因为传销活动中组织者、领导者是传销的核心力量，参与整个传销活动的策划和推进，危害性较大；胁迫、诱骗他人参加传销活动的未参与整个传销策划和推进，危害性有限，因此进行了有差别的规定。

【相关法律法规】

《禁止传销条例》等。

第三十五条 **【从事影响国家重要活动、从事有损纪念英雄烈士环境和氛围的活动，侵害英烈名誉及宣扬侵略的行为和处罚】** 有下列行为之一的，处五日以上十日以下拘留或者一千元以上三千元以下罚款；情节较重的，处十日以上十五日以下拘留，可以并处五千元以下罚款：

（一）在国家举行庆祝、纪念、缅怀、公祭等重要活动的场所及周边管控区域，故意从事与活动主题和氛围相违背的行为，不听劝阻，造成不良社会影响的；

（二）在英雄烈士纪念设施保护范围内从事有损纪念英雄烈士环境和氛围的活动，不听劝阻的，或者侵占、破坏、污损英雄烈士纪念设施的；

（三）以侮辱、诽谤或者其他方式侵害英雄烈士的姓名、肖像、名誉、荣誉，损害社会公共利益的；

（四）亵渎、否定英雄烈士事迹和精神，或者制作、传播、散布宣扬、美化侵略战争、侵略行为的言论或者图片、音视频等物品，扰乱公共秩序的；

（五）在公共场所或者强制他人在公共场所穿着、佩戴宣扬、美化侵略战争、侵略行为的服饰、标志，不听劝阻，造成不良社会影响的。

【新旧对照】

修订后	修订前
第三十五条　有下列行为之一的，处五日以上十日以下拘留或者一千元以上三千元以下罚款；情节较重的，处十日以上十五日以下拘留，可以并处五千元以下罚款： （一）在国家举行庆祝、纪念、缅怀、公祭等重要活动的场所及周边管控区域，故意从事与活动主题和氛围相违背的行为，不听劝阻，造成不良社会影响的； （二）在英雄烈士纪念设施保护范围内从事有损纪念英雄烈士环境和氛围的活动，不听劝阻的，或者侵占、破坏、污损英雄烈士纪念设施的； （三）以侮辱、诽谤或者其他方式侵害英雄烈士的姓名、肖像、名誉、荣誉，损害社会公共利益的； （四）亵渎、否定英雄烈士事迹和精神，或者制作、传播、散布宣扬、美化侵略战争、侵略行为的言论或者图片、音视频等物品，扰乱公共秩序的； （五）在公共场所或者强制他人在公共场所穿着、佩戴宣扬、美化侵略战争、侵略行为的服饰、标志，不听劝阻，造成不良社会影响的。	

【适用精解】

本条为本次修订新增条文。

本条是关于从事影响国家重要活动、从事有损纪念英雄烈士环境和氛围的活动，侵害英烈名誉及宣扬侵略的行为和处罚的规定。本条保护的客体较为复杂。

整体来讲，每种类型都有自身保护的特殊法益，共同之处在于维护社会公共利益。

第一项保护的是国家举行特定仪式活动的秩序和蕴含于特定仪式活动中的国家精神。本项规定针对的行为需要满足三个要素，一是故意实施了法律规定的行为；二是对于行为人的行为不能直接予以治安管理处罚，必须先由公安机关进行劝阻，劝阻不听才考虑处罚；三是这种行为对社会产生了不良的影响。

第二、三、四项保护的是英雄烈士的名誉、荣誉，以及社会公共利益。目的是维护社会公共利益，传承和弘扬英雄烈士精神。2018年生效的《中华人民共和国英雄烈士保护法》对这三种情形均进行了规定。均明确规定构成违反治安管理行为的处以治安管理处罚。这次新修订的《治安管理处罚法》新增了本条第二、三、四项，使得治安处罚的依据得以明确，实现了与《中华人民共和国英雄烈士保护法》的衔接。同时要注意，第三项规定与《中华人民共和国刑法》第二百九十九条之一规定的侵害英雄烈士名誉、荣誉罪的区别。二者的区别主要在于情节严重程度。对情节是否严重，《关于依法惩治侵害英雄烈士名誉、荣誉违法犯罪的意见》中有明确的列举，规定"应当结合行为方式，涉及英雄烈士的人数，相关信息的数量、传播方式、传播范围、传播持续时间，相关信息实际被点击、浏览、转发次数，引发的社会影响、危害后果以及行为人前科情况等综合判断。"

第五项保护的客体是公共安全、社会管理秩序和他人人身自由。此项规定有助于阻断恐怖主义、极端主义的传播渠道和宣传效应，维护公共安全，同时打击强迫行为，保护人民群众的人身自由。2015年施行的《中华人民共和国刑法修正案（九）》增设了"强制穿戴宣扬恐怖主义、极端主义服饰、标志罪"，入刑的条件是"以暴力、胁迫等方式"强制他人在公共场所穿着、佩戴宣扬恐怖主义、极端主义服饰、标志。但对于未达到入刑标准的强制行为以及在公共场所穿戴宣扬、美化侵略战争、侵略行为的服饰、标志的行为，缺少规制依据，形成规制空白地带。本条第五项的增加填补了法律空白，实现了与刑法的衔接。在执法实践中要注意，本项所针对的对象要求满足三个条件：一是具有在公共场所或者强制他人在公共场所穿着、佩戴宣扬、美化侵略战争、侵略行为的服饰、标志的行为。二是对这些行为进行了劝阻。由于这些行为的社会危害性并不大，可能有些人对穿戴的服饰、标志并不了解，因此要先进行说服、劝阻。三是对结果的要求，要求"造成不良社会影响"。

【相关法律法规】

《中华人民共和国英雄烈士保护法》等。

第二节 妨害公共安全的行为和处罚

> **第三十六条 【违反危险物质管理的行为和处罚】** 违反国家规定,制造、买卖、储存、运输、邮寄、携带、使用、提供、处置爆炸性、毒害性、放射性、腐蚀性物质或者传染病病原体等危险物质的,处十日以上十五日以下拘留;情节较轻的,处五日以上十日以下拘留。

【新旧对照】

修订后	修订前
第三十六条 违反国家规定,制造、买卖、储存、运输、邮寄、携带、使用、提供、处置爆炸性、毒害性、放射性、腐蚀性物质或者传染病病原体等危险物质的,处十日以上十五日以下拘留;情节较轻的,处五日以上十日以下拘留。	第三十条 违反国家规定,制造、买卖、储存、运输、邮寄、携带、使用、提供、处置爆炸性、毒害性、放射性、腐蚀性物质或者传染病病原体等危险物质的,处十日以上十五日以下拘留;情节较轻的,处五日以上十日以下拘留。

【适用精解】

本条是 2012 年《治安管理处罚法》第三十条的延续,条文内容未进行修改。

本条是关于非法制造、买卖、储存、运输、邮寄、携带、使用、提供、处置危险物质的行为和处罚的规定。本条保护的客体是危险物质的管理秩序和公共安全。

适用本条规定时主要需注意:由于危险物质本身存在一定的危险性,一旦发生事故会对人类生命安全、公共安全和自然环境产生巨大影响。因此,我国对涉及危险物质的各环节都有严格的管理制度。认真遵守管理制度才能预防和减少危害公共安全和人民群众生命安全事故的发生。本条的核心惩罚对象是违反国家关于危险物质管理规定的行为。这里所强调的国家规定包括法律、法规和规章。同时要注意本条中所规定的非法使用、提供、处置危险物质行为,只受《治安管理处罚法》的规制,《中华人民共和国刑法》并没有与之相应的规定。对于其他非法行为,则可能构成犯罪,其中非法制造、买卖、运输、储存危险物质行为,可能构成《中华人民共和国刑法》第一百二十五条规定的非法制造、买卖、运输、存储爆炸物罪或非法制造、买卖、运输、存储危险物质罪;非法邮寄爆炸物的可能构成《中华人民共和国刑法》第一百二十五条规定的非法邮寄爆炸物罪;非法携带爆炸性、毒害性、放射性、腐蚀性危险物质的,可能构成《中华人民共和国刑法》第一百三十条规定的非法携带危险物品危及公共安全罪。至于违反《治安管理处罚法》与构成犯罪的区别主要根据最高人民检察院、公安部颁布的《关于公安机关管辖的刑事案件立案追诉标准的规定（一）》，最高人民法院发布的《关于审理非法制造、买卖、运输枪支、弹药、爆炸物等刑事案件具体应用法律若干问题的解释》，最高人民法院、最高人民检察院发布的《最高人民法院、最高人民检察院关于办理非法制造、买卖、运输、储存毒鼠强等禁用剧毒化学品刑事案件具体应用法律若干问题的解释》等予以判断。

> **第三十七条 【危险物质被盗、被抢或丢失不报告、故意隐瞒不报的行为和处罚】** 爆炸性、毒害性、放射性、腐蚀性物质或者传染病病原体等危险物质被盗、被抢或者丢失，未按规定报告的，处五日以下拘留；故意隐瞒不报的，处五日以上十日以下拘留。

【新旧对照】

修订后	修订前
第三十七条 爆炸性、毒害性、放射性、腐蚀性物质或者传染病病原体等危险物质被盗、被抢或者丢失，未按规定报告的，处五日以下拘留；故意隐瞒不报的，处五日以上十日以下拘留。	第三十一条 爆炸性、毒害性、放射性、腐蚀性物质或者传染病病原体等危险物质被盗、被抢或者丢失，未按规定报告的，处五日以下拘留；故意隐瞒不报的，处五日以上十日以下拘留。

【适用精解】

本条是2012年《治安管理处罚法》第三十一条的延续，条文内容未进行修改。

本条是关于危险物质被盗、被抢或丢失不报告、故意隐瞒不报的行为和处罚的规定。本条保护的客体是危险物质的管理秩序和公共安全。

我国对本条所列举的危险物质已形成严格的管理制度，避免流入社会被误用，甚至被不法分子利用，从而给人民群众的生命健康带来威胁，给公共安全带来风险。对危险物质建立起来的严格管理制度中包括了报告制度，即一旦危险物质被盗、被抢或丢失就必须及时向有关部门报告，以便及时采取相应的追查措施，以免带来严重的后果。

适用本条规定时主要需注意：把握本条规定的核心在于把握设置本条的目的。本条主要目的是督促行为人履行报告义务，处罚针对的对象是不报告行为。因此本条区分了两种情形，一是未按照规定报告的行为，一般是指未按照规定的时间、程序及时向相关部门报告；另一种是故意隐瞒不报的行为。这种行为的主观是为逃避责任故意隐瞒实际情况，甚至不如实报告。两种情形相比，后一种情形相对较重，因此也规定了相对较重的处罚。

> **第三十八条　【非法携带枪支、弹药、管制器具的行为和处罚】** 非法携带枪支、弹药或者弩、匕首等国家规定的管制器具的，处五日以下拘留，可以并处一千元以下罚款；情节较轻的，处警告或者五百元以下罚款。
>
> 非法携带枪支、弹药或者弩、匕首等国家规定的管制器具进入公共场所或者公共交通工具的，处五日以上十日以下拘留，可以并处一千元以下罚款。

【新旧对照】

修订后	修订前
第三十八条　非法携带枪支、弹药或者弩、匕首等国家规定的管制器具的，处五日以下拘留，可以并处**一千元**以下罚款；情节较轻的，处警告或者**五百元**以下罚款。 非法携带枪支、弹药或者弩、匕首等国家规定的管制器具进入公共场所或者公共交通工具的，处五日以上十日以下拘留，可以并处**一千元**以下罚款。	第三十二条　非法携带枪支、弹药或者弩、匕首等国家规定的管制器具的，处五日以下拘留，可以并处五百元以下罚款；情节较轻的，处警告或者二百元以下罚款。 非法携带枪支、弹药或者弩、匕首等国家规定的管制器具进入公共场所或者公共交通工具的，处五日以上十日以下拘留，可以并处五百元以下罚款。

【适用精解】

本条由2012年《治安管理处罚法》第三十二条修改而来。

本条是关于非法携带枪支、弹药、管制器具的行为和处罚的规定。本条保护的客体是枪支、弹药以及国家规定的管制器具的管理秩序和公共安全。

枪支、弹药和管制器具具有很强的杀伤性，一旦被不法分子利用作为凶器就会带来严重的社会危害性，因此为了保障公民人身安全、社会公共安全，法律规定了必要的管理制度。本条的目的在于保证这些制度得到严格遵守。

执法实践中应当注意以下问题：一是第一款规定的"非法携带枪支、弹药或者弩、匕首等国家规定的管制器具"的行为就是指不遵守国家规定携带枪支、弹药或者弩、匕首等国家规定的管制器具的行为。其中如《中华人民共和国枪支管理法》关于佩戴枪支的人员、配置枪支的单位以及枪支管理、使用等，都有明确的规定。违反规定，携带枪支、弹药即属于违法。再如公安部颁布的《公安部对部分刀具实行管制的暂行规定》中明确规定了管制刀具的范围，并规定匕首必须获批《匕首佩戴证》方准许持有佩戴；对于机械加工使用的三棱刮刀，不得随意带出工作场所等。对于这些规定法律要求必须严格遵守，不按照规定携带属于违法。二是对于第二款要注意其与刑法上的非法携带枪支、弹药、管制刀具、危险物品危及公共安全罪的区别。本条针对的是非法携带枪支、弹药或者弩、匕首等国家规定的管制器具进入公共场所或者公共交通工具的行为，主要强调具备进入公共场所或者公共交通工具的行为，而《中华人民共和国刑法》规定的非法携带枪支、弹药、管制刀具、危险物品危及公共安全罪则除了具备进入公共场所或者公共交通工具的行为，还需要具备危及公共安全、情节严重的要素。对构成犯罪的判断依据是《最高人民检察院、公安部关于公安机关管辖的刑事案件立案追诉标准的规定（一）》、《最高人民法院关于审理非法制造、买卖、运输枪支、弹药、爆炸物等刑事案件具体应用法律若干问题的解释》等。

与 2012 年《治安管理处罚法》相比，本条的修改仅一个方面，就是加大了处罚的力度，罚款金额有所提升。

【相关法律法规】

《中华人民共和国枪支管理法》等。

第三十九条　**【盗窃、损毁重要公共设施、移动、损毁国（边）境标志设施，影响国（边）境管理设施的行为和处罚】** 有下列行为之一的，处十日以上十五日以下拘留；情节较轻的，处五日以下拘留：

（一）盗窃、损毁油气管道设施、电力电信设施、广播电视设施、水利工程设施、公共供水设施、公路及附属设施或者水文监测、测量、气象测报、生态环境监测、地质监测、地震监测等公共设施，危及公共安全的；

（二）移动、损毁国家边境的界碑、界桩以及其他边境标志、边境设施或者领土、领海基点标志设施的；

（三）非法进行影响国（边）界线走向的活动或者修建有碍国（边）境管理的设施的。

【新旧对照】

修订后	修订前
第三十九条　有下列行为之一的，处十日以上十五日以下拘留；**情节较轻的，处五日以下拘留：**	第三十三条　有下列行为之一的，处十日以上十五日以下拘留： （一）盗窃、损毁油气管道设施、电力

续表

修订后	修订前
（一）盗窃、损毁油气管道设施、电力电信设施、广播电视设施、水利工程设施、**公共供水设施、公路及附属设施**或者水文监测、测量、气象测报、生态环境监测、地质监测、地震监测等公共设施，危及公共安全的； （二）移动、损毁国家边境的界碑、界桩以及其他边境标志、边境设施或者领土、领海基点标志设施的； （三）非法进行影响国（边）界线走向的活动或者修建有碍国（边）境管理的设施的。	电信设施、广播电视设施、水利防汛工程设施或者水文监测、测量、气象测报、环境监测、地质监测、地震监测等公共设施的； （二）移动、损毁国家边境的界碑、界桩以及其他边境标志、边境设施或者领土、领海标志设施的； （三）非法进行影响国（边）界线走向的活动或者修建有碍国（边）境管理的设施的。

【适用精解】

本条由 2012 年《治安管理处罚法》第三十三条修改而来。

本条是关于盗窃、损毁重要公共设施、移动、损毁国（边）境标志设施，影响国（边）境管理设施的行为和处罚的规定。本条保护的客体是重要公共设施和国（边）境标志的管理秩序及公共安全。

之所以对盗窃、损毁重要公共设施行为进行行政制裁，是因为对于国家发展和民众的社会生活来讲，各类具有不同功能的公共设施有着举足轻重的作用，一旦被盗窃、破坏、损毁，将会严重影响社会经济发展和民众的正常生活。因此必须对盗窃、破坏、损毁的行为予以法律规制。第二、三项的规定都涉及国家边境问题，一类是对移动、损毁国家边境标志设施行为予以处罚；一类是对非法进行影响国（边）界线走向的活动或者修建有碍国（边）境管理的设施的行为予以处罚。这两项规定的原因在于，边境标志是国家领土范围的重要标志，标志着国家的主权和领土完整，这些都事关国家根本利益，必须高度重视，严格按照规定确保边界标志不被盗窃、破坏、损毁。

执法实践中需要注意：一是区分盗窃、损毁公共设施行为与《中华人民共和国刑法》第一百一十八条和第一百一十九条规定的破坏电力设备罪、破坏易燃易爆设备罪，第一百二十四条规定的破坏广播电视设施、公用电信设施罪。区别主要体现在产生的后果不同，对公共安全危害的程度不同。二是区分移动、损毁边境、领土、领海标志设施行为与《中华人民共和国刑法》第三百二十三条规定的破坏界碑、界桩罪。二者的区别表现在，处罚对象不同，治安管理处罚对象相对宽泛，包括移动、损毁界碑、界桩以及其他边境标志、边境设施或者领土、领海基点标志设施的行为；刑法惩戒的对象是故意破坏界碑、界桩或者永久性测量标志的行为；另外，行为的情节和后果的严重程度也有所不同。

与2012年《治安管理处罚法》相比，本条没有太大变化，仅在第一项增加了列举内容。对公共设施的列举增加了公共供水设施、公路及附属设施的内容。这两种公共设施与人们的生活联系越来越紧密，一旦被破坏后果不堪设想。明确列举，明确予以保护有重要的意义。

> **第四十条 【妨碍交通工具安全运行的行为和处罚】** 盗窃、损坏、擅自移动使用中的航空设施，或者强行进入航空器驾驶舱的，处十日以上十五日以下拘留。
>
> 在使用中的航空器上使用可能影响导航系统正常功能的器具、工具，不听劝阻的，处五日以下拘留或者一千元以下罚款。
>
> 盗窃、损坏、擅自移动使用中的其他公共交通工具设施、设备，或者以抢控驾驶操纵装置、拉扯、殴打驾驶人员等方式，干扰公共交通工具正常行驶的，处五日以下拘留或者一千元以下罚款；情节较重的，处五日以上十日以下拘留。

【新旧对照】

修订后	修订前
第四十条 盗窃、损坏、擅自移动使用中的航空设施，或者**强行进入航空器驾驶舱的**，处十日以上十五日以下拘留。 在使用中的航空器上使用可能影响导航系统正常功能的器具、工具，不听劝阻的，处五日以下拘留或者**一千元以下罚款**。 盗窃、损坏、擅自移动使用中的其他公共交通工具设施、设备，或者以抢控驾驶操纵装置、拉扯、殴打驾驶人员等方式，干扰公共交通工具正常行驶的，处五日以下拘留或者一千元以下罚款；情节较重的，处五日以上十日以下拘留。	第三十四条 盗窃、损坏、擅自移动使用中的航空设施，或者强行进入航空器驾驶舱的，处十日以上十五日以下拘留。 在使用中的航空器上使用可能影响导航系统正常功能的器具、工具，不听劝阻的，处五日以下拘留或者五百元以下罚款。

【适用精解】

本条由2012年《治安管理处罚法》第三十四条修改而来。

本条是关于妨碍航空器飞行安全及其他交通工具运行安全的行为和处罚的规定。本条保护的客体是交通工具管理秩序、航空安全和交通安全。

航空器与其他交通工具在现代人的出行中必不可少。其安全性直接关涉民众的出行安全，关涉民众的生命和财产安全。对于破坏航空器和其他交通工具而影响出行安全的行为，影响航空器安全飞行和其他交通工具安全运行的行为必须予以必要的法律规制。本条的目的在于规制危害各类交通工具，包括航空器运行安全行为的，保障人民群众的出行安全。

执法实践中需要注意：一是本条第一款和第二款都涉及航空器飞行安全。要注意构成第一款违法行为的必须对"使用中的"航空设施盗窃、损坏、擅自移动；第二款处罚的是"强行"进入航空器驾驶舱的行为。

实践中需要区分强行进入航空器驾驶舱行为与《中华人民共和国刑法》第一百二十三条规定的暴力危及飞行安全罪。二者的区别主要在于行为发生时间不同，强行进入航空器驾驶舱的行为针对强行进入的行为，至于是否属于飞行状态并不重要；而暴力危及飞行安全罪必须发生于飞行中的航空器上。另外二者的主观恶性程度、情节的恶劣程度与行为后果的严重程度不同。

二是本条第三款是新增内容。对航空器之外的其他公共交通工具的运行安全予以保护。第三款规定了两类情形，第一类是对其他公共交通工具设施、设备的盗窃、损坏、擅自移动，干扰了公共交通工具的正常运行；第二类是在公共交通工具上对影响交通工具正常运行的操纵装置进行抢夺、控制，或者对驾驶人员进行拉扯、殴打等，导致干扰公共交通工具正常行驶的。本款所规定的行为在现实生活中时有发生，给公共交通安全带来极大的危害。对此，《中华人民共和国刑法》第一百三十三条之二规定了妨害安全驾驶罪。本次修订新增此项实现了与刑法的衔接，填补了对尚不构成犯罪的妨碍交通工具运行行为的惩戒空白，构建根据情节和后果的差别进行梯度化规制体系。适用过程中，需要综合考虑行为人的主观恶性、行为的危害程度、后果的严重性等因素区分妨害安全驾驶罪与本款规定的界限。

三是由于本条增加了第三款，因此本条整体上形成破坏交通设施行为。实践中需要区分此行为与《中华人民共和国刑法》第一百一十七条和第一百一十九条规定的破坏交通设施罪。二者的区别主要结合行为人的主观恶性程度、行为后果的危害程度予以把握。

与2012年《治安管理处罚法》相比，本条的变化主要是增加了第三款的内容。同时，加大了对第二款的处罚力度，提高了罚款金额。

第四十一条 【妨碍铁路、城市轨道交通线路运行安全的行为和处罚】
有下列行为之一的，处五日以上十日以下拘留，可以并处一千元以下罚款；情节较轻的，处五日以下拘留或者一千元以下罚款：

（一）盗窃、损毁、擅自移动铁路、城市轨道交通设施、设备、机车车辆配件或者安全标志的；

（二）在铁路、城市轨道交通线路上放置障碍物，或者故意向列车投掷物品的；

（三）在铁路、城市轨道交通线路、桥梁、隧道、涵洞处挖掘坑穴、采石取沙的；

（四）在铁路、城市轨道交通线路上私设道口或者平交过道的。

【新旧对照】

修订后	修订前
第四十一条 有下列行为之一的，处五日以上十日以下拘留，可以并处**一千元**以下罚款；情节较轻的，处五日以下拘留或者**一千元**以下罚款： （一）盗窃、损毁、擅自移动铁路、**城市轨道交通**设施、设备、机车车辆配件或者安全标志的； （二）在铁路、**城市轨道交通线路上**放置障碍物，或者故意向列车投掷物品的； （三）在铁路、**城市轨道交通线路**、桥梁、**隧道**、涵洞处挖掘坑穴、采石取沙的； （四）在铁路、**城市轨道交通线路**上私设道口或者平交过道的。	第三十五条 有下列行为之一的，处五日以上十日以下拘留，可以并处五百元以下罚款；情节较轻的，处五日以下拘留或者五百元以下罚款： （一）盗窃、损毁或者擅自移动铁路设施、设备、机车车辆配件或者安全标志的； （二）在铁路线路上放置障碍物，或者故意向列车投掷物品的； （三）在铁路线路、桥梁、涵洞处挖掘坑穴、采石取沙的； （四）在铁路线路上私设道口或者平交过道的。

【适用精解】

本条是由 2012 年《治安管理处罚法》第三十五条修改而来。

本条是关于妨碍铁路运行、城市轨道交通线路运行安全的行为和处罚的规定。本条保护的客体是铁路、城市轨道交通线路运行的管理秩序，最终目的在于保护铁路运行安全和城市轨道交通线路运行安全。

铁路是国民经济的大动脉，也是人们出行的重要交通工具；随着大中城市轨道交通的增多，城市内轨道交通成为人们在城市内出行的重要交通工具。铁路安全、城市轨道交通安全关乎国家的公共安全，民众的出行安全，国家必须给予必要的安全保障。本条规定的四种行为都会给铁路安全、城市轨道交通的安全带来安全风险，因此立法规定禁止这些行为。

执法实践中要注意区分本条规定与《中华人民共和国刑法》第一百一十七条和第一百一十九条第一款规定的破坏交通设施罪的区别。本条规定破坏行为针对的是铁路交通设施，破坏交通设施罪规定破坏行为针对的是所有的交通设施。同时，二者行为后果程度不同。构成犯罪的要求是破坏行为足以使列车发生倾覆、损毁等严重后果的；未造成严重后果的破坏行为成为本条的规制对象。

对于本条第三项如何认定在铁路、城市轨道交通线路、桥梁、隧道、涵洞处挖掘坑穴、采石取沙的行为，应结合《中华人民共和国铁路法》《铁路安全管理条例》以及各地出台的轨道交通管理条例予以认定。

与2012年《治安管理处罚法》相比，本条修改主要在两个方面，一是增加了对城市轨道交通安全的保护，本条中每一项中均增加了城市轨道交通的列举；二是加大了处罚力度，提高了罚款金额。

【相关法律法规】

《中华人民共和国铁路法》《铁路安全管理条例》等。

第四十二条　【妨碍火车行车安全、城市轨道交通安全的行为和处罚】
擅自进入铁路、城市轨道交通防护网或者火车、城市轨道交通列车来临时在铁路、城市轨道交通线路上行走坐卧，抢越铁路、城市轨道，影响行车安全的，处警告或者五百元以下罚款。

【新旧对照】

修订后	修订前
第四十二条　擅自进入铁路、**城市轨道交通防护网**或者火车、**城市轨道交通列车**来临时在铁路、**城市轨道交通线路**上行走坐卧、抢越铁路、**城市轨道**，影响行车安全的，处警告或者五百元以下罚款。	第三十六条　擅自进入铁路防护网或者火车来临时在铁路线路上行走坐卧、抢越铁路，影响行车安全的，处警告或者二百元以下罚款。

【适用精解】

本条是由2012年《治安管理处罚法》第三十六条修改而来。

本条是关于妨碍火车行车安全、城市轨道交通安全的行为和处罚的规定。本条保护的客体是火车行车安全和城市轨道交通安全。

本条规定了两种情形，一种是擅自进入铁路、城市轨道交通防护网的情形。铁路、城市轨道交通防护网既保护火车、城市轨道交通行车安全，也保护行人安全，擅自进入可能会影响行车安全，也增加自身风险。法律规定擅自进入这些地方，影响行车安全的给予处罚；另一种情形是在铁路、城市轨道交通线路上行走坐卧，抢越铁路、城市轨道的行为，这种行为直接对行车安全造成较大的威胁。由于火车、轨道列车都具有行驶速度快、动力强的特点，一旦发生事故，后果往往都非常严重。因此法律上对影响列车运行的行为规定了相应的处罚。

与2012年《治安管理处罚法》相比，本条修改主要是增加了对城市轨道交通安全的保护，增加了城市轨道交通的列举。

> **第四十三条 【擅自安装使用电网、道路施工妨碍行人安全、破坏道路施工安全和破坏公共设施、违反规定升放携带明火的升空物体、高空抛物的行为和处罚】** 有下列行为之一的，处五日以下拘留或者一千元以下罚款；情节严重的，处十日以上十五日以下拘留，可以并处一千元以下罚款：
>
> （一）未经批准，安装、使用电网的，或者安装、使用电网不符合安全规定的；
>
> （二）在车辆、行人通行的地方施工，对沟井坎穴不设覆盖物、防围和警示标志的，或者故意损毁、移动覆盖物、防围和警示标志的；
>
> （三）盗窃、损毁路面井盖、照明等公共设施的；
>
> （四）违反有关法律法规规定，升放携带明火的升空物体，有发生火灾事故危险，不听劝阻的；
>
> （五）从建筑物或者其他高空抛掷物品，有危害他人人身安全、公私财产安全或者公共安全危险的。

【新旧对照】

修订后	修订前
第四十三条　有下列行为之一的，处五日以下拘留或者**一千元**以下罚款；情节严重的，处十日以上十五日以下拘留，可以并处**一千元**以下罚款： （一）未经批准，安装、使用电网的，或者安装、使用电网不符合安全规定的； （二）在车辆、行人通行的地方施工，对沟井坎穴不设覆盖物、防围和警示标志的，	第三十七条　有下列行为之一的，处五日以下拘留或者五百元以下罚款；情节严重的，处五日以上十日以下拘留，可以并处五百元以下罚款： （一）未经批准，安装、使用电网的，或者安装、使用电网不符合安全规定的； （二）在车辆、行人通行的地方施工，对沟井坎穴不设覆盖物、防围和警示标志的，

续表

修订后	修订前
或者故意损毁、移动覆盖物、防围和警示标志的； （三）盗窃、损毁路面井盖、照明等公共设施的； （四）违反有关法律法规规定，升放携带明火的升空物体，有发生火灾事故危险，不听劝阻的； （五）从建筑物或者其他高空抛掷物品，有危害他人人身安全、公私财产安全或者公共安全危险的。	或者故意损毁、移动覆盖物、防围和警示标志的； （三）盗窃、损毁路面井盖、照明等公共设施的。

【适用精解】

本条由 2012 年《治安管理处罚法》第三十七条修改而来。

本条是关于擅自安装使用电网、道路施工妨碍行人安全、破坏道路施工安全和破坏公共设施、违反规定升放携带明火的升空物体、高空抛物的行为和处罚的规定。本条保护的客体是公共安全。

随着现代社会的发展，人们的生活越来越紧密地联系在一起，一些曾经与公共安全关联性不大的行为现在具有了针对不特定人的巨大安全风险。本条对五类行为的处罚目的在于阻却公共安全风险，提升民众生活、出行的安全。

与 2012 年《治安管理处罚法》相比，本条前三项未修改，主要是增加了后两项内容。其中，第一项主要针对电网的安装和使用，禁止未经批准，安装、使用或者安装、使用电网不符合安全规定的行为。对安装和使用电网必须履行的程序以及安全标准要求应依据相关规定。

第二项要求道路施工时，建设施工方必须采取安全防范措施，如在车辆、行人通行的地方施工的，应当对沟井坎穴设覆盖物、防围和警示标志。这些覆盖物、防围和警示标志特别重要，发挥着提示通行车辆、行人注意安全的作用。如出现本项规定的行为，则易导致车辆损毁和行人跌落，因此本项列举行为严重危及不特定人的生命安全和财产安全，属于妨碍公共安全的行为。

第三项是对盗窃、损毁公共设施行为的规范，该项规定的盗窃、损毁行为之所以未放置在盗窃、破坏财物违法的类型中规范，主要是因为盗窃、损毁的对象比较特殊，井盖、照明等公共设施具有为行人和行进的车辆提供安全保障的作用，这些公共设施一旦被盗窃、被损毁，会危及不特定人的安全，实际上是对公共安全的威胁。因此在妨碍公共安全行为中进行规定。

第四项是新增内容，针对擅自升放携带明火的升空物体的行为进行的规定。

升放携带明火的升空物体，尤其是放孔明灯一直是我国民间的传统习俗，但是在当代社会，这种行为在某些情形下极可能带来巨大的公共安全风险，极易带来火灾，导致飞机、火车发生事故。对此，我国法律法规在尊重传统习俗的基础上，对特殊场所此类行为进行了限制规定，如《中华人民共和国消防法》中明确规定"禁止在具有火灾、爆炸危险的场所吸烟、使用明火"，对使用明火的行为进行了限制；还有《中华人民共和国民用航空法》《民用机场管理条例》等法律法规也有类似的规定。本项规定的目的在于督促行为人遵守法律法规的规定。根据本项规定，构成治安管理处罚的要件包括三个，一是具有违反有关法律法规规定，升放携带明火的升空物体的行为；二是有发生火灾事故危险；三是不听劝阻的。对于这种行为首先要进行劝阻，不听劝阻的才会被纳入处罚的范围内。

　　第五项是新增内容，是针对高空抛物行为的规定。在传统社会从建筑物内向外抛物，由于建筑物较低且建筑物一般处于院落之中，不会危害他人人身安全、财产安全或者公共安全。但是随着现代社会建筑物越来越高，且处于公共通道旁边的高大建筑物越来越多，从建筑物内向外抛物将给不特定行人的人身安全、财产安全以及公共安全带来风险，人们"头顶上的安全"开始受到社会的普遍关注，通过法律予以规制得到人们的广泛认同。《最高人民法院关于依法妥善审理高空抛物、坠物案件的意见》明确对故意高空抛物的行为进行惩罚，要求"根据具体情形按照以危险方法危害公共安全罪、故意伤害罪或故意杀人罪论处"，同时"明确物业服务企业责任"。《中华人民共和国刑法修正案（十一）》将"高空抛物"纳入刑法规制。《中华人民共和国刑法》第二百九十一条之二明确规定了高空抛物罪。此次《治安管理处罚法》修订新增了对高空抛物的治安管理处罚，实现了高空抛物行为的梯度性惩罚，完善了处罚层次。规定对尚不构成犯罪，但存在危害他人人身安全、公私财产安全或者公共安全的高空抛物行为应予以治安管理处罚。通过这种规定逐渐使人们改变传统的行为方式，关注自己行为的外溢性效果，避免因自己的行为给他人人身安全、公私财产安全或者公共安全带来风险。在实践中应关注高空抛物构成治安管理处罚与构成犯罪的区别。根据2021年《最高人民法院、最高人民检察院关于执行〈中华人民共和国刑法〉确定罪名的补充规定（七）》，需结合行为人的动机、抛物场所、抛掷物的情况以及造成的后果等因素，予以区分。

　　与2012年《治安管理处罚法》相比，除了增加了两项内容，还加大了处罚的力度，提高了罚款金额。

【相关法律法规】

　　《中华人民共和国消防法》《中华人民共和国民用航空法》《民用机场管理条例》等。

> **第四十四条 【举办大型活动违反有关规定的行为和处罚】**举办体育、文化等大型群众性活动，违反有关规定，有发生安全事故危险，经公安机关责令改正而拒不改正或者无法改正的，责令停止活动，立即疏散；对其直接负责的主管人员和其他直接责任人员处五日以上十日以下拘留，并处一千元以上三千元以下罚款；情节较重的，处十日以上十五日以下拘留，并处三千元以上五千元以下罚款，可以同时责令六个月至一年以内不得举办大型群众性活动。

【新旧对照】

修订后	修订前
第四十四条 举办体育、文化等大型群众性活动，违反有关规定，有发生安全事故危险，**经公安机关责令改正而拒不改正或者无法改正的**，责令停止活动，立即疏散；对其直接负责的主管人员和其他直接责任人员处五日以上十日以下拘留，并处一千元以上三千元以下罚款；情节较重的，处十日以上十五日以下拘留，并处三千元以上五千元以下罚款，可以同时责令六个月至一年以内不得举办大型群众性活动。	第三十八条 举办文化、体育等大型群众性活动，违反有关规定，有发生安全事故危险的，责令停止活动，立即疏散；对组织者处五日以上十日以下拘留，并处二百元以上五百元以下罚款；情节较轻的，处五日以下拘留或者五百元以下罚款。

【适用精解】

本条由2012年《治安管理处罚法》第三十八条修改而来。

本条是关于举办大型活动违反有关规定的行为和处罚的规定。本条保护的客体是举办大型活动的管理秩序及大型活动的安全。

大型群众活动的特点表现为，在特定时间内，在有限空间内，人员多，身份杂，影响大，敏感性强，对公共安全造成危害，甚至可能出现踩踏事故，危及活动中不特定人员的人身安全、财产安全。为了预防这种安全风险的出现，2007年国务院颁布了《大型群众性活动安全管理条例》，由公安机关对大型群众性活动实行安全许可制度。并明确承办者、主办者、场所管理者的安全职责。很多地方也制定了地方性法规或者规章来预防大型群众性活动的安全风险。本条的规定就是为了保障安全风险预防措施的落实，避免出现安全事故，避免出现不可挽回的损失后果。

实践中需要注意区分违规举办大型活动行为与《中华人民共和国刑法》第一百三十五条之一规定的大型群众性活动重大安全事故罪的界限，根据《最高人民

检察院 公安部关于公安机关管辖的刑事案件立案追诉标准（一）》的规定，需从主观方面，情节、后果的严重程度进行区分。

与2012年《治安管理处罚法》相比，本条的修改主要集中在两个方面，一是对本条违反治安管理处罚法的行为的构成要件增加了要素，要求公安机关在发现"举办体育、文化等大型群众性活动，违反有关规定，有发生安全事故危险"时，应当首先责令改正，只有在"经公安机关责令改正而拒不改正或者无法改正的"，才被确定为违反治安管理处罚法，予以处罚。这一修改实现了治安管理处罚法的目的是保障公共安全而进行惩罚，而非为了罚款而罚款。同时，尽可能保障活跃地方经济和文化生活的活动能如期进行，避免因主办者小的疏忽而导致前期准备前功尽弃。若能及时改正，活动仍可继续进行。二是对于本条规定的行为加大了处罚力度，在"责令停止活动，立即疏散"的基础上，一方面，增加了处罚对象，对活动直接负责的主管人员和其他直接责任人员进行人身罚和财产罚，规定"处五日以上十日以下拘留，并处一千元以上三千元以下罚款"；另一方面，增加了情节较重的处罚，规定情节较重的"处十日以上十五日以下拘留，并处三千元以上五千元以下罚款"，同时增加了处罚种类，明确规定了资格罚，"可以同时责令六个月至一年以内不得举办大型群众性活动"。这些规定提升了违法者的违法成本，对于保障大型群众活动的安全具有重要的意义。

【相关法律法规】

《大型群众性活动安全管理条例》等。

第四十五条　【公共活动场所拒不执行安全规定的行为和处罚】 旅馆、饭店、影剧院、娱乐场、体育场馆、展览馆或者其他供社会公众活动的场所违反安全规定，致使该场所有发生安全事故危险，经公安机关责令改正而拒不改正的，对其直接负责的主管人员和其他直接责任人员处五日以下拘留；情节较重的，处五日以上十日以下拘留。

【新旧对照】

修订后	修订前
第四十五条　旅馆、饭店、影剧院、娱乐场、**体育场馆**、展览馆或者其他供社会公众活动的场所违反安全规定，致使该场所有发生安全事故危险，经公安机关责令	第三十九条　旅馆、饭店、影剧院、娱乐场、运动场、展览馆或者其他供社会公众活动的场所的经营管理人员，违反安全规定，致使该场所有发生安全事故危险，

续表

修订后	修订前
改正而拒不改正的,**对其直接负责的主管人员和其他直接责任人员处五日以下拘留;情节较重的,处五日以上十日以下拘留。**	经公安机关责令改正,拒不改正的,处五日以下拘留。

【适用精解】

本条由 2012 年《治安管理处罚法》第三十九条修改而来。

本条是关于公共活动场所违反规定妨害公共安全的行为和处罚的规定。本条保护的客体是供社会公众活动场所的安全管理秩序和公共安全。

旅馆、饭店等本条列举的公共场所是供公众消费、娱乐、休闲、运动和进行大型活动的场所。这些地方人员流动性大,人群聚集多,一旦发生事故,会造成众多人员伤亡或者重大财产损失。因此,对这些地方往往规定了严格的安全管理制度,如《中华人民共和国消防法》《娱乐场所管理条例》《公共文化体育设施条例》《旅馆业治安管理办法》《互联网上网服务营业场所管理条例》《公共娱乐场所消防安全管理规定》等都有相关的规定。本条的规定意在保障上述安全规定的落实。根据本条规定,对公共活动场所违反规定妨害公共安全的行为进行治安管理处罚的要素包括三个,一是具有在公众活动场所不执行安全规定的行为;二是因不执行安全规定导致公众活动场所有发生安全事故的危险;三是公安机关对不执行安全规定的行为进行了干预,责令改正,但是当事人拒不改正。

与2012年修正的《治安管理处罚法》相比,此次修改有三处,一是将运动场的列举修改为体育场馆,法律概念覆盖面更大,更加周延;二是处罚对象从场所的经营管理人员修改为直接负责的主管人员和其他直接责任人员,主要对承担落实责任的直接责任人员提出了要求;三是增加了情节较重的情形的规定,在处罚上给予"五日以上十日以下拘留"。

【相关法律法规】

《中华人民共和国消防法》《娱乐场所管理条例》《公共文化体育设施条例》《互联网上网服务营业场所管理条例》等。

第四十六条 【无人驾驶航空器违反空域管理规定进行飞行的行为和处罚】 违反有关法律法规关于飞行空域管理规定,飞行民用无人驾驶航空器、航空运动器材,或者升放无人驾驶自由气球、系留气球等升空物体,情节较

58

> 重的，处五日以上十日以下拘留。
> 　　飞行、升放前款规定的物体非法穿越国（边）境的，处十日以上十五日以下拘留。

【新旧对照】

修订后	修订前
第四十六条　违反有关法律法规关于飞行空域管理规定，飞行民用无人驾驶航空器、航空运动器材，或者升放无人驾驶自由气球、系留气球等升空物体，情节较重的，处五日以上十日以下拘留。 　　飞行、升放前款规定的物体非法穿越国（边）境的，处十日以上十五日以下拘留。	

【适用精解】

　　本条是新增条款。

　　本条是关于无人驾驶航空器违反空域管理规定进行飞行的行为和处罚的规定。本条保护的客体是空域管理秩序、空域安全和公共安全。

　　随着航空业的发展，通用航空飞行活动的增多，政府对低空经济的积极推动，法律规制开始从平面向立体转变，空域管理的重要性受到普遍关注。如果未能对空域进行科学合理管理会给航空安全、地面安全、军事安全、公共安全等带来重大风险隐患，因此空域管理成为法律规范的重要内容。近些年我国密集出台了一系列空域管理方面的法律法规，形成针对本条列举的飞行器使用空域进行管理的法律规范，通过空域管理推动实现公共安全风险预防目的成为普遍的立法模式。一是对"民用无人驾驶航空器"飞行空域的管理适用《无人驾驶航空器飞行管理暂行条例》。该条例对低空空域进行了分类管理，划分为管制空域与适飞空域，要求民用无人驾驶航空器进入管制空域飞行必须获得批准。二是对从事"升放无人驾驶自由气球或者系留气球"适用《通用航空飞行管制条例》进行规制。该条例规定升放无人驾驶自由气球或者系留气球可以升放的空域高度范围，并禁止在依法划设的机场范围内和机场净空保护区域内升放无人驾驶自由气球或者系留气球。三是对"航空运动器材"的规制适用《航空体育运动管理办法》。根据该办法，航空体育运动器材是指开展航空体育运动使用的降落伞、滑翔伞、动力伞、牵引伞、悬挂滑翔翼、动力悬挂滑翔机、航空航天模型（无人机）等。该办法要求，飞行航空体育运动器材，举办航空体育赛事活动都需要申请空域。从效力等级来

59

看,《航空体育运动管理办法》属于规章范畴。适用本条时规章并不能作为依据,若要成为本条依据,有待该规章效力等级提升。

适用本条时要注意,本条共两款,第一款约束飞行法律规定的飞行器(物)行为的前提条件是,违反有关法律法规关于飞行空域管理规定。对于此类行为除根据相关法律法规进行处罚外,情节较重时,根据本条应处五日以上十日以下拘留。

本条第二款主要是针对飞行、升放第一款规定的飞行物体非法穿越国(边)境的行为,对此行为处罚相对较重,规定处十日以上十五日以下拘留。

【相关法律法规】

《无人驾驶航空器飞行管理暂行条例》《通用航空飞行管制条例》等。

第三节　侵犯人身权利、财产权利的行为和处罚

> **第四十七条**　【组织胁迫表演、强迫劳动、非法限制人身自由、非法侵宅、非法搜查等行为和处罚】有下列行为之一的,处十日以上十五日以下拘留,并处一千元以上二千元以下罚款;情节较轻的,处五日以上十日以下拘留,并处一千元以下罚款:
> (一)组织、胁迫、诱骗不满十六周岁的人或者残疾人进行恐怖、残忍表演的;
> (二)以暴力、威胁或者其他手段强迫他人劳动的;
> (三)非法限制他人人身自由、非法侵入他人住宅或者非法搜查他人身体的。

【新旧对照】

修订后	修订前
第四十七条　有下列行为之一的,处十日以上十五日以下拘留,并处**一千元以上二千元以下**罚款;情节较轻的,处五日以上十日以下拘留,并处**一千元以下**罚款: (一)组织、胁迫、诱骗不满十六周岁的人或者残疾人进行恐怖、残忍表演的; (二)以暴力、威胁或者其他手段强迫他人劳动的;	第四十条　有下列行为之一的,处十日以上十五日以下拘留,并处五百元以上一千元以下罚款;情节较轻的,处五日以上十日以下拘留,并处二百元以上五百元以下罚款: (一)组织、胁迫、诱骗不满十六周岁的人或者残疾人进行恐怖、残忍表演的; (二)以暴力、威胁或者其他手段强迫

续表

修订后	修订前
（三）非法限制他人人身自由、非法侵入他人住宅或者非法搜查他人身体的。	他人劳动的； （三）非法限制他人人身自由、非法侵入他人住宅或者非法搜查他人身体的。

【适用精解】

本条由2012年《治安管理处罚法》第四十条修改而来。

本条是关于胁迫恐怖表演、强迫劳动、非法限制人身自由、非法侵宅、非法搜查等行为和处罚的规定。

此次修改，除了罚款数额因社会经济发展相应增加外，其他内容没有变化。

本条规定延续原条款立法框架，通过区分"较轻情节"与"一般情节"设置了差异化处罚，既保证了法律适用的明确性，又合理赋予公安机关一定裁量空间，充分体现了本法"过罚相当"的基本原则。

公安机关适用本条规定时主要需注意，要结合违法行为动机、手段、持续时间及损害后果等综合判断违法情节。例如，组织儿童进行恐怖表演，需考量参与人数、表演频率及对儿童心理的影响；对于强迫劳动，暴力程度、劳动强度及是否造成身体伤害为主要考量要素。

【相关法律法规】

《中华人民共和国宪法》《中华人民共和国劳动法》《中华人民共和国刑法》等。

> **第四十八条　【组织、胁迫未成年人有偿陪侍的行为和处罚】**组织、胁迫未成年人在不适宜未成年人活动的经营场所从事陪酒、陪唱等有偿陪侍活动的，处十日以上十五日以下拘留，并处五千元以下罚款；情节较轻的，处五日以下拘留或者五千元以下罚款。

【新旧对照】

修订后	修订前
第四十八条　组织、胁迫未成年人在不适宜未成年人活动的经营场所从事陪酒、陪唱等有偿陪侍活动的，处十日以上十五日	

续表

修订后	修订前
以下拘留，并处五千元以下罚款；情节较轻的，处五日以下拘留或者五千元以下罚款。	

【适用精解】

本条是 2025 年《治安管理处罚法》重要新增条款。

本条是关于组织、胁迫未成年人有偿陪侍行为和处罚的规定。

在当下社会发展进程中，未成年人权益保护问题日益凸显。部分不法分子受利益驱使，组织、胁迫未成年人在酒吧、夜总会等不适宜其活动的经营场所从事陪酒、陪唱等有偿陪侍活动。此行为严重损害未成年人身心健康，将他们暴露于酒精、毒品、暴力及性侵害等高危风险中，极易诱发后续违法犯罪行为。《中华人民共和国未成年人保护法》第五十八条明确规定，营业性歌舞娱乐场所、酒吧、互联网上网服务营业场所等不适宜未成年人活动场所的经营者，不得允许未成年人进入，以保障未成年人免受不良行为侵害。《中华人民共和国预防未成年人犯罪法》也强调，要"为未成年人身心健康发展创造良好的社会环境"（见其第四条），预防其沾染不良行为。基于此，2025 年修订的《治安管理处罚法》新增此条规定，为打击此类危害未成年人权益行为提供直接法律依据，填补此前规制空白。

本条规定主要需从四方面理解和把握：

一是主体认定。本条规定中应处罚的"组织者、胁迫者"包括直接策划者及中间介绍人等。

二是行为认定。即需要明确"组织和胁迫"两类主观故意行为。对于"组织""胁迫"行为认定，需结合证人证言、监控录像、聊天记录等证据。比如有组织者通过言语威胁、经济控制等手段强迫未成年人陪侍，即使未成年人表面配合，也构成胁迫行为。

三是空间认定。本条规定适用以"不适宜未成年人活动的经营场所"（如酒吧、夜总会等）为空间限定，要符合《中华人民共和国未成年人保护法》第五十八条对场所管理的要求。

四是处罚梯度把握。根据本条规定，区分了"一般"（处十日以上十五日以下拘留，并处五千元以下罚款）与"较轻"（处五日以下拘留或者五千元以下罚款）两种情节，设置了拘留与罚款并罚机制，体现了过罚相当原则。执法时，需精准判定"情节较轻"。如组织未成年人陪侍次数少、涉及未成年人数量少，且未造成明显身心伤害等，可认定情节较轻。

【相关法律法规】

《中华人民共和国未成年人保护法》《中华人民共和国预防未成年人犯罪法》《娱乐场所管理条例》等。

> **第四十九条 【胁迫乞讨等行为和处罚】** 胁迫、诱骗或者利用他人乞讨的，处十日以上十五日以下拘留，可以并处二千元以下罚款。
>
> 反复纠缠、强行讨要或者以其他滋扰他人的方式乞讨的，处五日以下拘留或者警告。

【新旧对照】

修订后	修订前
第四十九条 胁迫、诱骗或者利用他人乞讨的，处十日以上十五日以下拘留，可以并处**二千元**以下罚款。 反复纠缠、强行讨要或者以其他滋扰他人的方式乞讨的，处五日以下拘留或者警告。	第四十一条 胁迫、诱骗或者利用他人乞讨的，处十日以上十五日以下拘留，可以并处一千元以下罚款。 反复纠缠、强行讨要或者以其他滋扰他人的方式乞讨的，处五日以下拘留或者警告。

【适用精解】

本条由2012年《治安管理处罚法》第四十一条修改而来。

本条是关于胁迫、诱骗他人乞讨及"滋扰性乞讨"等违反治安管理行为和处罚的规定。

此次修改，对"胁迫、诱骗或者利用他人乞讨"行为的罚款额度从"一千元以下"调整为"二千元以下"，体现对该违反治安管理行为的惩戒力度加大，强化对胁迫、诱骗乞讨等违法行为的威慑，与《中华人民共和国刑法》第二百六十二条之一的"组织残疾人、儿童乞讨罪"相呼应，形成梯度处罚体系。

本条规定内容结构未变，仍区分"胁迫、诱骗或者利用他人乞讨"与"滋扰性乞讨"两类行为，分别处罚。

公安机关适用本条规定时主要需注意：对于"反复纠缠、强行讨要或者以其他滋扰他人的方式乞讨"行为的认定，要综合考量行为次数、强度、持续时间及对他人正常生活的干扰程度等，综合认定。

【相关法律法规】

《中华人民共和国刑法》等。

第五十条 **【恐吓威胁、公然侮辱、诽谤、诬告陷害、打击报复证人、干扰他人生活、侵犯隐私等行为、处罚及措施】**有下列行为之一的,处五日以下拘留或者一千元以下罚款;情节较重的,处五日以上十日以下拘留,可以并处一千元以下罚款:

(一)写恐吓信或者以其他方法威胁他人人身安全的;

(二)公然侮辱他人或者捏造事实诽谤他人的;

(三)捏造事实诬告陷害他人,企图使他人受到刑事追究或者受到治安管理处罚的;

(四)对证人及其近亲属进行威胁、侮辱、殴打或者打击报复的;

(五)多次发送淫秽、侮辱、恐吓等信息或者采取滋扰、纠缠、跟踪等方法,干扰他人正常生活的;

(六)偷窥、偷拍、窃听、散布他人隐私的。

有前款第五项规定的滋扰、纠缠、跟踪行为的,除依照前款规定给予处罚外,经公安机关负责人批准,可以责令其一定期限内禁止接触被侵害人。对违反禁止接触规定的,处五日以上十日以下拘留,可以并处一千元以下罚款。

【新旧对照】

修订后	修订前
第五十条 有下列行为之一的,处五日以下拘留或者**一千元**以下罚款;情节较重的,处五日以上十日以下拘留,可以并处**一千元**以下罚款: (一)写恐吓信或者以其他方法威胁他人人身安全的; (二)公然侮辱他人或者捏造事实诽谤他人的; (三)捏造事实诬告陷害他人,企图使他人受到刑事追究或者受到治安管理处罚的; (四)对证人及其近亲属进行威胁、侮辱、殴打或者打击报复的;	第四十二条 有下列行为之一的,处五日以下拘留或者五百元以下罚款;情节较重的,处五日以上十日以下拘留,可以并处五百元以下罚款: (一)写恐吓信或者以其他方法威胁他人人身安全的; (二)公然侮辱他人或者捏造事实诽谤他人的; (三)捏造事实诬告陷害他人,企图使他人受到刑事追究或者受到治安管理处罚的; (四)对证人及其近亲属进行威胁、侮辱、殴打或者打击报复的;

续表

修订后	修订前
（五）多次发送淫秽、侮辱、恐吓等信息或者采取滋扰、纠缠、跟踪等方法，干扰他人正常生活的； （六）偷窥、偷拍、窃听、散布他人隐私的。 有前款第五项规定的滋扰、纠缠、跟踪行为的，除依照前款规定给予处罚外，经公安机关负责人批准，可以责令其一定期限内禁止接触被侵害人。对违反禁止接触规定的，处五日以上十日以下拘留，可以并处一千元以下罚款。	（五）多次发送淫秽、侮辱、恐吓或者其他信息，干扰他人正常生活的； （六）偷窥、偷拍、窃听、散布他人隐私的。

【适用精解】

本条由2012年《治安管理处罚法》第四十二条修改而来。

本条是关于恐吓威胁、公然侮辱、诽谤、诬告陷害、打击报复证人、信息滋扰等行为、处罚及相关措施的规定。

本条此次修改主要变化包括：

1. 罚款上限由"五百元以下"提升至"一千元以下"。罚款上限提高，加大了对本条六类侵犯人身权利行为的惩戒力度，以适应社会发展和强化法律威慑力。

2. 第五项新增针对"滋扰、纠缠、跟踪"行为的特别规定。即增加了"多次发送淫秽、侮辱、恐吓等信息或者采取滋扰、纠缠、跟踪等方法，干扰他人正常生活的"行为。对以上行为，除按前款处罚外，经公安机关负责人批准，可"责令违法者一定期限内禁止接触被侵害人"，违反该禁令将面临更重处罚——处五日以上十日以下拘留，可以并处一千元以下罚款。本条新增的禁止接触措施，是对持续性滋扰行为的有力规制，能有效保护被侵害人免受反复侵扰，填补了法律空白，使相关法律规制更具针对性与实效性。

公安机关适用本条规定时主要需注意：

1. 对于"以多次发送信息等方式干扰他人正常生活"，要根据干扰次数、信息内容及方式等，综合判断。

2. "公然侮辱他人"的，须具备"公然性"。

3. "捏造事实诬告陷害他人"的，须具备"捏造事实"和"企图使他人受到刑事追究或者受到治安管理处罚"双重要件。

4. 执行禁止接触规定时，要明确期限与范围，违反禁令者，应严格依法再次处罚。

【相关法律法规】

《中华人民共和国民法典》《中华人民共和国刑法》等。

第五十一条　【殴打他人、故意伤害的行为和处罚】 殴打他人的，或者故意伤害他人身体的，处五日以上十日以下拘留，并处五百元以上一千元以下罚款；情节较轻的，处五日以下拘留或者一千元以下罚款。

有下列情形之一的，处十日以上十五日以下拘留，并处一千元以上二千元以下罚款：

（一）结伙殴打、伤害他人的；

（二）殴打、伤害残疾人、孕妇、不满十四周岁的人或者七十周岁以上的人的；

（三）多次殴打、伤害他人或者一次殴打、伤害多人的。

【新旧对照】

修订后	修订前
第五十一条　殴打他人的，或者故意伤害他人身体的，处五日以上十日以下拘留，并处**五百元以上一千元以下**罚款；情节较轻的，处五日以下拘留或者**一千元以下**罚款。 有下列情形之一的，处十日以上十五日以下拘留，并处**一千元以上二千元以下**罚款： （一）结伙殴打、伤害他人的； （二）殴打、伤害残疾人、孕妇、不满十四周岁的人或者**七十周岁**以上的人的； （三）多次殴打、伤害他人或者一次殴打、伤害多人的。	第四十三条　殴打他人的，或者故意伤害他人身体的，处五日以上十日以下拘留，并处二百元以上五百元以下罚款；情节较轻的，处五日以下拘留或者五百元以下罚款。 有下列情形之一的，处十日以上十五日以下拘留，并处五百元以上一千元以下罚款： （一）结伙殴打、伤害他人的； （二）殴打、伤害残疾人、孕妇、不满十四周岁的人或者六十周岁以上的人的； （三）多次殴打、伤害他人或者一次殴打、伤害多人的。

【适用精解】

本条由2012年《治安管理处罚法》第四十三条修改而来。

本条是关于殴打他人、故意伤害他人身体的行为和处罚的规定。

本条此次修改主要变化包括：

其一，各档罚款上限提高。其中，"一般情形"，罚款从"二百元以上五百元以下"提至"五百元以上一千元以下"；"情节较轻"，罚款从"五百元以下"提升到"一千元以下";"加重情形",罚款从"五百元以上一千元以下"提升到"一千元以上二千元以下"。随着社会经济发展,原罚款额度难以有效遏制殴打他人、故意伤害等侵犯人身权利行为违法行为。提升罚款上限,既强化了对此类行为的惩处力度,提高其违法成本,也适应当下收入水平,是维护法律严肃性和威慑力的必然要求。

其二,在特殊对象界定上,将"殴打、伤害六十周岁以上的人"调整为"殴打、伤害七十周岁以上的人"。此处特殊侵害对象年龄标准的调整,体现出对当下老年群体年龄结构变化及身体素质差异的考量,使法律规制更贴合实际,科学凸显对特定弱势群体的保护。

本条规定对殴打他人、故意伤害行为不同情形,明确划分了处罚档次。殴打他人或故意伤害他人身体,视情节轻重给予不同程度的拘留与罚款。对于结伙、针对特定弱势群体,以及多次或一次伤害多人等情节恶劣行为,予以更严厉处罚,旨在打击严重侵犯人身权利的违反治安管理行为,保障公民人身安全,维护社会秩序。

公安机关适用本条规定时主要需注意:

1. 执法时,需依据行为手段、伤害程度、主观故意等判定"情节较轻"。

2. 关于"结伙殴打、伤害他人的",需要从主客观两方面要件进行认定。两者缺一不可:一是主观故意,即有共同违法的故意,有明示、暗示或者默许的主观意思达成,一般可表现为事先合谋或临时合意;二是客观行为,即违法行为人有共同的殴打、伤害对象并对其造成一定的伤害后果。

【相关法律法规】

《中华人民共和国刑法》等。

第五十二条 【猥亵、公共场所裸露隐私部位的行为和处罚】猥亵他人的,处五日以上十日以下拘留;猥亵精神病人、智力残疾人、不满十四周岁的人或者有其他严重情节的,处十日以上十五日以下拘留。

在公共场所故意裸露身体隐私部位的,处警告或者五百元以下罚款;情节恶劣的,处五日以上十日以下拘留。

【新旧对照】

修订后	修订前
第五十二条 猥亵他人的,**处五日以上十日以下拘留**;猥亵精神病人、智力残疾人、不满十四周岁的人或者有其他严重情	第四十四条 猥亵他人的,或者在公共场所故意裸露身体,情节恶劣的,处五日以上十日以下拘留;猥亵智力残疾人、精

续表

修订后	修订前
节的,处十日以上十五日以下拘留。 　　在公共场所故意裸露身体隐私部位的,处警告或者五百元以下罚款;情节恶劣的,处五日以上十日以下拘留。	神病人、不满十四周岁的人或者有其他严重情节的,处十日以上十五日以下拘留。

【适用精解】

本条由2012年《治安管理处罚法》第四十四条修改而来。

本条是关于猥亵他人、公共场所故意裸露身体隐私部位行为和处罚的规定。

本条此次修改主要对原第四十四条的猥亵及公共场所裸露身体隐私部位行为的规制进行了拆分和细化。

其一,拆分猥亵行为与公共场所裸露行为的处罚标准。2012年原条文将"猥亵他人"和"公共场所故意裸露身体"合并规定,统一适用"五日以上十日以下拘留",仅对严重情节加重处罚。而现条款将"猥亵他人"与"故意裸露身体隐私部位"分别规定为两款,并增设"警告或五百元以下罚款"作为裸露行为的轻罚档,仅对"情节恶劣"的才适用拘留。

其二,调整特殊保护对象的表述顺序。2012年原条文列举顺序为"智力残疾人、精神病人、不满十四周岁的人",现调整为"精神病人、智力残疾人、不满十四周岁的人",更符合法律术语的规范性表述,保持了法律体系性。

其三,增设公共场所裸露行为的阶梯式处罚。本条第二款对公共场所故意裸露身体隐私部位的行为,区分情节设置梯度处罚,新增"处警告或者五百元以下罚款"的较轻情节的处罚标准,仅对"情节恶劣的"才处以拘留,体现过罚相当、教育与惩戒相结合原则,避免处罚过重。

公安机关适用本条规定时主要需注意:

1. "猥亵他人"构成要件的认定。行为人主观上需具有故意,客观上实施性意味着身体接触(如抚摸、搂抱等)。

2. 对"精神病人、智力残疾人、未成年人"的猥亵,不要求行为人明知对方身份,但需客观上符合特殊保护对象条件。

3. "公共场所裸露"行为的认定。其"情节恶劣"的认定,需综合考量前科情况、暴露时长、场所人员密集程度(包括是否有未成年人等)、是否伴随言语挑逗行为等要素。

> **第五十三条 【虐待、遗弃的行为和处罚】**有下列行为之一的，处五日以下拘留或者警告；情节较重的，处五日以上十日以下拘留，可以并处一千元以下罚款：
> （一）虐待家庭成员，被虐待人或者其监护人要求处理的；
> （二）对未成年人、老年人、患病的人、残疾人等负有监护、看护职责的人虐待被监护、看护的人的；
> （三）遗弃没有独立生活能力的被扶养人的。

【新旧对照】

修订后	修订前
第五十三条 有下列行为之一的，处五日以下拘留或者警告；**情节较重的，处五日以上十日以下拘留，可以并处一千元以下罚款**： （一）虐待家庭成员，被虐待人**或者其监护人**要求处理的； （二）**对未成年人、老年人、患病的人、残疾人等负有监护、看护职责的人虐待被监护、看护的人的；** （三）遗弃没有独立生活能力的被扶养人的。	第四十五条 有下列行为之一的，处五日以下拘留或者警告： （一）虐待家庭成员，被虐待人要求处理的； （二）遗弃没有独立生活能力的被扶养人的。

【适用精解】

本条由 2012 年《治安管理处罚法》第四十五条修改而来。

本条是关于虐待、遗弃等违反治安管理行为和处罚的规定。

此次修改主要变化包括：

其一，违法主体扩展。2012 年原条文仅规制"家庭成员"间的虐待行为（第一款）和遗弃行为（第二款）；现规定新增第二款，将虐待行为主体扩展至"对未成年人、老年人、患病的人、残疾人等负有监护、看护职责的人"，涵盖非家庭成员（如养老机构、托育人员等）。

其二，请求权主体扩大。虐待家庭成员条款中，2012 年原条文限于"被虐待人要求处理"，现新增为"被虐待人或其监护人"均有权要求处理，强化对未成年人、老年人、患病的人、残疾人等弱势人群的特殊保护。

其三，处罚梯度细化。2012 年原条文仅规定"五日以下拘留或警告"；2025 年条文增设"情节较重"情形，处"五日以上十日以下拘留，可以并处一千元以下罚款",体现过罚相当原则。

本条以上内容修改,主要契合当下人口老龄化、家庭结构变化及监护关系复杂化等社会现实下,非家庭成员虐待(如"保姆虐童""养老院虐待老人")问题不断出现,凸显法律的与时俱进与人文关怀。

根据本条规定,虐待家庭成员,根据被虐待人或监护人诉求及情节轻重分级处罚;对负有监护、看护职责者虐待特殊群体,以及遗弃无独立生活能力的被扶养人,均属违法行为,需承担相应法律责任。通过明确行为边界与处罚梯度,实现对相关侵权行为的精准打击。

公安机关适用本条规定时主要需注意:

1. 判断"虐待""遗弃"行为"情节较重"时,应考量行为持续时间、伤害程度、主观恶性等因素。

2. 对于新增的监护、看护者虐待行为,要重点核查职责关系及行为后果。

【相关法律法规】

《中华人民共和国民法典》《中华人民共和国反家庭暴力法》等。

第五十四条 【强买强卖的行为和处罚】强买强卖商品,强迫他人提供服务或者强迫他人接受服务的,处五日以上十日以下拘留,并处三千元以上五千元以下罚款;情节较轻的,处五日以下拘留或者一千元以下罚款。

【新旧对照】

修订后	修订前
第五十四条 强买强卖商品,强迫他人提供服务或者强迫他人接受服务的,处五日以上十日以下拘留,并处**三千元以上五千元以下罚款**;情节较轻的,处五日以下拘留或者**一千元以下罚款**。	第四十六条 强买强卖商品,强迫他人提供服务或者强迫他人接受服务的,处五日以上十日以下拘留,并处二百元以上五百元以下罚款;情节较轻的,处五日以下拘留或者五百元以下罚款。

【适用精解】

本条由 2012 年《治安管理处罚法》第四十六条修改而来。

本条是关于强买强卖商品、强迫他人提供服务或者强迫他人接受服务行为和处罚的规定。

此次修改,主要在罚款额度上进行了大幅调整:一般情形下,将原款罚款"二百元以上五百元以下",修订后提升至"三千元以上五千元以下";对于情节较轻的情形，罚款上限从"五百元以下"提高到"一千元以下"，处罚力度明显加大，而拘留期限规定则保持不变。

随着市场经济的发展，强买强卖、强迫服务等行为不仅侵害消费者和经营者的合法权益，还破坏市场秩序与社会和谐。原罚款标准已难以对该违法行为形成有效震慑，大幅度提高罚款额度是适应经济发展、维护市场正常运行的必然要求，有助于净化市场环境，保护经营者和消费者的合法权益，维护社会经济秩序稳定。

本条规定明确强买强卖商品、强迫他人提供或接受服务的行为，将根据情节轻重处以不同程度的处罚：一般情形下，处五日以上十日以下拘留，并处三千元以上五千元以下罚款；情节较轻的，处五日以下拘留或者一千元以下罚款，清晰界定了违法行为与处罚标准，便于执法适用。

公安机关适用本条规定时主要需注意：

1. 准确界定"强买强卖""强迫服务"行为，如通过威胁、恐吓等手段迫使交易达成。

2. 判断"情节较轻"时，应综合考量行为持续时间、造成损失大小、社会影响等因素。

【相关法律法规】

《中华人民共和国消费者权益保护法》等。

第五十五条 【煽动、刊载民族仇恨、民族歧视等行为和处罚】煽动民族仇恨、民族歧视，或者在出版物、信息网络中刊载民族歧视、侮辱内容的，处十日以上十五日以下拘留，可以并处三千元以下罚款；情节较轻的，处五日以下拘留或者三千元以下罚款。

【新旧对照】

修订后	修订前
第五十五条 煽动民族仇恨、民族歧视，或者在出版物、**信息网络**中刊载民族歧视、侮辱内容的，处十日以上十五日以下拘留，可以并处**三千元以下罚款；情节较轻的，处五日以下拘留或者三千元以下罚款。**	第四十七条 煽动民族仇恨、民族歧视，或者在出版物、计算机信息网络中刊载民族歧视、侮辱内容的，处十日以上十五日以下拘留，可以并处一千元以下罚款。

【适用精解】

本条由 2012 年《治安管理处罚法》第四十七条修改而来。

本条是关于煽动民族仇恨、民族歧视，或者在出版物、信息网络中刊载民族歧视、侮辱的行为和处罚的规定。

本条此次修改主要变化包括：

其一，将违法场景从"计算机信息网络"扩展至"信息网络"，覆盖范围更契合当下网络传播形态（信息网络包含电话网、广播电视网等非计算机系统）。

其二，"一般情形"罚款上限从"一千元以下"大幅度提升至"三千元以下"。

其三，并新增"情节较轻的，处五日以下拘留或者三千元以下罚款"的梯度处罚规定，改变原条款单一处罚标准。扩大信息网络范围，旨在应对新兴网络载体中出现的民族歧视、侮辱性内容传播问题，填补法律规制漏洞；而新增梯度处罚与提高罚款上限，既体现对煽动民族仇恨、民族歧视等情节恶劣行为的从严惩处立场，又赋予执法者根据主观恶性、传播范围等因素灵活裁量的空间，更好地体现本法"过罚相当"原则。

本条规定明确，煽动民族仇恨、歧视，或在出版物、信息网络中刊载相关侮辱内容的行为，将依情节轻重分级处罚。一般情节，处十日以上十五日以下拘留，可并处三千元以下罚款；情节较轻者，处五日以下拘留或三千元以下罚款。该规定清晰界定了处罚梯度，增强了可操作性。

公安机关适用本条规定时主要需注意区分言论自由与本条规定的违法行为之间的界限。

【相关法律法规】

《中华人民共和国宪法》《出版管理条例》等。

第五十六条　**【违规出售、提供或非法获取个人信息的行为和处罚】**违反国家有关规定，向他人出售或者提供个人信息的，处十日以上十五日以下拘留；情节较轻的，处五日以下拘留。

窃取或者以其他方法非法获取个人信息的，依照前款的规定处罚。

【新旧对照】

修订后	修订前
第五十六条　违反国家有关规定，向他人出售或者提供个人信息的，处十日以上十五日以下拘留；情节较轻的，处五日以下拘留。	

续表

修订后	修订前
窃取或者以其他方法非法获取个人信息的，依照前款的规定处罚。	

【适用精解】

本条规定是 2025 年《治安管理处罚法》重要新增条款。

本条是关于违反国家有关规定，向他人出售、提供个人信息的，或者以窃取等方法非法获取个人信息的行为和处罚的规定。

随着数字社会快速发展，个人信息非法收集、买卖问题日益突出，严重侵害公民权益并容易衍生电信诈骗、精准骚扰等违法犯罪活动。2021 年施行的《中华人民共和国个人信息保护法》确立了个人信息处理的合法、正当、必要等原则，但治安管理法层面缺乏与《中华人民共和国刑法》第二百五十三条之一（侵犯公民个人信息罪）的有效衔接。本条规定填补了治安管理处罚空白，与《中华人民共和国网络安全法》《中华人民共和国数据安全法》共同构建多层次责任体系。

本条规定明确以下内容：

1. 行为要件。明确有关个人信息两类违法行为：（1）违反国家有关规定，向他人出售或者提供个人信息；（2）以窃取等手段非法获取信息。以上两类违法行为涵盖"购买""收受"等其他间接方式。

2. 处罚梯度。区分一般情节与较轻情节，设置十日以上十五日以下和五日以下两档拘留处罚，与《中华人民共和国刑法》的"情节严重"标准形成合理衔接。

公安机关适用本条规定时主要需注意：

1. 准确判断"违反国家规定"。主要依据相关法律法规和规章等国家相关规定。判断行为违法性。

2. 准确判断"情节较轻"。可考量个人信息数量、敏感程度、是否获利及造成后果等因素，加以判断。如违法获取少量个人信息且未造成实际损害，可认定情节较轻。

【相关法律法规】

《中华人民共和国个人信息保护法》《中华人民共和国数据安全法》《中华人民共和国刑法》等。

> 第五十七条 【冒领、隐匿、毁弃、倒卖、私自开拆或者非法检查他人邮件、快件的行为和处罚】冒领、隐匿、毁弃、倒卖、私自开拆或者非法检查他人邮件、快件的，处警告或者一千元以下罚款；情节较重的，处五日以上十日以下拘留。

【新旧对照】

修订后	修订前
第五十七条 冒领、隐匿、毁弃、倒卖、私自开拆或者非法检查他人邮件、快件的，处警告或者一千元以下罚款；情节较重的，处五日以上十日以下拘留。	第四十八条 冒领、隐匿、毁弃、私自开拆或者非法检查他人邮件的，处五日以下拘留或者五百元以下罚款。

【适用精解】

本条由 2012 年《治安管理处罚法》第四十八条修改而来。

本条是关于冒领、隐匿、毁弃、倒卖、私自开拆或者非法检查他人邮件、快件的行为和处罚的规定。

本条此次修改主要基于快递业务量激增的社会现实，倒卖快递面单、非法开拆快件等案件时有发生，需弥补原条文处罚力度的不足。本条规定主要变化包括：

其一，违法行为类型增多，在原有的冒领、隐匿、毁弃、私自开拆、非法检查他人邮件基础上，新增"倒卖"他人邮件、快件的行为。其二，处罚分档细化。原条款仅有"处五日以下拘留或者五百元以下罚款"；修订后区分情节，一般情节"处警告或者一千元以下罚款"，情节较重则"处五日以上十日以下拘留"。

本条规定明确，冒领、隐匿等侵犯他人邮件、快件的行为均属违法。较轻情节，如偶尔冒领他人不涉及重要信息的邮件，给予警告或一千元以下罚款；情节较重的，如多次私自开拆他人商业合同类快件，干扰正常生产经营，将面临拘留处罚。本条规定通过以上清晰界定行为与处罚，进一步明确执法尺度。

【相关法律法规】

《中华人民共和国邮政法》《快递暂行条例》等。

第五十八条 【盗窃、诈骗、哄抢、抢夺或者敲诈勒索的行为和处罚】
盗窃、诈骗、哄抢、抢夺或者敲诈勒索的,处五日以上十日以下拘留或者二千元以下罚款;情节较重的,处十日以上十五日以下拘留,可以并处三千元以下罚款。

【新旧对照】

修订后	修订前
第五十八条　盗窃、诈骗、哄抢、抢夺或者敲诈勒索的,处五日以上十日以下拘留或者**二千元**以下罚款;情节较重的,处十日以上十五日以下拘留,可以并处**三千元**以下罚款。	第四十九条　盗窃、诈骗、哄抢、抢夺、敲诈勒索或者故意损毁公私财物的,处五日以上十日以下拘留,可以并处五百元以下罚款;情节较重的,处十日以上十五日以下拘留,可以并处一千元以下罚款。

【适用精解】

本条由 2012 年《治安管理处罚法》第四十九条修改而来。

本条是关于盗窃、诈骗、哄抢、抢夺或者敲诈勒索的行为和处罚的规定。

本条此次修改主要变化包括:

其一,删除"故意损毁公私财物"的行为。将该行为从本条分离,调整至其他条款(见第五十九条),使本条更聚焦于非法占有类财产侵害行为。

其二,将"敲诈勒索"单列。与《中华人民共和国刑法》第二百七十四条表述一致,强化对胁迫型犯罪的规制。

其三,调整处罚结构。(1)一般情形下,将原"五日以上十日以下拘留,可以并处五百元以下罚款"改为"五日以上十日以下拘留或者二千元以下罚款"。(2)情节较重时,罚款上限从"一千元以下"提高至"三千元以下"。其中,罚款数额大幅提高,体现对财产类违法行为的惩戒力度升级;一般情节下的"可以并处"改为"或者",赋予公安机关更灵活的裁量权。

【相关法律法规】

《中华人民共和国刑法》《中华人民共和国反电信网络诈骗法》等。

> **第五十九条 【故意损毁公私财物的行为和处罚】** 故意损毁公私财物的,处五日以下拘留或者一千元以下罚款;情节较重的,处五日以上十日以下拘留,可以并处三千元以下罚款。

【新旧对照】

修订后	修订前
第五十九条 故意损毁公私财物的,处五日以下拘留或者一千元以下罚款;情节较重的,处五日以上十日以下拘留,可以并处三千元以下罚款。	第四十九条 盗窃、诈骗、哄抢、抢夺、敲诈勒索或者故意损毁公私财物的,处五日以上十日以下拘留,可以并处五百元以下罚款;情节较重的,处十日以上十五日以下拘留,可以并处一千元以下罚款。

【适用精解】

本条由2012年《治安管理处罚法》第四十九条部分内容修改而来。

本条是关于故意损毁公私财物行为和处罚的规定。

本条此次修改变化包括:

其一,将故意损毁公私财物的行为从原第四十九条复合性条文中独立出来,体现"一事一立"的立法理念的同时,呼应及衔接《中华人民共和国刑法》第二百七十五条故意毁坏财物罪的规定。

其二,调整处罚结构。(1)基础处罚从"必处拘留"和"可并处罚款"改为"拘留或罚款"的选择性处罚。(2)罚款上限从五百元提升至一千元,加大经济惩戒力度。(3)情节较重的,由原来的"十日以上十五日以下拘留,可以并处一千元以下罚款"调整为"处五日以上十日以下拘留,可以并处三千元以下罚款",处罚对"故意损毁公私财物"行为更具针对性。

公安机关适用本条规定时主要需注意:

1. 构成要件包括:(1)主观方面要求直接故意。(2)客观方面包括物理损毁和功能性破坏。(3)对象不限于有形财产,包含虚拟财产。

2. "情节较重"判定需考量财物价值、损毁手段、主观恶性等因素,如使用暴力手段损毁他人经营设备、多次故意损毁公共设施等。

> **第六十条 【学生欺凌的行为、处罚及措施】** 以殴打、侮辱、恐吓等方式实施学生欺凌,违反治安管理的,公安机关应当依照本法、《中华人民共和国

国预防未成年人犯罪法》的规定，给予治安管理处罚、采取相应矫治教育等措施。

学校违反有关法律法规规定，明知发生严重的学生欺凌或者明知发生其他侵害未成年学生的犯罪，不按规定报告或者处置的，责令改正，对其直接负责的主管人员和其他直接责任人员，建议有关部门依法予以处分。

【新旧对照】

修订后	修订前
第六十条 以殴打、侮辱、恐吓等方式实施学生欺凌，违反治安管理的，公安机关应当依照本法、《中华人民共和国预防未成年人犯罪法》的规定，给予治安管理处罚、采取相应矫治教育等措施。 学校违反有关法律法规规定，明知发生严重的学生欺凌或者明知发生其他侵害未成年学生的犯罪，不按规定报告或者处置的，责令改正，对其直接负责的主管人员和其他直接责任人员，建议有关部门依法予以处分。	

【适用精解】

本条是 2025 年《治安管理处罚法》重要新增条款。

本条是关于以殴打、侮辱、恐吓等方式实施学生欺凌行为和处罚的规定。

近年来，学生欺凌事件频发，严重危害未成年人身心健康，破坏校园秩序与社会和谐，引发社会广泛关注。2020 年修订的《中华人民共和国预防未成年人犯罪法》明确将学生欺凌纳入法律规制范围，但缺乏具体的治安管理处罚依据。2025 年修订的《治安管理处罚法》新增本条规定，强化了对校园欺凌行为的法律规制，旨在通过治安处罚与矫治教育相结合等多种方式，构建多层次的未成年人保护机制。

本条规定明确，以殴打、侮辱、恐吓等方式实施学生欺凌，违反治安管理的，公安机关需依据《治安管理处罚法》和《中华人民共和国预防未成年人犯罪法》的规定，给予治安管理处罚并采取矫治教育措施，体现对学生欺凌行为的严厉打击与对涉事未成年人的教育挽救并重。同时，对学校瞒报、怠于处置严重欺凌及其他侵害未成年学生犯罪的行为，规定责令改正并建议有关部门追究相关人员

（包括直接负责的主管人员和其他直接责任人员）责任，压实学校管理责任，完善校园学生安全治理机制。

公安机关适用本条规定时主要需注意：

1. 行为要件。明确以殴打、侮辱、恐吓等方式实施学生欺凌的行为构成治安违法。

2. 责任主体。不仅针对欺凌者，还规定学校及其相关工作人员未履行报告或处置义务的法律责任，体现"双向规制"的治理思路。

3. 处罚措施。除治安管理处罚外，规定了矫治教育措施的适用，契合《中华人民共和国预防未成年人犯罪法》第四十一条对不良行为的干预要求。

4. 应遵循未成年人保护原则，保护涉事学生，避免二次伤害。

【相关法律法规】

《中华人民共和国预防未成年人犯罪法》《中华人民共和国未成年人保护法》等。

第四节　妨害社会管理的行为和处罚

第六十一条　【拒不执行政府在紧急情况下依法发布的决定，命令和阻碍执行职务，阻碍特种车辆船舶通行，冲闯警戒带、警戒区的行为和处罚】 有下列行为之一的，处警告或者五百元以下罚款；情节严重的，处五日以上十日以下拘留，可以并处一千元以下罚款：

（一）拒不执行人民政府在紧急状态情况下依法发布的决定、命令的；

（二）阻碍国家机关工作人员依法执行职务的；

（三）阻碍执行紧急任务的消防车、救护车、工程抢险车、警车或者执行上述紧急任务的专用船舶通行的；

（四）强行冲闯公安机关设置的警戒带、警戒区或者检查点的。

阻碍人民警察依法执行职务的，从重处罚。

【新旧对照】

修订后	修订前
第六十一条　有下列行为之一的，处警告或者**五百元**以下罚款；情节严重的，处五日以上十日以下拘留，可以并处**一千元**以下罚款：	第五十条　有下列行为之一的，处警告或者二百元以下罚款；情节严重的，处五日以上十日以下拘留，可以并处五百元以下罚款：

续表

修订后	修订前
（一）拒不执行人民政府在紧急状态情况下依法发布的决定、命令的； （二）阻碍国家机关工作人员依法执行职务的； （三）阻碍执行紧急任务的消防车、救护车、工程抢险车、警车**或者执行上述紧急任务的专用船舶通行的**； （四）强行冲闯公安机关设置的警戒带、警戒区或者检查点的。 阻碍人民警察依法执行职务的，从重处罚。	（一）拒不执行人民政府在紧急状态情况下依法发布的决定、命令的； （二）阻碍国家机关工作人员依法执行职务的； （三）阻碍执行紧急任务的消防车、救护车、工程抢险车、警车等车辆通行的； （四）强行冲闯公安机关设置的警戒带、警戒区的。 阻碍人民警察依法执行职务的，从重处罚。

【适用精解】

本条由 2012 年《治安管理处罚法》第五十条修改而来。

本条是关于拒不执行政府在紧急情况下依法发布的决定，命令和阻碍执行职务，阻碍特种车辆船舶通行，冲闯警戒带、警戒区的行为和处罚的规定。

相较于 2012 年《治安管理处罚法》，本条加大了对违法行为的惩戒力度，一般情形的罚款处罚由"二百元以下罚款"提高到"五百元以下罚款"，情节严重的处罚由"可以并处五百元以下罚款"提高到"可以并处一千元以下罚款"。在第三项增加了"执行上述紧急任务的专用船舶通行"的情形。

适用本条规定时主要需注意：第三项违法情形的阻碍对象是正在执行紧急任务的特种车辆，以及执行紧急抢险、救助活动等紧急任务的专用船舶，其所执行的紧急任务直接关涉公民生命财产安全及重大公共利益，依据《中华人民共和国道路交通安全法》等予以通行保障。但是，前述车辆、船舶须为"执行紧急任务"，若非执行紧急任务，只是执行一般的公务活动，甚至非公务活动，则无法构成本项违法行为。此外，本条规定了阻碍人民警察依法执行职务的，从重处罚，是对警察执行职务的特殊保护，维护警察执法权威，适用时应当注意与《中华人民共和国刑法》《中华人民共和国人民警察法》的衔接。

【相关法律法规】

《中华人民共和国刑法》《中华人民共和国人民警察法》等。

第六十二条 【冒充国家机关工作人员及其他虚假身份招摇撞骗的行为和处罚】 冒充国家机关工作人员招摇撞骗的,处十日以上十五日以下拘留,可以并处一千元以下罚款;情节较轻的,处五日以上十日以下拘留。

冒充军警人员招摇撞骗的,从重处罚。

盗用、冒用个人、组织的身份、名义或者以其他虚假身份招摇撞骗的,处五日以下拘留或者一千元以下罚款;情节较重的,处五日以上十日以下拘留,可以并处一千元以下罚款。

【新旧对照】

修订后	修订前
第六十二条 冒充国家机关工作人员招摇撞骗的,处十日以上十五日以下拘留,可以并处一千元以下罚款;情节较轻的,处五日以上十日以下拘留。 冒充军警人员招摇撞骗的,从重处罚。 盗用、冒用个人、组织的身份、名义或者以其他虚假身份招摇撞骗的,处五日以下拘留或者一千元以下罚款;情节较重的,处五日以上十日以下拘留,可以并处一千元以下罚款。	第五十一条 冒充国家机关工作人员或者以其他虚假身份招摇撞骗的,处五日以上十日以下拘留,可以并处五百元以下罚款;情节较轻的,处五日以下拘留或者五百元以下罚款。 冒充军警人员招摇撞骗的,从重处罚。

【适用精解】

本条由2012年《治安管理处罚法》第五十一条修改而来。

本条是关于冒充国家机关工作人员及其他虚假身份招摇撞骗行为和处罚的规定。

相较于2012年《治安管理处罚法》,本条加重了"冒充国家机关工作人员招摇撞骗"治安违法行为的处罚力度,由"处五日以上十日以下拘留,可以并处五百元以下罚款"提高到"处十日以上十五日以下拘留,可以并处一千元以下罚款",调整了冒充国家机关工作人员情节较轻时的处罚种类和处罚幅度,由"处五日以上十日以下拘留或者五百元以下罚款"调整为"处五日以上十日以下拘留"。单独规定了其他虚假身份招摇撞骗的行为方式,如盗用、冒用个人、组织的身份、名义或者以其他虚假身份招摇撞骗的,且规定了区别于冒充国家机关工作人员招摇撞骗行为的罚则。

适用本条规定时特别需注意:本条中的"国家机关工作人员"与本法第六十一

条"国家机关工作人员"范围一致。盗用、冒用个人、组织的身份、名义或者以其他虚假身份招摇撞骗的,实践中多表现为冒充党、政、军等领导干部的子女、亲属,冒充新闻媒体记者,冒充人大代表、政协委员等。"招摇撞骗"是指假冒国家机关工作人员、个人、组织身份、名义,以谋取非法利益为目的,非法利益既包括物质利益,也包括非物质利益。该行为会对国家机关公信力、社会人际交往的信赖秩序产生危害。本条规定了冒充军警人员从重处罚的规定,人民警察、人民解放军与人民群众生活和社会治安秩序有着密切关系,必须对人民警察和人民解放军的形象和威信给予特别保护。此外,冒充国家机关工作人员、冒充人民警察招摇撞骗治安违法行为处罚涉及本法与《中华人民共和国刑法》中招摇撞骗罪的适用衔接。

【相关法律法规】

《中华人民共和国刑法》等。

第六十三条 【伪造、变造、出租出借公文、证件、证明文件、印章、有价票证、凭证、船舶户牌的行为和处罚】 有下列行为之一的,处十日以上十五日以下拘留,可以并处五千元以下罚款;情节较轻的,处五日以上十日以下拘留,可以并处三千元以下罚款:

(一)伪造、变造或者买卖国家机关、人民团体、企业、事业单位或者其他组织的公文、证件、证明文件、印章的;

(二)出租、出借国家机关、人民团体、企业、事业单位或者其他组织的公文、证件、证明文件、印章供他人非法使用的;

(三)买卖或者使用伪造、变造的国家机关、人民团体、企业、事业单位或者其他组织的公文、证件、证明文件、印章的;

(四)伪造、变造或者倒卖车票、船票、航空客票、文艺演出票、体育比赛入场券或者其他有价票证、凭证的;

(五)伪造、变造船舶户牌,买卖或者使用伪造、变造的船舶户牌,或者涂改船舶发动机号码的。

【新旧对照】

修订后	修订前
第六十三条 有下列行为之一的,处十日以上十五日以下拘留,可以并处**五千元**以下罚款;情节较轻的,处五日以上十日以下拘留,可以并处**三千元**以下罚款:	第五十二条 有下列行为之一的,处十日以上十五日以下拘留,可以并处一千元以下罚款;情节较轻的,处五日以上十日以下拘留,可以并处五百元以下罚款:

续表

修订后	修订前
（一）伪造、变造或者买卖国家机关、人民团体、企业、事业单位或者其他组织的公文、证件、证明文件、印章的； **（二）出租、出借国家机关、人民团体、企业、事业单位或者其他组织的公文、证件、证明文件、印章供他人非法使用的；** （三）买卖或者使用伪造、变造的国家机关、人民团体、企业、事业单位或者其他组织的公文、证件、证明文件、**印章**的； （四）伪造、变造或者倒卖车票、船票、航空客票、文艺演出票、体育比赛入场券或者其他有价票证、凭证的； （五）伪造、变造船舶户牌，买卖或者使用伪造、变造的船舶户牌，或者涂改船舶发动机号码的。	（一）伪造、变造或者买卖国家机关、人民团体、企业、事业单位或者其他组织的公文、证件、证明文件、印章的； （二）买卖或者使用伪造、变造的国家机关、人民团体、企业、事业单位或者其他组织的公文、证件、证明文件的； （三）伪造、变造、倒卖车票、船票、航空客票、文艺演出票、体育比赛入场券或者其他有价票证、凭证的； （四）伪造、变造船舶户牌，买卖或者使用伪造、变造的船舶户牌，或者涂改船舶发动机号码的。

【适用精解】

本条由 2012 年《治安管理处罚法》第五十二条修改而来。

本条是关于伪造、变造、出租出借公文、证件、证明文件、印章、有价票证、凭证、船舶户牌行为和处罚的规定。

相较于 2012 年《治安管理处罚法》，本条加大了对违法行为的惩戒力度，提高了违法成本。尤其是明确了对出租、出借公文、证件、证明文件、印章供他人非法使用，以及买卖或者使用伪造、变造印章两项违法频次高、具有反复性且危害性较大的违法行为的治安管理处罚。加重了违法行为的处罚力度，将"可以并处一千元以下罚款"提高为"可以并处五千元以下罚款"，将情节较轻的处罚从"可以并处五百元以下罚款"提高到"可以并处三千元以下罚款"。增加了"出租、出借国家机关、人民团体、企业、事业单位或者其他组织的公文、证件、证明文件、印章供他人非法使用的"及"买卖或者使用伪造、变造的国家机关、人民团体、企业、事业单位或者其他组织的公文、证件、证明文件、印章的"的违法情形。

适用本条规定时特别需注意：本条规定了五项违法情形，前三项为伪造、变造、买卖行为，出租、出借供他人非法使用行为，以及买卖或者使用伪造、变造国家机关、人民团体、企业、事业单位或者其他组织的公文、证件、证明文件、印章。此三项针对国家机关、人民团体、企业、事业单位或者其他组织的公文、证件证明文件、印章所涉及的公务管理秩序。第四项涉及规范市场交易秩序,第五项涉及水上治安秩序。

【相关法律法规】

《中华人民共和国刑法》《中华人民共和国行政许可法》《中华人民共和国居民身份证法》等。

第六十四条　【船舶擅自进入、停靠国家禁止、限制进入的水域或者岛屿的行为和处罚】船舶擅自进入、停靠国家禁止、限制进入的水域或者岛屿的,对船舶负责人及有关责任人员处一千元以上二千元以下罚款;情节严重的,处五日以下拘留,可以并处二千元以下罚款。

【新旧对照】

修订后	修订前
第六十四条　船舶擅自进入、停靠国家禁止、限制进入的水域或者岛屿的,对船舶负责人及有关责任人员处**一千元以上二千元以下罚款**;情节严重的,处五日以下拘留,**可以并处二千元以下罚款**。	第五十三条　船舶擅自进入、停靠国家禁止、限制进入的水域或者岛屿的,对船舶负责人及有关责任人员处五百元以上一千元以下罚款;情节严重的,处五日以下拘留,并处五百元以上一千元以下罚款。

【适用精解】

本条由 2012 年《治安管理处罚法》第五十三条修改而来。

本条是关于船舶擅自进入、停靠国家禁止、限制进入的水域或者岛屿的违法行为和处罚的规定。

相较于 2012 年《治安管理处罚法》,本条加重了对违法行为的处罚力度,对船舶负责人及有关责任人员的罚款数额从"五百元以上一千元以下"提高到"一千元以上二千元以下",情节严重的从"处五日以下拘留,并处五百元以上一千元以下罚款"调整为"处五日以下拘留,可以并处二千元以下罚款"。

本条规定是为了维护我国沿海地区及海上治安秩序,加强沿海船舶的边防治安管理,促进沿海地区的经济发展,保障船员和渔民的合法利益。加重处罚力度,可以解决实践中对此类违法行为教育惩戒力度不足的问题。

第六十五条 【非法以社会组织名义活动、被撤销登记的社会组织继续活动、擅自经营需公安机关许可的行业的行为和处罚】有下列行为之一的，处十日以上十五日以下拘留，可以并处五千元以下罚款；情节较轻的，处五日以上十日以下拘留或者一千元以上三千元以下罚款：

（一）违反国家规定，未经注册登记，以社会团体、基金会、社会服务机构等社会组织名义进行活动，被取缔后，仍进行活动的；

（二）被依法撤销登记或者吊销登记证书的社会团体、基金会、社会服务机构等社会组织，仍以原社会组织名义进行活动的；

（三）未经许可，擅自经营按照国家规定需要由公安机关许可的行业的。

有前款第三项行为的，予以取缔。被取缔一年以内又实施的，处十日以上十五日以下拘留，并处三千元以上五千元以下罚款。

取得公安机关许可的经营者，违反国家有关管理规定，情节严重的，公安机关可以吊销许可证件。

【新旧对照】

修订后	修订前
第六十五条 有下列行为之一的，处十日以上十五日以下拘留，**可以并处五千元以下罚款**；情节较轻的，**处五日以上十日以下拘留或者一千元以上三千元以下罚款**： （一）违反国家规定，未经注册登记，以社会团体、**基金会、社会服务机构等社会组织**名义进行活动，被取缔后，仍进行活动的； （二）被依法撤销登记**或者吊销登记证书的社会团体、基金会、社会服务机构等社会组织，仍以原社会组织**名义进行活动的； （三）未经许可，擅自经营按照国家规定需要由公安机关许可的行业的。 有前款第三项行为的，予以取缔。**被取缔一年以内又实施的，处十日以上十五日以下拘留，并处三千元以上五千元以下罚款。** 取得公安机关许可的经营者，违反国家有关管理规定，情节严重的，公安机关可以吊销许可证件。	第五十四条 有下列行为之一的，处十日以上十五日以下拘留，并处五百元以上一千元以下罚款；情节较轻的，处五日以下拘留或者五百元以下罚款： （一）违反国家规定，未经注册登记，以社会团体名义进行活动，被取缔后，仍进行活动的； （二）被依法撤销登记的社会团体，仍以社会团体名义进行活动的； （三）未经许可，擅自经营按照国家规定需要由公安机关许可的行业的。 有前款第三项行为的，予以取缔。 取得公安机关许可的经营者，违反国家有关管理规定，情节严重的，公安机关可以吊销许可证。

【适用精解】

本条由 2012 年《治安管理处罚法》第五十四条修改而来。

本条是关于非法以社会组织名义活动、被撤销登记的社会组织继续活动、擅自经营需公安机关许可的行业的行为和处罚，涉及社会组织管理秩序及公安机关行业管理秩序的规定。

相较于 2012 年《治安管理处罚法》，一是加大了三项违法行为的处罚力度，用以解决实践中处罚惩戒力度不足的问题。将"处十日以上十五日以下拘留，并处五百元以上一千元以下罚款"调整为"处十日以上十五日以下拘留，可以并处五千元以下罚款"，加大了情节较轻时的处罚力度，调整为"处五日以上十日以下拘留或者一千元以上三千元以下罚款"。二是增加了除"社会团体"之外的基金会、社会服务机构等其他社会组织形式，除"依法撤销登记"的"吊销登记证书"后继续活动的情形，将更多具有同质性的违法行为纳入治安处罚范围。三是增加了擅自经营需公安机关许可的行业在被取缔后再次实施的法律责任规定，以解决实践中取缔措施强制性不足、效果失范的管理困境。

适用本条规定时主要需注意：涉及《公安机关执行〈中华人民共和国治安管理处罚法〉有关问题的解释》《公安机关办理行政案件程序规定》《旅馆业治安管理办法》等规范的适用。

第六十六条　【煽动、策划非法集会、游行、示威的行为和处罚】 煽动、策划非法集会、游行、示威，不听劝阻的，处十日以上十五日以下拘留。

【新旧对照】

修订后	修订前
第六十六条　煽动、策划非法集会、游行、示威，不听劝阻的，处十日以上十五日以下拘留。	第五十五条　煽动、策划非法集会、游行、示威，不听劝阻的，处十日以上十五日以下拘留。

【适用精解】

本条由 2012 年《治安管理处罚法》第五十五条延续而来，未作修改。

本条是关于煽动、策划非法集会、游行、示威，不听劝阻行为和处罚的规定。

适用本条规定时特别需注意：《中华人民共和国集会游行示威法》规定了集会

游行示威的申请、许可、举行和法律责任。本条适用需与《中华人民共和国集会游行示威法》中第四章法律责任的规定相协调。

【相关法律法规】

《中华人民共和国集会游行示威法》等。

第六十七条　【旅馆业不按规定登记旅客信息，不制止旅客带入危险物质，明知住宿旅客是犯罪嫌疑人不报告的行为和处罚】 从事旅馆业经营活动不按规定登记住宿人员姓名、有效身份证件种类和号码等信息的，或者为身份不明、拒绝登记身份信息的人提供住宿服务的，对其直接负责的主管人员和其他直接责任人员处五百元以上一千元以下罚款；情节较轻的，处警告或者五百元以下罚款。

实施前款行为，妨害反恐怖主义工作进行，违反《中华人民共和国反恐怖主义法》规定的，依照其规定处罚。

从事旅馆业经营活动有下列行为之一的，对其直接负责的主管人员和其他直接责任人员处一千元以上三千元以下罚款；情节严重的，处五日以下拘留，可以并处三千元以上五千元以下罚款：

（一）明知住宿人员违反规定将危险物质带入住宿区域，不予制止的；

（二）明知住宿人员是犯罪嫌疑人员或者被公安机关通缉的人员，不向公安机关报告的；

（三）明知住宿人员利用旅馆实施犯罪活动，不向公安机关报告的。

【新旧对照】

修订后	修订前
第六十七条　从事旅馆业经营活动不按规定登记住宿人员姓名、有效身份证件种类和号码等信息的，或者为身份不明、拒绝登记身份信息的人提供住宿服务的，对其直接负责的主管人员和其他直接责任人员处五百元以上一千元以下罚款；情节较轻的，处警告或者五百元以下罚款。 实施前款行为，妨害反恐怖主义工作进行，违反《中华人民共和国反恐怖主义法》规定的，依照其规定处罚。	第五十六条　旅馆业的工作人员对住宿的旅客不按规定登记姓名、身份证件种类和号码的，或者明知住宿的旅客将危险物质带入旅馆，不予制止的，处二百元以上五百元以下罚款。 旅馆业的工作人员明知住宿的旅客是犯罪嫌疑人员或者被公安机关通缉的人员，不向公安机关报告的，处二百元以上五百元以下罚款；情节严重的，处五日以下拘留，可以并处五百元以下罚款。

续表

修订后	修订前
从事旅馆业经营活动有下列行为之一的，对其直接负责的主管人员和其他直接责任人员处一千元以上三千元以下罚款；情节严重的，处五日以下拘留，可以并处三千元以上五千元以下罚款： （一）明知住宿人员违反规定将危险物质带入住宿区域，不予制止的； （二）明知住宿人员是犯罪嫌疑人员或者被公安机关通缉的人员，不向公安机关报告的； （三）明知住宿人员利用旅馆实施犯罪活动，不向公安机关报告的。	

【适用精解】

本条是由2012年《治安管理处罚法》第五十六条修改而来。

本条是关于旅馆业不按规定登记住宿旅客信息、不制止住宿旅客带入危险物质，明知住宿旅客是犯罪嫌疑人不报告的违法行为和处罚的规定。

本条是对旅馆业经营者违反有关旅馆业经营管理规定的治安处罚，《旅馆业治安管理办法》第六条、第九条、第十一条、第十二条、第十六条等规定了旅馆业经营者的治安义务，包括验证登记、违法行为报告、违法行为制止、协查通报等。本条款旨在提高旅馆业治安违法成本，加大惩戒力度，以实现良好的行业管理，维护旅馆业治安秩序，防止违法犯罪行为人利用旅馆业从事违法犯罪行为。

相较于2012年《治安管理处罚法》，本条作了如下四方面修改。第一，加大了处罚力度，用以解决治安处罚实践中对旅馆业经营者违反验证登记、违法行为报告、违法行为制止、协查通报等治安义务的违法成本过低、处罚惩戒力度不足的问题。将违反验证登记义务的处罚由"二百元以上五百元以下罚款"调整为"处五百元以上一千元以下罚款；情节较轻的，处警告或者五百元以下罚款"，将违反违法行为报告义务、违法行为制止义务、协查通报义务的处罚调整为"对其直接负责的主管人员和其他直接责任人员处一千元以上三千元以下罚款；情节严重的，处五日以下拘留，可以并处三千元以上五千元以下罚款"。

第二，明确了《治安管理处罚法》与《中华人民共和国反恐怖主义法》的适用关系。《中华人民共和国反恐怖主义法》第八十六条规定了，住宿、长途客运、机动车租赁等业务经营者、服务提供者未按规定对客户身份进行查验，或者对身份不明、拒绝身份查验的客户提供服务的，主管部门应当责令改正；拒不改正的，由主管部门处十万元以上五十万元以下罚款,并对其直接负责的主管人员和其他直接责任人员处十万元以下罚款。旅馆业作为反恐重点单位,其违反验证登记义务的违法行为处罚适用《治安管理处罚法》还是《中华人民共和国反恐怖主义法》,需要根据个案情况进行判断。

第三,更加明确责任主体与被处罚主体,将"工作人员"调整为"直接负责的主管人员和其他直接责任人员"。

第四,明确列举了旅馆业违反违法行为报告义务、违法行为制止义务、协查通报义务的具体表现形式,即"明知住宿人员违反规定将危险物质带入住宿区域,不予制止的;明知住宿人员是犯罪嫌疑人员或者被公安机关通缉的人员,不向公安机关报告的;明知住宿人员利用旅馆实施犯罪活动,不向公安机关报告的"并增加了"明知住宿人员利用旅馆实施犯罪活动,不向公安机关报告的"行为。

适用本条规定时特别需注意:本条涉及与《旅馆业治安管理办法》的衔接适用,除对直接负责的主管人员和其他直接责任人员的治安处罚之外,对旅馆负责人参与违法犯罪活动,其所经营的旅馆已成为犯罪活动场所的,违法行为属于单位行为,根据本法第十八条规定,除对其直接负责的主管人员和其他直接责任人员进行处罚外,其他法律、行政法规对同一行为规定给予单位处罚的,如罚款、停业整顿、吊销营业执照或许可证的,按照相关规定处罚。

【相关法律法规】

《旅馆业治安管理办法》等。

第六十八条 【房屋出租人违反有关出租房屋管理规定的行为和处罚】
房屋出租人将房屋出租给身份不明、拒绝登记身份信息的人的,或者不按规定登记承租人姓名、有效身份证件种类和号码等信息的,处五百元以上一千元以下罚款;情节较轻的,处警告或者五百元以下罚款。

房屋出租人明知承租人利用出租房屋实施犯罪活动,不向公安机关报告的,处一千元以上三千元以下罚款;情节严重的,处五日以下拘留,可以并处三千元以上五千元以下罚款。

【新旧对照】

修订后	修订前
第六十八条 房屋出租人将房屋出租给**身份不明、拒绝登记身份信息的人的**,或	第五十七条 房屋出租人将房屋出租给无身份证件的人居住的,或者不按规定登

续表

修订后	修订前
者不按规定登记承租人姓名、**有效身份证件种类和号码**等信息的，处五百元以上一千元以下罚款；情节较轻的，处警告或者五百元以下罚款。 　　房屋出租人明知承租人利用出租房屋实施犯罪活动，不向公安机关报告的，处一千元以上三千元以下罚款；情节严重的，处五日以下拘留，可以并处三千元以上五千元以下罚款。	记承租人姓名、身份证件种类和号码的，处二百元以上五百元以下罚款。 　　房屋出租人明知承租人利用出租房屋进行犯罪活动，不向公安机关报告的，处二百元以上五百元以下罚款；情节严重的，处五日以下拘留，可以并处五百元以下罚款。

【适用精解】

本条由 2012 年《治安管理处罚法》第五十七条修改而来。

本条是关于房屋出租人违反有关出租房屋管理规定的行为和处罚，包括将房屋出租给身份不明、拒绝登记身份信息的人的，或者不按规定登记承租人信息、明知承租人利用出租房屋实施犯罪不报告行为和处罚的规定。

本条所规定的房屋出租是指除旅馆业以外，以营利为目的，公民私有和单位所有出租用于他人居住的房屋。《租赁房屋治安管理规定》规定了房屋出租人的治安责任，地方性法规进一步细化了出租人信息核查与登记、安全检查义务、违法行为报告义务及违法处罚标准，细化登记内容、登记时限。随着近年来房屋出租领域社会安全风险持续增加，该领域的治安防控功能越发凸显。同时，房屋出租基数大，具有变化性，治安管理难度大，2012 年《治安管理处罚法》规定的罚则较轻，实践中难以实现良好的惩戒和秩序维护效果。

相较于 2012 年《治安管理处罚法》，本条进一步明确了房屋出租人违反出租房屋管理规定的行为方式，即"将房屋出租给身份不明、拒绝登记身份信息的人的，或者不按规定登记承租人姓名、有效身份证件种类和号码等信息的"。加大了处罚力度，将违反信息查验与登记义务的处罚调整为"处五百元以上一千元以下罚款；情节较轻的，处警告或者五百元以下罚款"，将不履行犯罪报告义务的处罚调整为"处一千元以上三千元以下罚款；情节严重的，处五日以下拘留，可以并处三千元以上五千元以下罚款"。

【相关法律法规】

《租赁房屋治安管理规定》等。

第六十九条 【娱乐场所、公章刻制业、机动车修理业、报废机动车回收行业经营者不依法登记信息的行为和处罚】娱乐场所和公章刻制、机动车修理、报废机动车回收行业经营者违反法律法规关于要求登记信息的规定，不登记信息的，处警告；拒不改正或者造成后果的，对其直接负责的主管人员和其他直接责任人员处五日以下拘留或者三千元以下罚款。

【新旧对照】

修订后	修订前
第六十九条 娱乐场所和公章刻制、机动车修理、报废机动车回收行业经营者违反法律法规关于要求登记信息的规定，不登记信息的，处警告；拒不改正或者造成后果的，对其直接负责的主管人员和其他直接责任人员处五日以下拘留或者三千元以下罚款。	

【适用精解】

本条为本次修订新增条款。

本条是关于娱乐场所及公章刻制业、机动车修理业、报废机动车回收行业经营者违反其法定的行业经营者信息登记义务，不依法登记信息的行为和处罚的规定。将娱乐场所和特定行业经营者不依法登记信息的行为增列为妨害社会管理的行为并给予处罚。

娱乐场所及公章刻制业、机动车修理业、报废机动车回收行业基于其经营内容及方式，很容易被违法犯罪行为人利用实施违法犯罪行为，因而需要公安机关采取特殊的治安管理措施。《娱乐场所治安管理办法》等部门规章规定了场所、行业经营者的信息登记义务，其目的是加强对场所、行业的管理，维护治安秩序。例如，《娱乐场所治安管理办法》第十九条、第二十条规定了娱乐场所从业人员应当实名登记；《机动车修理业、报废机动车回收业治安管理办法》第七条规定了机动车修理企业和个体工商户承修机动车应如实登记信息，第八条规定了报废机动车回收企业回收报废机动车应如实登记信息。

【相关法律法规】

《娱乐场所治安管理办法》《机动车修理业、报废机动车回收业治安管理办法》《废旧金属收购业治安管理办法》等。

> **第七十条　【非法安装、使用、提供窃听、窃照专用器材的行为和处罚】**非法安装、使用、提供窃听、窃照专用器材的,处五日以下拘留或者一千元以上三千元以下罚款;情节较重的,处五日以上十日以下拘留,并处三千元以上五千元以下罚款。

【新旧对照】

修订后	修订前
第七十条　非法安装、使用、提供窃听、窃照专用器材的,处五日以下拘留或者一千元以上三千元以下罚款;情节较重的,处五日以上十日以下拘留,并处三千元以上五千元以下罚款。	

【适用精解】

本条为本次修订新增条款。

本条是关于非法安装、使用、提供窃听、窃照专用器材的行为和处罚的规定。

伴随着经济社会与科技水平的迅猛发展,治安秩序维护面临新问题、新情况,治安问题呈现多样化、复杂化趋势,非法安装、使用、提供窃听窃照专用器材已经成为侵犯个人隐私、非法获取个人信息等违法犯罪行为的典型方式,也是电信网络诈骗、敲诈勒索等犯罪链条的源头之一。《中华人民共和国刑法》规定了非法使用窃听、窃照专用器材罪,《中华人民共和国民法典》对侵犯个人隐私行为也明确规定了法律责任。此次修订将非法使用、提供窃听、窃照等专用器材增列为妨害社会管理的行为并给予处罚,规定了非法使用窃听、窃照专用器材,但未造成严重后果,不构成犯罪行为的行政法律责任,有助于对该类违法行为的全方位打击、全流程规制,实现行刑衔接,保护公民权利,维护社会和谐稳定。本条涉及与《中华人民共和国刑法》非法使用窃听窃照专用器材罪的衔接适用。

> **第七十一条　【违法典当、违法收购违禁物品等行为和处罚】**有下列行为之一的,处一千元以上三千元以下罚款;情节严重的,处五日以上十日以下拘留,并处一千元以上三千元以下罚款:
> （一）典当业工作人员承接典当的物品,不查验有关证明、不履行登记手续的,或者违反国家规定对明知是违法犯罪嫌疑人、赃物而不向公安机关

报告的；

（二）违反国家规定，收购铁路、油田、供电、电信、矿山、水利、测量和城市公用设施等废旧专用器材的；

（三）收购公安机关通报寻查的赃物或者有赃物嫌疑的物品的；

（四）收购国家禁止收购的其他物品的。

【新旧对照】

修订后	修订前
第七十一条 有下列行为之一的，处**一千元以上三千元**以下罚款；情节严重的，处五日以上十日以下拘留，并处**一千元以上三千元**以下罚款： （一）典当业工作人员承接典当的物品，不查验有关证明、不履行登记手续的，**或者违反国家规定对**明知是违法犯罪嫌疑人、赃物而不向公安机关报告的； （二）违反国家规定，收购铁路、油田、供电、电信、矿山、水利、测量和城市公用设施等废旧专用器材的； （三）收购公安机关通报寻查的赃物或者有赃物嫌疑的物品的； （四）收购国家禁止收购的其他物品的。	第五十九条 有下列行为之一的，处五百元以上一千元以下罚款；情节严重的，处五日以上十日以下拘留，并处五百元以上一千元以下罚款： （一）典当业工作人员承接典当的物品，不查验有关证明、不履行登记手续的，或者明知是违法犯罪嫌疑人、赃物，不向公安机关报告的； （二）违反国家规定，收购铁路、油田、供电、电信、矿山、水利、测量和城市公用设施等废旧专用器材的； （三）收购公安机关通报寻查的赃物或者有赃物嫌疑的物品的； （四）收购国家禁止收购的其他物品的。

【适用精解】

本条由2012年《治安管理处罚法》第五十九条修改而来。

本条是关于典当业工作人员违反承接典当物品，违反查验登记义务和情况报告义务，以及废旧金属收购业、再生资源回收、废旧物品收购业经营者违反关于禁止收购物品规定的行为和处罚的规定。具体包括四项情形：典当业工作人员承接典当的物品，不查验有关证明、不履行登记手续的，或者违反国家规定对明知是违法犯罪嫌疑人、赃物而不向公安机关报告的；违反国家规定，收购铁路、油田、供电、电信、矿山、水利、测量和城市公用设施等废旧专用器材的；收购公安机关通报寻查的赃物或者有赃物嫌疑的物品的；收购国家禁止收购的其他物品的。

典当业、废旧金属收购业、再生资源回收、废旧物品收购业基于其行业经营内容及方式，可能被违法犯罪行为人利用实施违法犯罪行为，成为违法犯罪链条的销赃渠道。因此，公安机关对上述行业采取特殊的治安管理措施，通过部门规章，分别规定了行业治安管理要求。例如，《典当管理办法》等规定了典当业的治安责任，包括禁止收当物品、查验登记、协查通报、情况报告义务。《废旧金属收购业治安管理办法》《再生资源回收管理办法》规定了废旧金属收购业、废旧物品收购业、再生资源回收经营者的治安责任，包括收购废旧金属的企业和个体工商户禁止收购的物品等。

相较于2012年《治安管理处罚法》，本条修订加重了典当业工作人员违反承接典当物品，违反查验登记义务和情况报告义务，以及废旧金属收购业、再生资源回收、废旧物品收购业经营者违反关于禁止收购物品行为的罚款处罚力度，调整为"处一千元以上三千元以下罚款；情节严重的，处五日以上十日以下拘留，并处一千元以上三千元以下罚款"。

【相关法律法规】

《典当管理办法》《废旧金属收购业治安管理办法》《再生资源回收管理办法》等。

第七十二条 【隐藏、转移、变卖、擅自使用或者损毁行政执法机关依法扣押、查封、冻结、扣留、先行登记保存的财物，伪造、隐匿、毁灭证据，提供虚假证言、谎报案情，窝藏、转移或者代为销售赃物，违反监督管理规定的行为和处罚】有下列行为之一的，处五日以上十日以下拘留，可以并处一千元以下罚款；情节较轻的，处警告或者一千元以下罚款：

（一）隐藏、转移、变卖、擅自使用或者损毁行政执法机关依法扣押、查封、冻结、扣留、先行登记保存的财物的；

（二）伪造、隐匿、毁灭证据或者提供虚假证言、谎报案情，影响行政执法机关依法办案的；

（三）明知是赃物而窝藏、转移或者代为销售的；

（四）被依法执行管制、剥夺政治权利或者在缓刑、暂予监外执行中的罪犯或者被依法采取刑事强制措施的人，有违反法律、行政法规或者国务院有关部门的监督管理规定的行为的。

【新旧对照】

修订后	修订前
第七十二条 有下列行为之一的，处五日以上十日以下拘留，**可以并处一千元以**	第六十条 有下列行为之一的，处五日以上十日以下拘留，并处二百元以上五百

续表

修订后	修订前
下罚款；情节较轻的，处警告或者一千元以下罚款： （一）隐藏、转移、变卖、**擅自使用**或者损毁行政执法机关依法扣押、查封、冻结、**扣留、先行登记保存**的财物的； （二）伪造、隐匿、毁灭证据或者提供虚假证言、谎报案情，影响行政执法机关依法办案的； （三）明知是赃物而窝藏、转移或者代为销售的； （四）被依法执行管制、剥夺政治权利或者在缓刑、暂予监外执行中的罪犯或者被依法采取刑事强制措施的人，有违反法律、行政法规或者国务院有关部门的监督管理规定的行为的。	元以下罚款： （一）隐藏、转移、变卖或者损毁行政执法机关依法扣押、查封、冻结的财物的； （二）伪造、隐匿、毁灭证据或者提供虚假证言、谎报案情，影响行政执法机关依法办案的； （三）明知是赃物而窝藏、转移或者代为销售的； （四）被依法执行管制、剥夺政治权利或者在缓刑、暂予监外执行中的罪犯或者被依法采取刑事强制措施的人，有违反法律、行政法规或者国务院有关部门的监督管理规定的行为。

【适用精解】

本条由 2012 年《治安管理处罚法》第六十条修改而来。

本条是关于妨害执法秩序的违反治安管理行为和处罚的规定。

相较于 2012 年《治安管理处罚法》，本条新增了行政机关行政执法涉案财物管理活动中违反涉案财物管理规定的行为情形：除隐藏、转移、变卖、损毁外，增加了擅自使用行为的处罚；除行政执法机关依法扣押、查封、冻结的财物之外，增加了行政执法机关依法予以扣留、先行登记保存的财物。同时，加大了对妨害执法秩序的违反治安管理行为的处罚力度，并增列了"情节较轻"的处罚幅度，将法律责任调整为"处五日以上十日以下拘留，可以并处一千元以下罚款；情节较轻的，处警告或者一千元以下罚款"。

适用本条规定时主要需注意：违法行为具体表现为四种情形，隐藏、转移、变卖、擅自使用或者损毁行政执法机关依法扣押、查封、冻结、扣留、先行登记保存的财物的；伪造、隐匿、毁灭证据或者提供虚假证言、谎报案情，影响行政执法机关依法办案的；明知是赃物而窝藏、转移或者代为销售的；被依法执行管制、剥夺政治权利或者在缓刑、暂予监外执行中的罪犯或者被依法采取刑事强制措施的人，有违反法律、行政法规或者国务院有关部门的监督管理规定的行为的。妨害执法秩序的违反治安管理行为，既包括行政执法秩序，也包括司法活动秩序。

> 第七十三条 【违反人民法院刑事判决中的禁止令或者职业禁止决定，拒不执行禁止家庭暴力告诫书、禁止性骚扰告诫书，违反禁止接触证人、鉴定人、被害人及其近亲属保护措施的行为和处罚】有下列行为之一的，处警告或者一千元以下罚款；情节较重的，处五日以上十日以下拘留，可以并处一千元以下罚款：
> （一）违反人民法院刑事判决中的禁止令或者职业禁止决定的；
> （二）拒不执行公安机关依照《中华人民共和国反家庭暴力法》、《中华人民共和国妇女权益保障法》出具的禁止家庭暴力告诫书、禁止性骚扰告诫书的；
> （三）违反监察机关在监察工作中、司法机关在刑事诉讼中依法采取的禁止接触证人、鉴定人、被害人及其近亲属保护措施的。

【新旧对照】

修订后	修订前
第七十三条 有下列行为之一的，处警告或者一千元以下罚款；情节较重的，处五日以上十日以下拘留，可以并处一千元以下罚款： （一）违反人民法院刑事判决中的禁止令或者职业禁止决定的； （二）拒不执行公安机关依照《中华人民共和国反家庭暴力法》、《中华人民共和国妇女权益保障法》出具的禁止家庭暴力告诫书、禁止性骚扰告诫书的； （三）违反监察机关在监察工作中、司法机关在刑事诉讼中依法采取的禁止接触证人、鉴定人、被害人及其近亲属保护措施的。	

【适用精解】

本条为本次修订新增条款。

本条是关于违反人民法院刑事判决中的禁止令或者职业禁止决定，拒不执行禁止家庭暴力告诫书、禁止性骚扰告诫书，违反禁止接触证人、鉴定人、被害人及其近亲属保护措施的行为和处罚的规定。

本条将以下三项情形增列为妨害社会管理的行为：违反人民法院刑事判决中

的禁止令或者职业禁止决定的；拒不执行公安机关依照《中华人民共和国反家庭暴力法》《中华人民共和国妇女权益保障法》出具的禁止家庭暴力告诫书、禁止性骚扰告诫书的；违反监察机关在监察工作中、司法机关在刑事诉讼中依法采取的禁止接触证人、鉴定人、被害人及其近亲属保护措施的。通过增设前述不执行禁止令、告诫书、人身安全保护令行为的行政法律责任，修正了原先对违反禁止令、告诫书、人身安全保护令只有责令改正而无处罚规定的问题，使之具有了实质上的强制性，保障了制度实施效果，有利于维护司法秩序、行政执法秩序。

> **第七十四条 【被关押的违法行为人脱逃的行为和处罚】** 依法被关押的违法行为人脱逃的，处十日以上十五日以下拘留；情节较轻的，处五日以上十日以下拘留。

【新旧对照】

修订后	修订前
第七十四条　依法被关押的违法行为人脱逃的，处十日以上十五日以下拘留；情节较轻的，处五日以上十日以下拘留。	

【适用精解】

本条为本次修订新增条款。

本条是关于依法被关押的违法行为人脱逃的行为和处罚的规定。

本条规定用以维护行政执法机关的管理秩序。接受行政执法机关依法对其采取的关押措施，是违法行为人必须遵守的义务。《中华人民共和国刑法》规定了依法被关押的罪犯、被告人、犯罪嫌疑人脱逃的刑事责任。将依法被关押的违法行为人脱逃增列为妨害社会管理的行为并给予处罚，实现了与《中华人民共和国刑法》在惩戒对象和情形上的衔接。

适用本条规定时需注意：依法被关押的违法行为人脱逃，客观上表现为逃离关押、改造场所。本条的适用对象仅限于"依法被关押的违法行为人"，不包括被公安机关采取治安传唤、继续盘问、保护性约束措施等行政调查、保护性措施而限制人身自由的行政相对人，不包括治安调解过程中违法嫌疑人逃跑、暂缓执行行政拘留期间被处罚人逃跑情形，前述情形分别按照《治安管理处罚法》《公安机关办理行政案件程序规定》的相关规定进行处理。

第七十五条 【故意损坏国家保护的文物、名胜古迹；在文物保护单位附近进行爆破、钻探、挖掘等活动，危及文物安全的行为和处罚】有下列行为之一的，处警告或者五百元以下罚款；情节较重的，处五日以上十日以下拘留，并处五百元以上一千元以下罚款：

（一）刻划、涂污或者以其他方式故意损坏国家保护的文物、名胜古迹的；

（二）违反国家规定，在文物保护单位附近进行爆破、钻探、挖掘等活动，危及文物安全的。

【新旧对照】

修订后	修订前
第七十五条 有下列行为之一的，处**警告或者五百元以下罚款**；情节较重的，处五日以上十日以下拘留，并处**五百元以上一千元**以下罚款： （一）刻划、涂污或者以其他方式故意损坏国家保护的文物、名胜古迹的； （二）违反国家规定，在文物保护单位附近进行爆破、钻探、挖掘等活动，危及文物安全的。	第六十三条 有下列行为之一的，处警告或者二百元以下罚款；情节较重的，处五日以上十日以下拘留，并处二百元以上五百元以下罚款： （一）刻划、涂污或者以其他方式故意损坏国家保护的文物、名胜古迹的； （二）违反国家规定，在文物保护单位附近进行爆破、挖掘等活动，危及文物安全的。

【适用精解】

本条由2012年《治安管理处罚法》第六十三条修改而来。

本条是关于妨害文化管理的行为和处罚的规定。本条规定了故意损坏国家保护的文物、名胜古迹，违法实施危及文物安全的活动违反治安管理的行为和处罚。具体包括两种情形：刻划、涂污或者以其他方式故意损坏国家保护的文物、名胜古迹的；违反国家规定，在文物保护单位附近进行爆破、钻探、挖掘等活动，危及文物安全的。

相较于2012年《治安管理处罚法》，本条一是新增危及文物安全的行为形式，除在文物保护单位附近进行爆破、挖掘之外，明确增加了钻探活动；二是加重了违法行为的处罚，调整为"处警告或者五百元以下罚款；情节较重的，处五日以上十日以下拘留，并处五百元以上一千元以下罚款"。

适用本条规定时主要需注意：本条第一项中所列举的损坏文物、名胜古迹等行为，是一种故意的行为，如果出于过失，则不构成本条规定的妨害文物管理的行为；本条第二项中，只要实施了违反国家规定在文物保护单位附近进行爆破、钻探、挖掘等活动，即构成本条所规定的妨害文物管理的行为，就应当根据本条规定给予处罚，并不要求造成严重的后果。如前述行为造成文物保护单位损毁，达到犯罪标准的，应当按照《中华人民共和国刑法》的规定追究其刑事责任。

【相关法律法规】

《中华人民共和国文物保护法》等。

第七十六条　【偷开他人机动车的，未取得驾驶证驾驶或者偷开他人航空器、机动船舶的行为和处罚】有下列行为之一的，处一千元以上二千元以下罚款；情节严重的，处十日以上十五日以下拘留，可以并处二千元以下罚款：

（一）偷开他人机动车的；

（二）未取得驾驶证驾驶或者偷开他人航空器、机动船舶的。

【新旧对照】

修订后	修订前
第七十六条　有下列行为之一的，处一千元以上二千元以下罚款；情节严重的，处十日以上十五日以下拘留，**可以并处二千元以下罚款**： （一）偷开他人机动车的； （二）未取得驾驶证驾驶或者偷开他人航空器、机动船舶的。	第六十四条　有下列行为之一的，处五百元以上一千元以下罚款；情节严重的，处十日以上十五日以下拘留，并处五百元以上一千元以下罚款： （一）偷开他人机动车的； （二）未取得驾驶证驾驶或者偷开他人航空器、机动船舶的。

【适用精解】

本条由2012年《治安管理处罚法》第六十四条修改而来。

本条是关于非法驾驶交通工具的行为和处罚的规定。包括两项情形：偷开他人机动车的；未取得驾驶证驾驶或者偷开他人航空器、机动船舶。

相较于2012年《治安管理处罚法》，本条加重了违法行为的处罚，调整为"处一千元以上二千元以下罚款；情节严重的，处十日以上十五日以下拘留，可以并处二千元以下罚款"。

适用本条规定时主要需注意：本条规定的偷开他人机动车，以及偷开他人航空器、机动船舶的行为，不以非法占有为目的的，应当与盗窃行为相区分。

【相关法律法规】

《中华人民共和国道路交通安全法》等。

第七十七条 【故意破坏、污损他人坟墓或者毁坏、丢弃他人尸骨、骨灰；在公共场所停放尸体或者因停放尸体影响他人的行为和处罚】有下列行为之一的，处五日以上十日以下拘留；情节严重的，处十日以上十五日以下拘留，可以并处二千元以下罚款：

（一）故意破坏、污损他人坟墓或者毁坏、丢弃他人尸骨、骨灰的；

（二）在公共场所停放尸体或者因停放尸体影响他人正常生活、工作秩序，不听劝阻的。

【新旧对照】

修订后	修订前
第七十七条 有下列行为之一的，处五日以上十日以下拘留；情节严重的，处十日以上十五日以下拘留，可以并处**二千**元以下罚款： （一）故意破坏、污损他人坟墓或者毁坏、丢弃他人尸骨、骨灰的； （二）在公共场所停放尸体或者因停放尸体影响他人正常生活、工作秩序，不听劝阻的。	第六十五条 有下列行为之一的，处五日以上十日以下拘留；情节严重的，处十日以上十五日以下拘留，可以并处一千元以下罚款： （一）故意破坏、污损他人坟墓或者毁坏、丢弃他人尸骨、骨灰的； （二）在公共场所停放尸体或者因停放尸体影响他人正常生活、工作秩序，不听劝阻的。

【适用精解】

本条由 2012 年《治安管理处罚法》第六十五条修改而来。

本条是关于故意破坏、污损他人坟墓，毁坏、丢弃他人尸骨、骨灰，以及违法停放尸体行为和处罚的规定。包括两项情形：故意破坏、污损他人坟墓或者毁坏、丢弃他人尸骨、骨灰的；在公共场所停放尸体或者因停放尸体影响他人正常生活、工作秩序，不听劝阻的。

相较于 2012 年《治安管理处罚法》，本条加重了对违法行为情节严重的处罚，由"可以并处一千元以下罚款"调整为"可以并处二千元以下罚款"。

第七十八条 【卖淫、嫖娼以及在公共场所拉客招嫖的行为和处罚】卖淫、嫖娼的，处十日以上十五日以下拘留，可以并处五千元以下罚款；情节较轻的，处五日以下拘留或者一千元以下罚款。

在公共场所拉客招嫖的，处五日以下拘留或者一千元以下罚款。

【新旧对照】

修订后	修订前
第七十八条　卖淫、嫖娼的，处十日以上十五日以下拘留，可以并处五千元以下罚款；情节较轻的，处五日以下拘留或者**一千元以下罚款**。 在公共场所拉客招嫖的，处五日以下拘留或者**一千元以下罚款**。	第六十六条　卖淫、嫖娼的，处十日以上十五日以下拘留，可以并处五千元以下罚款；情节较轻的，处五日以下拘留或者五百元以下罚款。 在公共场所拉客招嫖的，处五日以下拘留或者五百元以下罚款。

【适用精解】

本条由2012年《治安管理处罚法》第六十六条修改而来。

本条是关于卖淫、嫖娼以及在公共场所拉客招嫖的行为和处罚的规定。卖淫、嫖娼行为违反社会主义道德，影响社会治安，也是传播各种性病的主要途径。

相较于2012年《治安管理处罚法》，本条加大了对卖淫、嫖娼治安违法行为的惩戒力度，加重了对违法行为情节较轻的处罚，由"处五日以下拘留或者五百元以下罚款"调整为"处五日以下拘留或者一千元以下罚款"。加重了在公共场所拉客招嫖的行为处罚，调整为"处五日以下拘留或者一千元以下罚款"。

第七十九条 【引诱、容留、介绍他人卖淫的行为和处罚】引诱、容留、介绍他人卖淫的，处十日以上十五日以下拘留，可以并处五千元以下罚款；情节较轻的，处五日以下拘留或者一千元以上二千元以下罚款。

【新旧对照】

修订后	修订前
第七十九条　引诱、容留、介绍他人卖淫的，处十日以上十五日以下拘留，可以	第六十七条　引诱、容留、介绍他人卖淫的，处十日以上十五日以下拘留，可以

续表

修订后	修订前
并处五千元以下罚款；情节较轻的，处五日以下拘留或者**一千元以上二千元以下罚款**。	并处五千元以下罚款；情节较轻的，处五日以下拘留或者五百元以下罚款。

【适用精解】

本条由 2012 年《治安管理处罚法》第六十七条修改而来。

本条是关于引诱、容留、介绍他人卖淫的行为和处罚的规定。

相较于 2012 年《治安管理处罚法》，本条加大了对卖淫、嫖娼治安违法行为的惩戒力度，加重了对引诱、容留、介绍他人卖淫行为情节较轻的处罚，由"处五日以下拘留或者五百元以下罚款"调整为"处五日以下拘留或者一千元以上二千元以下罚款"。

适用本条规定时主要需注意：《中华人民共和国刑法》规定了引诱、容留、介绍他人卖淫，以及引诱不满十四周岁的幼女卖淫的刑事责任，与本条存在适用上的衔接。

> **第八十条　【制作、运输、复制、出售、出租淫秽书刊、音像制品等淫秽物品及传播淫秽信息的行为和处罚】** 制作、运输、复制、出售、出租淫秽的书刊、图片、影片、音像制品等淫秽物品或者利用信息网络、电话以及其他通讯工具传播淫秽信息的，处十日以上十五日以下拘留，可以并处五千元以下罚款；情节较轻的，处五日以下拘留或者一千元以上三千元以下罚款。
>
> 前款规定的淫秽物品或者淫秽信息中涉及未成年人的，从重处罚。

【新旧对照】

修订后	修订前
第八十条　制作、运输、复制、出售、出租淫秽的书刊、图片、影片、音像制品等淫秽物品或者**利用信息网络**、电话以及其他通讯工具传播淫秽信息的，处十日以上十五日以下拘留，可以并处**五千元以下罚款**；情节较轻的，处五日以下拘留或者**一千元以上三千元以下罚款**。 前款规定的淫秽物品或者淫秽信息中涉及未成年人的，从重处罚。	第六十八条　制作、运输、复制、出售、出租淫秽的书刊、图片、影片、音像制品等淫秽物品或者利用计算机信息网络、电话以及其他通讯工具传播淫秽信息的，处十日以上十五日以下拘留，可以并处三千元以下罚款；情节较轻的，处五日以下拘留或者五百元以下罚款。

【适用精解】

本条由2012年《治安管理处罚法》第六十八条修改而来。

本条是关于制作、运输、复制、出售、出租淫秽的书刊、图片、影片、音像制品等淫秽物品及传播淫秽信息的行为和处罚的规定。

相较于2012年《治安管理处罚法》，一是明确了传播淫秽信息的途径由计算机信息网络扩展至信息网络。二是加大了对此项违法行为的惩戒力度，加重了罚款处罚，调整为"处十日以上十五日以下拘留，可以并处五千元以下罚款；情节较轻的，处五日以下拘留或者一千元以上三千元以下罚款"。三是增加了制作、运输、复制、出售、出租的淫秽物品、传播淫秽信息中涉及未成年人的，为从重处罚情节，与本法第八十一条共同体现对未成年人的特殊保护规定。

公安机关办理治安案件所查获的淫秽物品，按照本法第十一条规定予以收缴，并按照相关规定予以销毁。

【相关法律法规】

《互联网上网服务营业场所管理条例》《公安部对〈关于鉴定淫秽物品有关问题的请示〉的批复》《计算机信息网络国际联网安全保护管理办法》等。

第八十一条　【组织播放淫秽音像、组织或者进行淫秽表演、参与聚众淫乱活动的行为和处罚】 有下列行为之一的，处十日以上十五日以下拘留，并处一千元以上二千元以下罚款：

（一）组织播放淫秽音像的；

（二）组织或者进行淫秽表演的；

（三）参与聚众淫乱活动的。

明知他人从事前款活动，为其提供条件的，依照前款的规定处罚。

组织未成年人从事第一款活动的，从重处罚。

【新旧对照】

修订后	修订前
第八十一条　有下列行为之一的，处十日以上十五日以下拘留，并处**一千元以上二千元以下罚款**： （一）组织播放淫秽音像的； （二）组织或者进行淫秽表演的；	第六十九条　有下列行为之一的，处十日以上十五日以下拘留，并处五百元以上一千元以下罚款： （一）组织播放淫秽音像的； （二）组织或者进行淫秽表演的；

续表

修订后	修订前
（三）参与聚众淫乱活动的。 明知他人从事前款活动，为其提供条件的，依照前款的规定处罚。 **组织未成年人从事第一款活动的，从重处罚。**	（三）参与聚众淫乱活动的。 明知他人从事前款活动，为其提供条件的，依照前款的规定处罚。

【适用精解】

本条由 2012 年《治安管理处罚法》第六十九条修改而来。

本条是关于组织播放淫秽音像、组织或者进行淫秽表演、参与聚众淫乱活动的行为和处罚的规定。

相较于 2012 年《治安管理处罚法》，本条增加了组织未成年人播放淫秽音像为从重处罚情节，加大了对三项违法行为的惩戒力度，加重了罚款处罚，由"并处五百元以上一千元以下罚款"提高到"并处一千元以上二千元以下罚款"。

适用本条规定时主要需注意：本条规定的行为与《中华人民共和国刑法》有关规定的区别。《中华人民共和国刑法》对组织播放淫秽音像、组织或者进行淫秽表演、参与聚众淫乱活动均有相应规定，对于这些行为，构成犯罪的，应当依法追究刑事责任。

第八十二条【为赌博提供条件或者参与赌博赌资较大的行为和处罚】
以营利为目的，为赌博提供条件的，或者参与赌博赌资较大的，处五日以下拘留或者一千元以下罚款；情节严重的，处十日以上十五日以下拘留，并处一千元以上五千元以下罚款。

【新旧对照】

修订后	修订前
第八十二条　以营利为目的，为赌博提供条件的，或者参与赌博赌资较大的，处五日以下拘留或者**一千元以下罚款**；情节严重的，处十日以上十五日以下拘留，并处**一千元以上五千元以下罚款**。	第七十条　以营利为目的，为赌博提供条件的，或者参与赌博赌资较大的，处五日以下拘留或者五百元以下罚款；情节严重的，处十日以上十五日以下拘留，并处五百元以上三千元以下罚款。

【适用精解】

本条由 2012 年《治安管理处罚法》第七十条修改而来。

本条是关于以营利为目的，为赌博提供条件或者参与赌博赌资较大的违法行为和处罚的规定。

相较于 2012 年《治安管理处罚法》，本条加大了对违法行为的惩戒力度，加重了罚款处罚，调整为"处五日以下拘留或者一千元以下罚款；情节严重的，处十日以上十五日以下拘留，并处一千元以上五千元以下罚款"。本条中，"赌资较大""情节严重"的认定标准，根据各地行政处罚裁量基准予以确认。

适用本条规定时主要需注意：赌博是指以获取金钱或其他物质利益为目的，以投入一定赌资为条件进行的输赢活动。在治安违法行为认定与处罚过程中，应当将赌博治安违法行为与出于娱乐消遣目的的游艺类活动相区分。实践中不以营利为目的，亲属之间进行带有财物输赢的打麻将、玩扑克等娱乐活动，一般不予处罚；亲属之外的其他人之间进行带有少量财物输赢的打麻将、玩扑克等娱乐活动，一般不予处罚。

第八十三条 【非法种植罂粟不满五百株或者其他少量毒品原植物，非法买卖、运输、携带、持有少量未经灭活的罂粟等毒品原植物种子或者幼苗，非法运输、买卖、储存、使用少量罂粟壳的行为和处罚】有下列行为之一的，处十日以上十五日以下拘留，可以并处五千元以下罚款；情节较轻的，处五日以下拘留或者一千元以下罚款：

（一）非法种植罂粟不满五百株或者其他少量毒品原植物的；

（二）非法买卖、运输、携带、持有少量未经灭活的罂粟等毒品原植物种子或者幼苗的；

（三）非法运输、买卖、储存、使用少量罂粟壳的。

有前款第一项行为，在成熟前自行铲除的，不予处罚。

【新旧对照】

修订后	修订前
第八十三条 有下列行为之一的，处十日以上十五日以下拘留，可以并处**五千元以下罚款**；情节较轻的，处五日以下拘留或者**一千元以下罚款**：	第七十一条 有下列行为之一的，处十日以上十五日以下拘留，可以并处三千元以下罚款；情节较轻的，处五日以下拘留或者五百元以下罚款：

续表

修订后	修订前
（一）非法种植罂粟不满五百株或者其他少量毒品原植物的； （二）非法买卖、运输、携带、持有少量未经灭活的罂粟等毒品原植物种子或者幼苗的； （三）非法运输、买卖、储存、使用少量罂粟壳的。 有前款第一项行为，在成熟前自行铲除的，不予处罚。	（一）非法种植罂粟不满五百株或者其他少量毒品原植物的； （二）非法买卖、运输、携带、持有少量未经灭活的罂粟等毒品原植物种子或者幼苗的； （三）非法运输、买卖、储存、使用少量罂粟壳的。 有前款第一项行为，在成熟前自行铲除的，不予处罚。

【适用精解】

本条由 2012 年《治安管理处罚法》第七十一条修改而来。

本条是关于违反毒品原植物管理规定的行为和处罚的规定。具体包括三种情形：非法种植罂粟不满五百株或者其他少量毒品原植物的，尚不够刑事处罚的行为；非法买卖、运输、携带、持有少量未经灭活的罂粟等毒品原植物种子或者幼苗的；非法运输、买卖、储存、使用少量罂粟壳的。

相较于 2012 年《治安管理处罚法》，本条加大了对违法行为的惩戒力度，加重了罚款处罚，调整为"处十日以上十五日以下拘留，可以并处五千元以下罚款；情节较轻的，处五日以下拘留或者一千元以下罚款"。

适用本条规定时主要需注意：毒品原植物必须成熟后才具有毒品功效，如果在收获前自行铲除，其危害后果甚微，因此，本条中规定在成熟前自行铲除的，不予处罚。同时，实践中应当区分本条规定的行为与《中华人民共和国刑法》规定的非法种植毒品原植物罪，以及非法买卖、运输、携带、持有毒品原植物种子、幼苗罪的界限。《最高人民检察院、公安部关于公安机关管辖的刑事案件立案追诉标准的规定（三）》《最高人民法院关于审理毒品犯罪案件适用法律若干问题的解释》规定了刑事立案追诉标准。

第八十四条 【非法持有毒品，向他人提供毒品，吸食、注射毒品，胁迫、欺骗医务人员开具麻醉药品、精神药品的行为和处罚】有下列行为之一的，处十日以上十五日以下拘留，可以并处三千元以下罚款；情节较轻的，处五日以下拘留或者一千元以下罚款：

（一）非法持有鸦片不满二百克、海洛因或者甲基苯丙胺不满十克或者其他少量毒品的；

（二）向他人提供毒品的；

（三）吸食、注射毒品的；

（四）胁迫、欺骗医务人员开具麻醉药品、精神药品的。

聚众、组织吸食、注射毒品的，对首要分子、组织者依照前款的规定从重处罚。

吸食、注射毒品的，可以同时责令其六个月至一年以内不得进入娱乐场所、不得擅自接触涉及毒品违法犯罪人员。违反规定的，处五日以下拘留或者一千元以下罚款。

【新旧对照】

修订后	修订前
第八十四条　有下列行为之一的，处十日以上十五日以下拘留，可以并处三千元以下罚款；情节较轻的，处五日以下拘留或者一千元以下罚款： （一）非法持有鸦片不满二百克、海洛因或者甲基苯丙胺不满十克或者其他少量毒品的； （二）向他人提供毒品的； （三）吸食、注射毒品的； （四）胁迫、欺骗医务人员开具麻醉药品、精神药品的。 聚众、组织吸食、注射毒品的，对首要分子、组织者依照前款的规定从重处罚。 吸食、注射毒品的，可以同时责令其六个月至一年以内不得进入娱乐场所、不得擅自接触涉及毒品违法犯罪人员。违反规定的，处五日以下拘留或者一千元以下罚款。	第七十二条　有下列行为之一的，处十日以上十五日以下拘留，可以并处二千元以下罚款；情节较轻的，处五日以下拘留或者五百元以下罚款： （一）非法持有鸦片不满二百克、海洛因或者甲基苯丙胺不满十克或者其他少量毒品的； （二）向他人提供毒品的； （三）吸食、注射毒品的； （四）胁迫、欺骗医务人员开具麻醉药品、精神药品的。

【适用精解】

本条由 2012 年《治安管理处罚法》第七十二条修改而来。

本条是关于非法持有毒品，向他人提供毒品，吸食、注射毒品，胁迫、欺骗医务人员开具麻醉药品、精神药品的行为和处罚的规定。本条涉及国家的毒品管制秩序及公民健康的重大法益。

相较于2012年《治安管理处罚法》，一是加大了对违法行为的惩戒力度，加重了罚款处罚，调整为"处十日以上十五日以下拘留，可以并处三千元以下罚款；情节较轻的，处五日以下拘留或者一千元以下罚款"。二是将聚众、组织行为作为从重情节，增加了聚众、组织吸食、注射毒品的，对首要分子、组织者从重处罚的规定。三是对吸食、注射毒品的违法行为人，增加了可以同时责令禁止进入娱乐场所、责令不得擅自接触涉毒人员的行政强制措施，并规定了违反上述禁止性规定的罚则。

娱乐场所容易涉及涉毒违法犯罪问题，也是毒品流通的治安重点场所。吸食、注射毒品违反治安管理行为具有一定的规律性，违法行为人与涉毒人员高频次接触。因此，不得进入娱乐场所、不得擅自接触涉及毒品违法犯罪人员，两项责令禁止进入、责令禁止接触的规定具有一定的违法行为预防功能，也是在责令社区戒毒、强制隔离戒毒之外，进一步建立健全有效的戒毒、防毒措施体系。

> **第八十五条　【教唆、引诱、欺骗或者强迫他人吸食、注射毒品，以及容留他人吸食、注射毒品或者介绍买卖毒品的行为和处罚】** 引诱、教唆、欺骗或者强迫他人吸食、注射毒品的，处十日以上十五日以下拘留，并处一千元以上五千元以下罚款。
>
> 容留他人吸食、注射毒品或者介绍买卖毒品的，处十日以上十五日以下拘留，可以并处三千元以下罚款；情节较轻的，处五日以下拘留或者一千元以下罚款。

【新旧对照】

修订后	修订前
第八十五条　引诱、教唆、欺骗或者强迫他人吸食、注射毒品的，处十日以上十五日以下拘留，并处**一千元以上五千元以下罚款**。 容留他人吸食、注射毒品或者介绍买卖毒品的，处十日以上十五日以下拘留，可以并处三千元以下罚款；情节较轻的，处五日以下拘留或者一千元以下罚款。	第七十三条　教唆、引诱、欺骗他人吸食、注射毒品的，处十日以上十五日以下拘留，并处五百元以上二千元以下罚款。

【适用精解】

本条由2012年《治安管理处罚法》第七十三条修改而来。

本条是关于教唆、引诱、欺骗或者强迫他人吸食、注射毒品，以及容留他人吸食、注射毒品或者介绍买卖毒品的行为和处罚的规定，涉及国家的毒品管制秩序及公民健康的重大法益。

相较于2012年《治安管理处罚法》，一是将强迫他人吸食、注射毒品行为增列为违反治安管理行为，与《中华人民共和国刑法》中的强迫吸食毒品罪有效衔接。二是加大了对引诱、教唆、欺骗或者强迫他人吸食、注射毒品行为的惩戒力度，调整为拘留并处一千元以上五千元以下罚款。三是将《中华人民共和国禁毒法》规定的容留他人吸食、注射毒品或者介绍买卖毒品的行为增列为妨害社会管理行为，实现了治安管理处罚与《中华人民共和国刑法》的衔接。同时，在《中华人民共和国禁毒法》的基础上加重了上述行为情节较轻时的罚款处罚：处十日以上十五日以下拘留，可以并处三千元以下罚款；情节较轻的，处五日以下拘留或者一千元以下罚款。

适用本条规定时主要需注意：引诱、教唆、欺骗或者强迫他人吸食、注射毒品的，容留他人吸食、注射毒品、居间介绍买卖毒品行为均不以牟利为目的。教唆、引诱、欺骗、强迫他人吸食毒品的，以及容留他人吸食、注射毒品或者介绍买卖毒品，构成犯罪的，依法追究刑事责任。居间介绍买卖行为，实践中需要与非法持有毒品、向他人提供毒品等违法犯罪行为，以及贩卖毒品罪共犯等加以区分。

【相关法律法规】

《中华人民共和国禁毒法》等。

> **第八十六条　【非法生产、经营、购买、运输用于制造毒品的原料、配剂的行为和处罚】** 违反国家规定，非法生产、经营、购买、运输用于制造毒品的原料、配剂的，处十日以上十五日以下拘留；情节较轻的，处五日以上十日以下拘留。

【新旧对照】

修订后	修订前
第八十六条　违反国家规定，非法生产、经营、购买、运输用于制造毒品的原料、配剂的，处十日以上十五日以下拘留；情节较轻的，处五日以上十日以下拘留。	

【适用精解】

本条为本次修订新增条款。

本条是关于非法生产、经营、购买、运输用于制造毒品的原料、配剂的违法行为和处罚的规定，涉及国家对醋酸酐、乙醚、三氯甲烷或者其他用于制造毒品的原料、配剂的管理制度，与《中华人民共和国刑法》非法生产、买卖、运输制毒物品罪形成有效衔接。

适用本条规定时主要需注意："用于制造毒品的原料、配剂"，是指提炼、分解毒品使用的原材料及辅助性配料。《中华人民共和国禁毒法》和《易制毒化学品管理条例》规定了我国对易制毒化学品的生产、经营、购买、运输和进出口实施分类管理和许可备案制度。绝大部分制毒物品（易制毒化学品）具有双重性，既可能被用于制造毒品，也在医学、工业农业生产及日常生活中发挥着重要作用。因此，对制毒物品违法犯罪活动的打击，应当与正常合法的生产活动相区别。《最高人民法院关于审理毒品犯罪案件适用法律若干问题的解释》第七条第三款规定，易制毒化学品生产、经营、购买、运输单位或者个人未办理许可证明或者备案证明，生产、销售、购买运输易制毒化学品，确实用于合法生产、生活需要的，不以制毒物品犯罪论处。

> **第八十七条 【为吸毒、赌博、卖淫、嫖娼人员通风报信或提供条件的行为和处罚】** 旅馆业、饮食服务业、文化娱乐业、出租汽车业等单位的人员，在公安机关查处吸毒、赌博、卖淫、嫖娼活动时，为违法犯罪行为人通风报信的，或者以其他方式为上述活动提供条件的，处十日以上十五日以下拘留；情节较轻的，处五日以下拘留或者一千元以上二千元以下罚款。

【新旧对照】

修订后	修订前
第八十七条　旅馆业、饮食服务业、文化娱乐业、出租汽车业等单位的人员，在公安机关查处吸毒、赌博、卖淫、嫖娼活动时，为违法犯罪行为人通风报信的，**或者以其他方式为上述活动提供条件的**，处十日以上十五日以下拘留；**情节较轻的，处五日以下拘留或者一千元以上二千元以下罚款。**	第七十四条　旅馆业、饮食服务业、文化娱乐业、出租汽车业等单位的人员，在公安机关查处吸毒、赌博、卖淫、嫖娼活动时，为违法犯罪行为人通风报信的，处十日以上十五日以下拘留。

【适用精解】

本条由 2012 年《治安管理处罚法》第七十四条修改而来。

本条是关于为吸毒、赌博、卖淫、嫖娼人员通风报信或提供条件的违法行为和处罚的规定。涉及旅馆业、饮食服务业、文化娱乐业、出租汽车业等单位人员的治安管理规定。

相较于 2012 年《治安管理处罚法》，本条将为吸毒、赌博、卖淫、嫖娼人员提供条件增列为妨害社会管理的行为，并增加了情节较轻的罚则。本行为与旅馆业、娱乐场所经营者的查验登记、通报协查、情况报告义务有所区别，是明知实施吸毒、赌博、卖淫、嫖娼违法行为，为违法犯罪行为人通风报信的，或者以其他方式为上述活动提供条件的积极违法行为。

适用本条规定时主要需注意：本条所规定的"在公安机关查处吸毒、赌博、卖淫、嫖娼活动时"，是指公安机关依法查处违法活动的全过程，既包括查处的部署阶段，也包括实施阶段。应当注意，本条涉及旅馆业、饮食服务业、文化娱乐业、出租汽车业等单位，如果通风报信、提供条件的行为属于单位行为，根据本法第十八条规定，除对其直接负责的主管人员和其他直接责任人员进行处罚外，其他法律、行政法规对同一行为规定给予单位处罚的（如罚款、停业整顿、吊销营业执照或许可证的），依照相关规定处罚。

第八十八条　【产生生活噪声干扰他人的行为和处罚】 违反关于社会生活噪声污染防治的法律法规规定，产生社会生活噪声，经基层群众性自治组织、业主委员会、物业服务人、有关部门依法劝阻、调解和处理未能制止，继续干扰他人正常生活、工作和学习的，处五日以下拘留或者一千元以下罚款；情节严重的，处五日以上十日以下拘留，可以并处一千元以下罚款。

【新旧对照】

修订后	修订前
第八十八条　违反关于社会生活噪声污染防治的法律**法规**规定，**产生社会生活噪声，**经基层群众性自治组织、业主委员会、物业服务人、有关部门依法劝阻、调解和处理未能制止，继续干扰他人正常生活、工作和学习的，处五日以下拘留或者一千元以下罚款；情节严重的，处五日以上十日以下拘留，可以并处一千元以下罚款。	第五十八条　违反关于社会生活噪声污染防治的法律规定，制造噪声干扰他人正常生活的，处警告；警告后不改正的，处二百元以上五百元以下罚款。

【适用精解】

本条是由 2012 年《治安管理处罚法》第五十八条修改而来。

本条是违反关于社会生活噪声污染防治的法律法规，产生社会生活噪声，不听制止，干扰他人生活、工作和学习的行为和处罚的规定。"社会生活噪声"，是指《中华人民共和国噪声污染防治法》中所规定的，人为活动所产生的除工业噪声、建筑施工噪声和交通运输噪声之外的，干扰周边生活环境的声音。

相较于 2012 年《治安管理处罚法》，本条对该项违法行为规定作了三方面修改。第一，增加了违法行为的要件。本条处罚的违法行为应当同时符合三个条件：一是违反了关于社会生活噪声污染防治的法律法规规定，产生社会生活噪声，二是经依法劝阻、调解和处理未能制止，三是干扰他人正常生活、工作和学习。第二，本条加大了对产生社会生活噪声干扰他人的违法行为的惩戒力度，加重处罚，调整为"处五日以下拘留或者一千元以下罚款；情节严重的，处五日以上十日以下拘留，可以并处一千元以下罚款"。第三，调整了法条的次序，将其置于第八十八条，与第八十九条同属于干扰他人正常生活类违反治安管理行为，法条逻辑结构上更为科学。

【相关法律法规】

《中华人民共和国噪声污染防治法》等。

第八十九条　【饲养动物干扰他人正常生活，违法违规出售、饲养动物，未采取安全措施致动物伤人，驱使动物伤害他人的行为和处罚】饲养动物，干扰他人正常生活的，处警告；警告后不改正的，或者放任动物恐吓他人的，处一千元以下罚款。

违反有关法律、法规、规章规定，出售、饲养烈性犬等危险动物的，处警告；警告后不改正的，或者致使动物伤害他人的，处五日以下拘留或者一千元以下罚款；情节较重的，处五日以上十日以下拘留。

未对动物采取安全措施，致使动物伤害他人的，处一千元以下罚款；情节较重的，处五日以上十日以下拘留。

驱使动物伤害他人的，依照本法第五十一条的规定处罚。

【新旧对照】

修订后	修订前
第八十九条　饲养动物，干扰他人正常生活的，处警告；警告后不改正的，或者放任动物恐吓他人的，**处一千元以下罚款**。 　　**违反有关法律、法规、规章规定，出售、饲养烈性犬等危险动物的，处警告；警告后不改正的，或者致使动物伤害他人的，处五日以下拘留或者一千元以下罚款；情节较重的，处五日以上十日以下拘留。** 　　**未对动物采取安全措施，致使动物伤害他人的，处一千元以下罚款；情节较重的，处五日以上十日以下拘留。** 　　驱使动物伤害他人的，依照本法第五十一条的规定处罚。	第七十五条　饲养动物，干扰他人正常生活的，处警告；警告后不改正的，或者放任动物恐吓他人的，处二百元以上五百元以下罚款。 　　驱使动物伤害他人的，依照本法第四十三条第一款的规定处罚。

【适用精解】

本条是由 2012 年《治安管理处罚法》第七十五条修改而来。

本条是关于饲养动物干扰他人正常生活，违法违规出售、饲养动物，未采取安全措施致动物伤人，驱使动物伤害他人的违法行为和处罚的规定。本条规定既涉及关于饲养动物的社会管理秩序，也涉及公民人身安全。

相较于 2012 年《治安管理处罚法》，本条以法律形式明确了饲养人的安全责任。将违反有关法律、法规、规章规定，出售、饲养危险动物；拒不改正，致使动物伤害他人；未对动物采取安全措施，致使动物伤害他人三项行为增列为妨害社会管理行为并予以治安处罚。同时，加大对饲养动物干扰他人正常生活、放任动物恐吓他人行为的惩戒力度。

本条规定了关于出售、饲养危险动物的"双禁止"规定，从源头治理层面打击了非法售卖、饲养危险动物行为。"危险动物"的范围要依据有关法律、法规、规章的明确规定进行认定。违法违规出售、饲养，拒不改正，或致使动物伤害他人的，不论是否具备伤害的故意，均作为违反治安管理行为。本条规定了饲养人须采取安全措施，管理不善导致宠物伤人，除民事侵权责任之外，也要承担行政法律责任，提高了违法成本，增强了管理规定的强制力。

应当注意，公安机关在涉饲养动物类纠纷执法过程中要依法处理，也要运用多元手段，注重执法社会效果，妥当化解矛盾纠纷。

第四章　处罚程序

第一节　调　查

> **第九十条　【立案调查】**公安机关对报案、控告、举报或者违反治安管理行为人主动投案，以及其他国家机关移送的违反治安管理案件，应当立即立案并进行调查；认为不属于违反治安管理行为的，应当告知报案人、控告人、举报人、投案人，并说明理由。

【新旧对照】

修订后	修订前
第九十条　公安机关对报案、控告、举报或者违反治安管理行为人主动投案，以及其他国家机关移送的违反治安管理案件，应当立即立案并进行调查；认为不属于违反治安管理行为的，应当告知报案人、控告人、举报人、投案人，并说明理由。	第七十七条　公安机关对报案、控告、举报或者违反治安管理行为人主动投案，以及其他行政主管部门、司法机关移送的违反治安管理案件，应当及时受理，并进行登记。
	第七十八条　公安机关受理报案、控告、举报、投案后，认为属于违反治安管理行为的，应当立即进行调查；认为不属于违反治安管理行为的，应当告知报案人、控告人、举报人、投案人，并说明理由。

【适用精解】

本条由2012年《治安管理处罚法》第七十七条、第七十八条的内容融合而来，并作了适当修改。把其他"行政主管部门、司法机关"移送的违反治安管理案件，修改为其他"国家机关"移送的违反治安管理案件；把分散规定在两条中的接受案件时的"及时受理，并进行登记""立即进行调查"，合并在一条中，规定为"应当立即立案并进行调查"。

本条是关于治安案件的来源及对不属于违反治安管理行为进行告知的规定。

公安机关接受治安案件线索并立案调查，是治安案件办理过程的开始，是办案的起点。案件来源主要有报案、控告、举报、违反治安管理行为人主动投案以及其他国家机关移送等方式。

对以上来源的案件，公安机关应当及时接收并立案调查，这是公安机关义务性规定。

公安机关立案后，经初步调查，认为所涉行为不构成违反治安管理行为，不应受到治安管理处罚的，应作撤销案件处理；认为所涉行为属于违反其他行政管理秩序行为的，可以将案件移送至其他行政主管部门，或者告知报案人、控告人、举报人、投案人向其他行政主管部门报案、控告、举报和投案；认为所涉行为涉嫌犯罪的，应当将案件移送至有管辖权的主管机关，依法追究刑事责任。对以上情况，接受立案的公安机关要对相关人员承担告知义务，并说明得出该结论的理由，以保障提供相应案件线索当事人的知情权，也方便当事人认为该结论侵犯自身利益时，能够寻求其他救济途径。

【相关法律法规】

《公安机关办理行政案件程序规定》等。

第九十一条　【严禁非法取证】公安机关及其人民警察对治安案件的调查，应当依法进行。严禁刑讯逼供或者采用威胁、引诱、欺骗等非法手段收集证据。

以非法手段收集的证据不得作为处罚的根据。

【新旧对照】

修订后	修订前
第九十一条　公安机关及其人民警察对治安案件的调查，应当依法进行。严禁刑讯逼供或者采用威胁、引诱、欺骗等非法手段收集证据。 以非法手段收集的证据不得作为处罚的根据。	第七十九条　公安机关及其人民警察对治安案件的调查，应当依法进行。严禁刑讯逼供或者采用威胁、引诱、欺骗等非法手段收集证据。 以非法手段收集的证据不得作为处罚的根据。

【适用精解】

本条对应 2012 年《治安管理处罚法》第七十九条内容，2025 年修订《治安管理处罚法》时未作修改。

本条是关于规范公安机关调查取证及非法证据排除的规定。本条分为两款，第一款规定了调查取证应依法进行，严禁以非法手段获取证据；第二款规定了非法证据排除。本规定从执法程序、证据效力等层面，为规范治安案件办理筑牢法治防线。

调查取证是公安机关及其人民警察为查明案情而进行的专门活动。治安案件调查要"依法进行"，这就要求公安机关及其人民警察，从案件受理、调查取证到作出处罚决定，每个环节都需严格遵循法律规定。

刑讯逼供是调查取证中危害很大的非法手段，威胁、引诱、欺骗等非法手段收集证据也会干扰证据的真实性与可靠性，严重破坏司法公正。严禁刑讯逼供、威胁、引诱、欺骗等非法取证手段，是对公民基本权利的坚实捍卫。

因此，这种非法手段获取的证据不能作为对行为人处罚的依据，应作为非法证据严格依法排除。

【相关法律法规】

《中华人民共和国刑事诉讼法》《公安机关办理行政案件程序规定》等。

> **第九十二条 【收集、调取证据】** 公安机关办理治安案件，有权向有关单位和个人收集、调取证据。有关单位和个人应当如实提供证据。
>
> 公安机关向有关单位和个人收集、调取证据时，应当告知其必须如实提供证据，以及伪造、隐匿、毁灭证据或者提供虚假证言应当承担的法律责任。

【新旧对照】

修订后	修订前
第九十二条　公安机关办理治安案件，有权向有关单位和个人收集、调取证据。有关单位和个人应当如实提供证据。 　　公安机关向有关单位和个人收集、调取证据时，应当告知其必须如实提供证据，以及伪造、隐匿、毁灭证据或者提供虚假证言应当承担的法律责任。	

【适用精解】

本条为2025年修订《治安管理处罚法》时新增的条文。增加规定公安机关的取证权及调查取证时有关单位和个人配合的义务，主要是考虑能够更好地保障调查取证的顺利进行，查明案情事实，最终做出公平公正的处理。

本条是关于公安机关办理治安案件向有关单位和个人收集证据的规定。

本条分为两款，第一款规定了公安机关有向有关单位和个人调查取证的权力，有关单位和个人有如实配合的义务；第二款规定了公安机关收集、调取证据时应当告知及有关单位和个人妨碍调查取证应承担的法律后果。

公安机关在办理治安案件时，拥有法定的权力去获取与案件相关的证据。这是为了保证公安机关能够全面、准确地查明案件事实，以便依法作出公正的处理决定。

对于知晓案件情况或持有与案件有关证据的单位和个人，都有责任按照公安机关的要求，真实、客观地提供证据，不得隐瞒、歪曲或篡改。

公安机关向有关单位和个人收集、调取证据时，"应当告知其必须如实提供证据，以及伪造、隐匿、毁灭证据或者提供虚假证言应当承担的法律责任"。因为伪造、隐匿、毁灭证据或者提供虚假证言的行为会干扰司法秩序，影响案件的公正处理，因此要提醒相关责任人如有以上行为必须承担相应的法律责任，包括可能面临的行政处罚甚至刑事处罚。这一规定既保障了有关单位和个人的知情权，使其清楚地了解如实提供证据的要求和不如实提供证据的后果，也体现了法律的严肃性。同时，也是《中华人民共和国人民警察法》中"人民警察依法执行职务，公民和组织应当给予支持和协助"的规定在《治安管理处罚法》中的具体要求。

第九十三条　【移送案件证据效力】 在办理刑事案件过程中以及其他执法办案机关在移送案件前依法收集的物证、书证、视听资料、电子数据等证据材料，可以作为治安案件的证据使用。

【新旧对照】

修订后	修订前
第九十三条　在办理刑事案件过程中以及其他执法办案机关在移送案件前依法收集的物证、书证、视听资料、电子数据等证据材料，可以作为治安案件的证据使用。	

【适用精解】

本条为 2025 年修订《治安管理处罚法》时新增的条文。增加规定刑事案件及其他执法办案机关移送案件收集证据的效力问题，主要是考虑治安案件查处中提升办案效率,避免重复性工作。

本条是关于移送案件证据效力的规定。

本条规定了刑事案件办案过程中,以及其他执法办案机关移送案件前收集到的物证、书证、视听资料、电子数据等证据材料,移送治安案件后可以作为证据使用。本条力图打破证据使用的部门界限,对治安案件证据来源进行了拓展。

对于其他办案主体移送的案件,案件移送前所获取的证据材料,只要是依法收集并与治安案件查处相关,都能在移送后的治安案件办理中作为证据来使用。

无论是刑事案件还是其他执法办案机关移送案件中依法收集的物证、书证、视听资料、电子数据等证据材料,只要与治安案件的事实存在关联,能够证明案件相关情况,且符合真实性要求,就具备作为证据的基础属性,理应可以在治安案件中使用,以有效认定案件事实。允许这些证据在治安案件中使用,体现了法律在不同执法环节和案件类型中的统一适用,维护了执法的权威性和严肃性,确保法律实施的一致性。这一规定拓宽了治安案件证据的范围,体现了证据使用的连贯性与兼容性,提高了行政效率。

第九十四条　【公安机关保密义务】 公安机关及其人民警察在办理治安案件时,对涉及的国家秘密、商业秘密、个人隐私或者个人信息,应当予以保密。

【新旧对照】

修订后	修订前
第九十四条　公安机关及其人民警察在办理治安案件时,对涉及的国家秘密、商业秘密、个人隐私或者**个人信息**,应当予以保密。	第八十条　公安机关及其人民警察在办理治安案件时,对涉及的国家秘密、商业秘密或者个人隐私,应当予以保密。

【适用精解】

本条由2012年《治安管理处罚法》第八十条修改而来,在"国家秘密、商业秘密或者个人隐私"的基础上,增加了"个人信息"作为公安机关应当予以保密的内容。

本条是关于公安机关及其人民警察在办理治安案件时的保密义务的规定。

"国家秘密"是指关系国家安全和利益,依照法定程序确定,在一定时间内只限定一定范围内的人员知悉的事项,分为绝密、机密和秘密三个等级;"商业秘密"是指不为公众知悉，能为所有权人带来利益，具有实用性并经所有权人采取保密措施的各种技术信息和经营信息；"个人隐私或者个人信息"是指公民与公共利益无关的个人私生活秘密与信息。个人信息是有关个人的一切情报资料和资源，如身份证号码、生活经历、家庭地址、联系方式、两性关系、生育能力、收养子女等。

公安机关在查处治安案件过程中，经常会涉及一些国家秘密、商业秘密以及个人隐私和个人信息。根据《中华人民共和国人民警察法》《中华人民共和国保守国家秘密法》《公安机关执法公开规定》等的有关规定，公安机关对涉及的以上信息应当予以保密。这种保密义务主要是考虑到这些秘密或者隐私一旦被泄露，就会对国家安全和利益造成危害或者威胁，给拥有商业秘密的单位和个人的生产、经营活动带来不利的影响与经济损失，给当事人的名誉、正常生活带来不利影响，甚至带来心理压力与精神痛苦，因此，对于在治安案件查处中涉及的秘密及隐私、信息，公安机关包括办案人员，除有规定外，都负有保密的义务，不能随便泄露。

【相关法律法规】

《公安部关于贯彻实施行政处罚法的通知》等。

第九十五条 【办案回避】 人民警察在办理治安案件过程中，遇有下列情形之一的，应当回避；违反治安管理行为人、被侵害人或者其法定代理人也有权要求他们回避：

（一）是本案当事人或者当事人的近亲属的；

（二）本人或者其近亲属与本案有利害关系的；

（三）与本案当事人有其他关系，可能影响案件公正处理的。

人民警察的回避，由其所属的公安机关决定；公安机关负责人的回避，由上一级公安机关决定。

【新旧对照】

修订后	修订前
第九十五条 人民警察在办理治安案件过程中，遇有下列情形之一的，应当回避；违反治安管理行为人、被侵害人或者其法定代理人也有权要求他们回避： （一）是本案当事人或者当事人的近亲属的；	第八十一条 人民警察在办理治安案件过程中，遇有下列情形之一的，应当回避；违反治安管理行为人、被侵害人或者其法定代理人也有权要求他们回避： （一）是本案当事人或者当事人的近亲属的；

续表

修订后	修订前
（二）本人或者其近亲属与本案有利害关系的； （三）与本案当事人有其他关系，可能影响案件公正处理的。 人民警察的回避，由其所属的公安机关决定；公安机关负责人的回避，由上一级公安机关决定。	（二）本人或者其近亲属与本案有利害关系的； （三）与本案当事人有其他关系，可能影响案件公正处理的。 人民警察的回避，由其所属的公安机关决定；公安机关负责人的回避，由上一级公安机关决定。

【适用精解】

本条对应 2012 年《治安管理处罚法》第八十一条内容，2025 年修订《治安管理处罚法》时未作修改。

本条是关于人民警察办理治安案件中回避的规定。

本条分为两款，第一款规定了治安案件中人民警察回避适用的情形；第二款规定了治安案件中人民警察回避决定的主体。

治安案件中的回避，是指办理治安案件的人民警察因与案件或者案件当事人有利害关系或者其他特殊关系，可能影响案件公正处理，而不得参加该案件的调查、处理工作的制度。

第一款规定了治安案件中人民警察回避的适用情形。

"近亲属"主要包括：配偶、父母、子女、兄弟姐妹、祖父母、外祖父母、孙子女、外孙子女和其他具有扶养、赡养关系的亲属。如果有以上关系，办案民警不回避的话就可能从自身利益出发，徇私舞弊、枉法裁判，使案件不能公正处理。

"有利害关系"是指本案的处理结果直接涉及办案人员或其近亲属的重大利益，这种情况下办案人员难免在办理治安案件过程中偏袒一方，或者干预案件的处理过程，影响案件的公正处理。

"与本案当事人有其他关系，可能影响案件公正处理"是指除第一款第一项和第二项以外的关系。可能是上下级关系、邻里关系、同学关系、同事关系等，如果能证明以上关系有可能影响案件公正处理。

第二款规定了治安案件中人民警察回避的决定主体。一般人民警察的回避，由其所属的公安机关决定，也就是人民警察所在的公安派出所、市县公安机关等，但不包括公安机关的内设机构；公安机关负责人的回避，由上一级公安机关决定。负责人可以决定本机关内办案警察的回避，但涉及本人时，则应由对本级公安机关享有领导权的上一级公安机关决定。

> **第九十六条 【传唤与强制传唤】**需要传唤违反治安管理行为人接受调查的，经公安机关办案部门负责人批准，使用传唤证传唤。对现场发现的违反治安管理行为人，人民警察经出示人民警察证，可以口头传唤，但应当在询问笔录中注明。
>
> 公安机关应当将传唤的原因和依据告知被传唤人。对无正当理由不接受传唤或者逃避传唤的人，经公安机关办案部门负责人批准，可以强制传唤。

【新旧对照】

修订后	修订前
第九十六条 需要传唤违反治安管理行为人接受调查的，经公安机关办案部门负责人批准，使用传唤证传唤。对现场发现的违反治安管理行为人，人民警察经出示**人民警察证**，可以口头传唤，但应当在询问笔录中注明。 公安机关应当将传唤的原因和依据告知被传唤人。对无正当理由不接受传唤或者逃避传唤的人，**经公安机关办案部门负责人批准，**可以强制传唤。	第八十二条 需要传唤违反治安管理行为人接受调查的，经公安机关办案部门负责人批准，使用传唤证传唤。对现场发现的违反治安管理行为人，人民警察经出示工作证件，可以口头传唤，但应当在询问笔录中注明。 公安机关应当将传唤的原因和依据告知被传唤人。对无正当理由不接受传唤或者逃避传唤的人，可以强制传唤。

【适用精解】

本条由2012年《治安管理处罚法》第八十二条修改而来。第一款中把"……人民警察经出示工作证件，可以口头传唤……"中的"工作证件"修改为"人民警察证"；第二款中"对无正当理由不接受传唤或者逃避传唤的人，可以强制传唤。"增加了强制传唤需要"经公安机关办案部门负责人批准"的要求。

本条是关于办案过程中对违反治安管理行为人传唤与强制传唤的规定。

本条分为两款，第一款规定了传唤的适用，第二款规定了强制传唤的适用。

传唤是公安机关执法过程中常用的调查方式，其对象仅限于违反治安管理行为人，对治安案件中的其他人，如被侵害人、证人等不得使用传唤。

"公安机关办案部门负责人"，是指公安机关中具体负责办理违反治安管理案件部门的负责人，如治安大队长、派出所所长等。

传唤涉及对公民人身自由的限制，在程序上应该严格规范，因此一般需要经公安机关办案部门负责人批准，使用传唤证才能进行。但实践中有时事态发展突然，不允许办案人员申请传唤证再进行传唤。因此，在出示人民警察证的基础上，可以口头进行传唤,同时需要在后续的询问笔录中注明。

此外,传唤过程中,可能会出现当事人不配合的情况。因此,公安机关在将传唤的原因和依据告知被传唤人后,对于无正当理由不接受传唤或者逃避传唤的人,法律还规定了强制传唤的方式。但需要注意的是,一方面强制传唤需要以先行传唤为前提,即之前采取了书面传唤或口头传唤,但当事人不配合;另一方面公安机关的强制性方式以将被传唤人传唤到指定地点接受调查为限,可以使用必要的警械,但不可超过必要的限度,并且在被传唤人放弃抵抗配合传唤的情况下,可以解除或者降低强制的手段。

> **第九十七条　【询问查证时间及通知义务】**对违反治安管理行为人,公安机关传唤后应当及时询问查证,询问查证的时间不得超过八小时;涉案人数众多、违反治安管理行为人身份不明的,询问查证的时间不得超过十二小时;情况复杂,依照本法规定可能适用行政拘留处罚的,询问查证的时间不得超过二十四小时。在执法办案场所询问违反治安管理行为人,应当全程同步录音录像。
>
> 公安机关应当及时将传唤的原因和处所通知被传唤人家属。
>
> 询问查证期间,公安机关应当保证违反治安管理行为人的饮食、必要的休息时间等正当需求。

【新旧对照】

修订后	修订前
第九十七条　对违反治安管理行为人,公安机关传唤后应当及时询问查证,询问查证的时间不得超过八小时;**涉案人数众多、违反治安管理行为人身份不明的,询问查证的时间不得超过十二小时**;情况复杂,依照本法规定可能适用行政拘留处罚的,询问查证的时间不得超过二十四小时。**在执法办案场所询问违反治安管理行为人,应当全程同步录音录像。** 　　公安机关应当及时将传唤的原因和处所通知被传唤人家属。 　　**询问查证期间,公安机关应当保证违反治安管理行为人的饮食、必要的休息时间等正当需求。**	第八十三条　对违反治安管理行为人,公安机关传唤后应当及时询问查证,询问查证的时间不得超过八小时;情况复杂,依照本法规定可能适用行政拘留处罚的,询问查证的时间不得超过二十四小时。 　　公安机关应当及时将传唤的原因和处所通知被传唤人家属。

【适用精解】

本条由 2012 年《治安管理处罚法》第八十三条修改而来。第一款中询问的期限增加了"涉案人数众多、违反治安管理行为人身份不明的,询问查证的时间不得超过十二小时"的情形,以及"在执法办案场所询问违反治安管理行为人,应当全程同步录音录像"的要求,来规范公安机关询问过程,保护当事人合法权益;增加了第三款"询问查证期间,公安机关应当保证违反治安管理行为人的饮食、必要的休息时间等正当需求"的规定,来保障被询问人的合法权益。

本条是关于办案过程中对违反治安管理行为人询问查证时限及通知义务的规定。

本条分为三款,第一款规定了询问的期限,以及在执法办案场所询问违反治安管理行为人,应当全程同步录音录像的要求;第二款规定了传唤后将传唤的原因及处所通知家属;第三款规定了询问查证期间,保障被询问人基本饮食和休息时间等正当需求的要求。

传唤并询问行为人,是限制其人身权利的一种措施,要特别谨慎并规定必要的期限限制。一般情况下,询问查证的时间不超过八个小时,时间以被传唤人到达指定地点并在传唤证上记载的到达时间为准。对于涉案人数众多的案件,需要询问的人数较多,办案人员有限,或者被询问人拒不配合,致使其身份不明,此时询问查证的时间可以延长至不超过十二小时。有些案件还可能存在案情复杂、违法结果较重、法律规定可能给予行政拘留的处罚结果等情形,为了更好地进行查证,做出公平公正的处理结果,询问查证的时间可以延长至不超过二十四小时。此外,为了保证被询问人的合法权益,规范公安机关询问查证过程,询问过程应当全程进行同步录音录像,留存备案,这既是对公安机关规范办案的要求,同时也是在可能出现后续对公安机关执法过程产生质疑时,对公安机关及办案民警的有效保护。

询问在一定时间内限制了被传唤人的人身自由,为避免给被传唤人及其家属和其他人的工作、生活带来不便,公安机关在传唤违反治安管理行为人后,应当及时将传唤的原因及处所通知被传唤人家属。同时,在询问查证期间,公安机关应当保证被询问人必要的饮食及休息的权利等正当需求。这也是《治安管理处罚法》尊重和保障人权原则的具体体现。

第九十八条 【询问笔录及询问不满十八周岁人的规定】询问笔录应当交被询问人核对;对没有阅读能力的,应当向其宣读。记载有遗漏或者差错的,被询问人可以提出补充或者更正。被询问人确认笔录无误后,应当签名、盖章或者按指印,询问的人民警察也应当在笔录上签名。

> 被询问人要求就被询问事项自行提供书面材料的,应当准许;必要时,人民警察也可以要求被询问人自行书写。
>
> 询问不满十八周岁的违反治安管理行为人,应当通知其父母或者其他监护人到场;其父母或者其他监护人不能到场的,也可以通知其他成年亲属,所在学校、单位、居住地基层组织或者未成年人保护组织的代表等合适成年人到场,并将有关情况记录在案。确实无法通知或者通知后未到场的,应当在笔录中注明。

【新旧对照】

修订后	修订前
第九十八条　询问笔录应当交被询问人核对;对没有阅读能力的,应当向其宣读。记载有遗漏或者差错的,被询问人可以提出补充或者更正。被询问人确认笔录无误后,应当签名、盖章**或者按指印**,询问的人民警察也应当在笔录上签名。 被询问人要求就被询问事项自行提供书面材料的,应当准许;必要时,人民警察也可以要求被询问人自行书写。 询问不满**十八**周岁的违反治安管理行为人,应当通知其父母或者其他监护人到场;**其父母或者其他监护人不能到场的,也可以通知其他成年亲属,所在学校、单位、居住地基层组织或者未成年人保护组织的代表等合适成年人到场,并将有关情况记录在案。确实无法通知或者通知后未到场的,应当在笔录中注明。**	第八十四条　询问笔录应当交被询问人核对;对没有阅读能力的,应当向其宣读。记载有遗漏或者差错的,被询问人可以提出补充或者更正。被询问人确认笔录无误后,应当签名或者盖章,询问的人民警察也应当在笔录上签名。 被询问人要求就被询问事项自行提供书面材料的,应当准许;必要时,人民警察也可以要求被询问人自行书写。 询问不满十六周岁的违反治安管理行为人,应当通知其父母或者其他监护人到场。

【适用精解】

本条由2012年《治安管理处罚法》第八十四条修改而来。将第一款中的"被询问人确认笔录无误后,应当签名或者盖章……",增加了"按指印";在第三款中,把询问时应当通知其父母或者其他监护人到场人的年龄,由"不满十六周岁"修改为"不满十八周岁"。此外,还增加了"其父母或者其他监护人不能到场的,也可以通知其他成年亲属,所在学校、单位、居住地基层组织或者未成年人保护组织的代表等合适成年人到场,并将有关情况记录在案。确实无法通知或者通知后未到场的，应当在笔录中注明"的规定。

本条是关于询问笔录制作及询问不满十八周岁未成年人相关要求的规定。

本条分为三款，第一款、第二款是关于询问笔录的规定，第三款是关于询问不满十八周岁违反治安管理行为人要求监护人或者其他适当成年人在场的规定。

询问笔录是在询问过程中制作的，用以记载询问中提出的问题和回答，以及询问过程中所发生事项的重要法律文书，是公安机关调查治安案件的重要证据来源。因此，询问笔录制作完毕后，应当首先交由被询问人核对其内容是否客观准确地记载了对他的提问与回答；如果被询问人没有阅读能力，询问人还应当向其准确、完整地宣读；如果被询问人认为记载的内容有遗漏或者差错，没有完整、准确地体现自己的意思，被询问人有权要求补充完整或进行更正；如果被询问人认为笔录没有问题或补充、补正后确认无误，应当在笔录上签名、盖章或者按指印，之后参与询问的人民警察也应当在笔录上签名。

询问笔录一般由询问人记录、制作，交被询问人核对签名有效。但被询问人主动要求就被询问事项自行提供书面材料的，应当准许。同时，公安机关在必要的情况下，也可以要求被询问人就与案件有关的被询问事项自行书写相关材料。

此外，如果被询问对象是不满十八周岁的违反治安管理行为人，由于其年龄小，社会阅历、对事物的认识、思想表达与控制自己行为的能力以及心理承受能力等往往都低于成年人，在被询问时可能会产生心理压力，在理解和回答询问时产生意思或表达偏差，因此应当通知其父母或其他监护人到场，以缓解其紧张心理与压力，准确表达客观事实，保障其在询问过程中的合法权益。如果其父母或者其监护人不能到场，也可通知其他成年亲属，或者学校、单位、居住地基层组织以及未成年人保护组织的代表等合适成年人到场，并应当记录在案；如果确实无法通知或者以上人员通知后均未到场的，应在询问笔录中注明相关情况，说明无法通知的原因。

第九十九条 【询问被侵害人和其他证人】人民警察询问被侵害人或者其他证人，可以在现场进行，也可以到其所在单位、住处或者其提出的地点进行；必要时，也可以通知其到公安机关提供证言。

人民警察在公安机关以外询问被侵害人或者其他证人，应当出示人民警察证。

询问被侵害人或者其他证人，同时适用本法第九十八条的规定。

【新旧对照】

修订后	修订前
第九十九条　人民警察询问被侵害人或者其他证人，**可以在现场进行**，也可以到其所在单位、住处或者**其提出的地点进行**；必要时，也可以通知其到公安机关提供证言。 人民警察在公安机关以外询问被侵害人或者其他证人，应当出示**人民警察证**。 询问被侵害人或者其他证人，同时适用本法第**九十八**条的规定。	第八十五条　人民警察询问被侵害人或者其他证人，可以到其所在单位或者住处进行；必要时，也可以通知其到公安机关提供证言。 人民警察在公安机关以外询问被侵害人或者其他证人，应当出示工作证件。 询问被侵害人或者其他证人，同时适用本法第八十四条的规定。

【适用精解】

本条由2012年《治安管理处罚法》第八十五条修改而来。在原条文第一款询问被侵害人或者其他证人的地点中，增加了"可以在现场进行"以及"其提出的地点进行"的内容。

本条是关于人民警察询问被侵害人和其他证人的规定。

本条分为三款，第一款规定了询问被侵害人或者其他证人的地点；第二款规定了在非公安机关询问时出示人民警察证的要求；第三款规定了询问被侵害人或者其他证人同样适用上一条关于询问笔录及未成年人权利保护的规定。

被侵害人或者证人不是违反治安管理行为人，不能使用传唤的方式进行询问。因此，对其进行询问时，原则上可以在现场或者其所在单位、住处及其提出的地点进行。这些地方是被询问人熟悉或其主动选择的地方，在这些地方进行询问，容易减轻被询问人的心理压力，有利于询问工作的开展；必要时，办案部门也可以通知其到公安机关接受询问，提供证言。这种"必要"一般是由人民警察根据案件的实际情况来确定的。

人民警察在公安机关以外询问被侵害人或者其他证人，应当出示人民警察证，以证明询问人员的公务身份，为其执行公务活动提供合法身份证明。需要说明的是，这里不论询问人员是否着警服，询问时都应该主动出示。

此外，除询问地点有所差异外，询问被侵害人或者证人与询问违反治安管理行为人都是公安机关调查取证、获取言词证据的重要途径，因此，在询问的方式、内容、笔录的制作，以及其他应当遵守的程序事项等方面并不具有太大差异，本法第九十八条的规定同样适用于被侵害人和证人的询问。

> **第一百条 【异地代为询问与远程视频询问】** 违反治安管理行为人、被侵害人或者其他证人在异地的,公安机关可以委托异地公安机关代为询问,也可以通过公安机关的视频系统远程询问。
>
> 通过远程视频方式询问的,应当向被询问人宣读询问笔录,被询问人确认笔录无误后,询问的人民警察应当在笔录上注明。询问和宣读过程应当全程同步录音录像。

【新旧对照】

修订后	修订前
第一百条 违反治安管理行为人、被侵害人或者其他证人在异地的,公安机关可以委托异地公安机关代为询问,也可以通过公安机关的视频系统远程询问。 通过远程视频方式询问的,应当向被询问人宣读询问笔录,被询问人确认笔录无误后,询问的人民警察应当在笔录上注明。询问和宣读过程应当全程同步录音录像。	

【适用精解】

本条为2025年修订《治安管理处罚法》时新增的条文。增加了违反治安管理行为人、被侵害人或者其他证人在异地的,公安机关可以委托异地公安机关代为询问,也可以通过公安机关的视频系统远程询问的规定。主要是考虑到人口流动频繁以及信息化条件下取证方式便利化的要求。

本条是关于委托异地公安机关代为询问和公安机关远程视频询问的规定。

本条分为两款,第一款规定了特定条件下委托代为询问和远程视频方式询问;第二款规定了远程视频方式询问的规范要求。

市场经济条件下,人员流动频繁,治安案件查处中,可能出现被询问人在异地的情况,此时,为了方便调查取证,减少人力、物力成本,提高办案效率,可以采取异地询问的方式,信息化条件的不断发展也为远程询问提供了技术支持。

委托异地公安机关询问,可以充分利用当地公安机关的资源,由当地公安机关按照法定程序对相关人员进行询问,并将询问结果反馈给委托方公安机关。

通过公安机关的视频系统远程询问时,除时空的不同外,其他与在本地询问的要求一致,如在远程视频询问结束后,办案地公安机关询问民警也应当向被询问人宣读询问笔录，以便被询问人了解笔录内容，使其能够对笔录中记录的自己的陈述和相关情况进行核实，确认其准确性和完整性。被询问人确认笔录无误后，询问的人民警察应当在笔录上注明。

此外，对于远程视频询问，在询问和宣读询问笔录时，要全程同步录音录像，记录询问的整个过程，防止出现违法违规行为，保证询问的合法性和公正性，录音录像资料也可以作为证据在后续的案件处理过程中使用，为案件的审理提供有力的支持。

> **第一百零一条** 【询问中的语言帮助】询问聋哑的违反治安管理行为人、被侵害人或者其他证人，应当有通晓手语等交流方式的人提供帮助，并在笔录上注明。
>
> 询问不通晓当地通用的语言文字的违反治安管理行为人、被侵害人或者其他证人，应当配备翻译人员，并在笔录上注明。

【新旧对照】

修订后	修订前
第一百零一条　询问聋哑的违反治安管理行为人、被侵害人或者其他证人，应当有通晓手语**等交流方式**的人提供帮助，并在笔录上注明。 询问不通晓当地通用的语言文字的违反治安管理行为人、被侵害人或者其他证人，应当配备翻译人员，并在笔录上注明。	第八十六条　询问聋哑的违反治安管理行为人、被侵害人或者其他证人，应当有通晓手语的人提供帮助，并在笔录上注明。 询问不通晓当地通用的语言文字的违反治安管理行为人、被侵害人或者其他证人，应当配备翻译人员，并在笔录上注明。

【适用精解】

本条由2012年《治安管理处罚法》第八十六条修改而来，对聋哑人进行询问时，在"应当有通晓手语"的后面增加了"等交流方式"的表述。

本条是关于询问过程中针对特定人群提供语言帮助相关要求的规定。

本条分为两款，第一款规定了询问聋哑人应当有通晓手语等交流方式的人提供帮助；第二款规定了为不通晓当地通用语言文字的被询问人提供翻译帮助。

治安询问中可能涉及被询问人为聋哑人的情况。这时候，应当为其提供通晓手语等交流方式的人对其进行帮助。这种规定是强制性的，一方面是为了保护聋哑人的合法权益，另一方面也是保证治安管理处罚工作顺利进行的要求。

对于不通晓当地通用的语言文字的被询问人，公安机关也应当为其配备翻译人员，主要包括不通晓当地通用的语言文字的少数民族人员和外国人等。对于该种情况，公安机关也要在询问笔录中注明，一般包括翻译人员的姓名、住址、工作单位及联系方式等。

> **第一百零二条 【人身检查与生物样本提取】** 为了查明案件事实，确定违反治安管理行为人、被侵害人的某些特征、伤害情况或者生理状态，需要对其人身进行检查，提取或者采集肖像、指纹信息和血液、尿液等生物样本的，经公安机关办案部门负责人批准后进行。对已经提取、采集的信息或者样本，不得重复提取、采集。提取或者采集被侵害人的信息或者样本，应当征得被侵害人或者其监护人同意。

【新旧对照】

修订后	修订前
第一百零二条 为了查明案件事实，确定违反治安管理行为人、被侵害人的某些特征、伤害情况或者生理状态，需要对其人身进行检查，提取或者采集肖像、指纹信息和血液、尿液等生物样本的，经公安机关办案部门负责人批准后进行。对已经提取、采集的信息或者样本，不得重复提取、采集。提取或者采集被侵害人的信息或者样本，应当征得被侵害人或者其监护人同意。	

【适用精解】

本条为2025年修订《治安管理处罚法》时新增的条文。增加了公安机关人身检查及提取当事人个人信息，采集生物样本的规范。主要是考虑执法实践中既要保障生物识别、信息采集等技术手段的应用，赋予公安机关必要的调查权，又通过程序限制防止技术滥用，在打击违法与保护公民人身、隐私权益间建立平衡。

本条是关于规范人身检查与生物样本提取的规定。

治安案件查处过程中，为了查明案件事实或者对违反治安管理行为人、被侵害人的某些特征、伤害情况或者生理状态进行确定，经公安机关办案部门负责人批准，可以对其人身进行检查，以及提取或者采集肖像、指纹信息和血液、尿液等生物样本。这一规定一方面要求人身检查必须出于公务的需要，防止权力滥用，另一方面也是保护当事人合法权益（人身权利）、保证人身检查行为在合法合规的框架内进行的要求。

人身检查是确定当事人身份、伤害后果以及某些法定生理状态的重要调查手段。肖像、指纹信息和血液、尿液等生物样本对于案件的调查、证据的收集以及对违法事实的认定具有重要作用。对于之前已经提取、采集过信息或者样本的，公安机关不得重复提取、采集。

提取或者采集信息或者样本时，违反治安管理行为人不配合的，可以采取强制措施，并符合适用强制措施的相关规定；如果系被侵害人或者其监护人不同意的，可以进行必要的解释、说明，请其配合实施，但不能强制进行。

第一百零三条 【检查程序】 公安机关对与违反治安管理行为有关的场所或者违反治安管理行为人的人身、物品可以进行检查。检查时，人民警察不得少于二人，并应当出示人民警察证。

对场所进行检查的，经县级以上人民政府公安机关负责人批准，使用检查证检查；对确有必要立即进行检查的，人民警察经出示人民警察证，可以当场检查，并应当全程同步录音录像。检查公民住所应当出示县级以上人民政府公安机关开具的检查证。

检查妇女的身体，应当由女性工作人员或者医师进行。

【新旧对照】

修订后	修订前
第一百零三条　公安机关对与违反治安管理行为有关的场所或者**违反治安管理行为人的**人身、物品可以进行检查。检查时，人民警察不得少于二人，并应当出示**人民警察证**。 　　对场所进行检查的，经县级以上人民政府公安机关负责人批准，使用检查证检查；对确有必要立即进行检查的，人民警察经出示**人民警察证**，可以当场检查，**并应当全程同步录音录像**。检查公民住所应当出示县级以上人民政府公安机关开具的**检查证**。 　　检查妇女的身体，应当由女性工作人员**或者医师**进行。	第八十七条　公安机关对与违反治安管理行为有关的场所、物品、人身可以进行检查。检查时，人民警察不得少于二人，并应当出示工作证件和县级以上人民政府公安机关开具的检查证明文件。对确有必要立即进行检查的，人民警察经出示工作证件，可以当场检查，但检查公民住所应当出示县级以上人民政府公安机关开具的检查证明文件。 　　检查妇女的身体，应当由女性工作人员进行。

【适用精解】

本条由2012年《治安管理处罚法》第八十七条修改而来。把原法条第一款分为两款，第一款为对场所、物品、人身检查的一般规定；第二款为对场所及公民住所检查的规定，并增加了对场所当场检查的，要"全程同步录音录像"的规定；第三款检查妇女身体的主体，在"女性工作人员"的基础上增加了"医师"这一主体。

本条是关于公安机关办案过程中对人身、物品、场所及公民住所进行检查相关要求的规定。

公安机关办理治安案件时，对于与违反治安管理行为有关的场所或者违反治安管理行为人的人身、物品，可以进行检查。

检查工作应由人民警察进行，检查时，人民警察的数量不得少于二人，并应主动出示人民警察证。这是对检查程序方面的规范要求，也有利于被检查的利益相关人更好地维护其合法权益。

对涉案场所进行检查时，应当取得县级以上人民政府公安机关负责人的批准，开具检查证，持检查证进行检查。对确有必要立即进行检查的，人民警察经出示人民警察证，可以当场检查，但要对检查过程全程同步录音录像。这是因为治安案件查处工作往往具有突发性和多变性特点，绝对要求开具检查证才能进行检查，可能会贻误时机。因此，遇有紧急情况时，为节约时间，及时制止违法行为或者为调查取证所必需，可以当场检查。

但是，检查公民住所的，则必须出示县级以上人民政府公安机关开具的检查证。这是对公民住所住宅的特殊保护性规定。住宅是公民生活、休息的重要场所，公民享有住宅不受侵犯的权利，出示检查证是对公民住宅权的尊重和保护，防止公安机关随意进入公民住所，避免公民的生活安宁和隐私受到不当干扰。只有在有法定理由并经过合法审批程序获得检查证后，公安机关才能对公民住所进行检查，这是保障公民基本权利的重要举措。

检查妇女的身体，应当由女性工作人员或者医师进行。女性工作人员，是指女性警察以及其他接受公安机关委托的女性人员，如女协警等。此外，修订后的法律还增加了"医师"作为检查妇女身体的主体，这是因为，医生作为专业的医务工作者，对人身进行检查是其基本职责，包括男性医务工作者检查女性人员身体也是其日常工作中的常规操作。因此，作为医务工作者不论男女，都可以对妇女的身体进行必要的检查。

【相关法律法规】

《中华人民共和国宪法》等。

第一百零四条 【检查笔录】 检查的情况应当制作检查笔录,由检查人、被检查人和见证人签名、盖章或者按指印;被检查人不在场或者被检查人、见证人拒绝签名的,人民警察应当在笔录上注明。

【新旧对照】

修订后	修订前
第一百零四条 检查的情况应当制作检查笔录,由检查人、被检查人和见证人签名、盖章**或者按指印;被检查人不在场或者被检查人、见证人拒绝签名的**,人民警察应当在笔录上注明。	第八十八条 检查的情况应当制作检查笔录,由检查人、被检查人和见证人签名或者盖章;被检查人拒绝签名的,人民警察应当在笔录上注明。

【适用精解】

本条由2012年《治安管理处罚法》第八十八条修改而来。在原检查笔录由检查人、被检查人和见证人"签名或者盖章"的基础上,增加了"按指印";把需要在笔录中注明的情况由原来的"被检查人拒绝签名的",增加了"被检查人不在场"以及"见证人拒绝签名"的情形。

本条是关于公安机关检查笔录制作相关要求的规定。

公安机关人民警察实施检查行为,应当制作检查笔录记录检查的情况,这是记录与规范人民警察检查过程,保护被检查人合法权益的要求,是保障执法程序合法、证据真实有效的重要环节。

检查笔录制作完毕后,要由检查人、被检查人和见证人签名、盖章或者按指印,这是为了保证检查笔录的真实性、客观性及合法性的要求。

被检查人如果不在现场或者被检查人、见证人拒绝签名的,检查的人民警察应当在笔录中将这种情况予以记录。注明情况既能如实反映检查的实际状况,也避免因缺少签名导致笔录效力存疑,确保执法过程全程留痕,保障程序的完整性与严肃性,为后续案件处理提供合法有效的证据支撑。

第一百零五条 【扣押物品】 公安机关办理治安案件,对与案件有关的需要作为证据的物品,可以扣押;对被侵害人或者善意第三人合法占有的财产,不得扣押,应当予以登记,但是对其中与案件有关的必须鉴定的物品,可以扣押,鉴定后应当立即解除。对与案件无关的物品,不得扣押。

对扣押的物品，应当会同在场见证人和被扣押物品持有人查点清楚，当场开列清单一式二份，由调查人员、见证人和持有人签名或者盖章，一份交给持有人，另一份附卷备查。

实施扣押前应当报经公安机关负责人批准；因情况紧急或者物品价值不大，当场实施扣押的，人民警察应当及时向其所属公安机关负责人报告，并补办批准手续。公安机关负责人认为不应当扣押的，应当立即解除。当场实施扣押的，应当全程同步录音录像。

对扣押的物品，应当妥善保管，不得挪作他用；对不宜长期保存的物品，按照有关规定处理。经查明与案件无关或者经核实属于被侵害人或者他人合法财产的，应当登记后立即退还；满六个月无人对该财产主张权利或者无法查清权利人的，应当公开拍卖或者按照国家有关规定处理，所得款项上缴国库。

【新旧对照】

修订后	修订前
第一百零五条　公安机关办理治安案件，对与案件有关的需要作为证据的物品，可以扣押；对被侵害人或者善意第三人合法占有的财产，不得扣押，应当予以登记，**但是对其中与案件有关的必须鉴定的物品，可以扣押，鉴定后应当立即解除**。对与案件无关的物品，不得扣押。 对扣押的物品，应当会同在场见证人和被扣押物品持有人查点清楚，当场开列清单一式二份，由调查人员、见证人和持有人签名或者盖章，一份交给持有人，另一份附卷备查。 **实施扣押前应当报经公安机关负责人批准；因情况紧急或者物品价值不大，当场实施扣押的，人民警察应当及时向其所属公安机关负责人报告，并补办批准手续。公安机关负责人认为不应当扣押的，应当立即解除。当场实施扣押的，应当全程同步录音录像。** 对扣押的物品，应当妥善保管，不得挪作他用；对不宜长期保存的物品，按照有	第八十九条　公安机关办理治安案件，对与案件有关的需要作为证据的物品，可以扣押；对被侵害人或者善意第三人合法占有的财产，不得扣押，应当予以登记。对与案件无关的物品，不得扣押。 对扣押的物品，应当会同在场见证人和被扣押物品持有人查点清楚，当场开列清单一式二份，由调查人员、见证人和持有人签名或者盖章，一份交给持有人，另一份附卷备查。 对扣押的物品，应当妥善保管，不得挪作他用；对不宜长期保存的物品，按照有关规定处理。经查明与案件无关的，应当及时退还；经核实属于他人合法财产的，应当登记后立即退还；满六个月无人对该财产主张权利或者无法查清权利人的，应当公开拍卖或者按照国家有关规定处理，所得款项上缴国库。

续表

修订后	修订前
关规定处理。经查明与案件无关**或者**经核实属于**被侵害人或者**他人合法财产的，应当登记后立即退还；满六个月无人对该财产主张权利或者无法查清权利人的，应当公开拍卖或者按照国家有关规定处理，所得款项上缴国库。	

【适用精解】

本条在2012年《治安管理处罚法》第八十九条的基础上作了适当修改。条文内容由原来的三款，增加到四款。在原第一款中增加了对于被侵害人或者善意第三人合法占有的财产，如果是"其中与案件有关的必须鉴定的物品，可以扣押，鉴定后应当立即解除"的规定。增加了"实施扣押前应当报经公安机关负责人批准；因情况紧急或者物品价值不大，当场实施扣押的，人民警察应当及时向其所属公安机关负责人报告，并补办批准手续。公安机关负责人认为不应当扣押的，应当立即解除。当场实施扣押的，应当全程同步录音录像"这一扣押审批的要求作为第三款内容。

本条是关于公安机关办理治安案件中，对需要作为证据的物品进行扣押有关要求的规定。

治安案件查处中，对涉案物品的扣押，既是公安机关调查取证的重要途径，也涉及被扣押物品所有人的合法权益。本条对扣押物品的范围、程序以及扣押物品的处置作出了明确规定。

扣押的范围是与案件有关的需要作为证据的物品，既包括"物"，也包括"文件"。与案件有关，是指能够证明案件真实情况。并且，这些作为证据的物品，既可能是证明违反治安管理行为人实施了违反治安管理行为的物品，也可能是证明其没有实施违反治安管理行为的物品，两者都可以依法扣押。如果物品与证明案件事实无关，则不能扣押。

对被侵害人或者善意第三人合法占有的财产，不得扣押，应当予以登记。但是，如果其中被合法占有的财物需要进行鉴定，则可以扣押，以便鉴定部门能够更方便有效地进行鉴定，出具鉴定意见。但是，在鉴定结束后，应该立即解除扣押，返还被侵害人或者善意第三人。

被扣押作为证据的物品，对于案件查处具有重要作用，也涉及被扣押物品持有人的合法权益，因此，扣押时要对物品进行清点，清点时要有见证人和被扣押物品持有人在场，查点清楚，并开列扣押物品清单。扣押清单一式二份，一份交给持有人，另一份附卷备查。扣押清单应由调查人员、见证人和持有人签名或者盖章，如果被扣押物品持有人或者见证人不在场，或者拒绝签名、盖章的，应当在清单上注明。

为保证扣押程序的规范性，公安机关实施扣押时，应当报经公安机关负责人批准。这是为了确保扣押行为的合法性和必要性，避免随意扣押公民财产，由单位负责人对扣押的理由、依据等进行审查，从源头上把控执法行为。如果遇到情况紧急，如不立即扣押可能导致证据灭失、被转移等后果，或者被扣押的物品价值不大时，人民警察可以不经批准当场实施扣押。但扣押后应及时向所属公安机关负责人报告，并在事后补办批准手续。如果公安机关负责人在常规审批或对紧急情况补办手续时，在审查后认为不应当扣押的，应当及时纠正，立即解除扣押。这体现了对公民财产权的及时保护，减少对当事人合法权益的损害。

为了规范当场扣押行为，应当全程同步录音录像。这一规定既保证了特定条件下公安机关案件办理的顺利进行，也是对当场扣押的有效规范。

对扣押的物品需采取安全、妥善的保管措施，确保物品完好无损，且严禁任何单位或个人将扣押物品挪作私用或他用，避免因保管不善或滥用导致证据损毁、财产损失。对不宜长期保存的物品，如易腐烂、变质、灭失或价值迅速贬损的生鲜食品、药品等物品，需按相关规定及时变卖、封存或采取其他适当处理方式，防止物品价值损耗。

经调查确认与案件无关联，或属于被侵害人、善意第三人合法占有的财产，应在登记物品信息后第一时间启动退还流程，不得以任何理由拖延，避免因程序拖延影响当事人权益。

扣押物品满六个月无人主张权利，或退还时无法查清权利人的，应当采取公告方式告知原主认领，公告后六个月内无人认领的，按无主财物处理，通过公开拍卖或者按照国家有关规定处理，确保处置过程公开透明，所得款项全额上缴国库。

【相关法律法规】

《公安机关办理行政案件程序规定》等。

第一百零六条 【鉴定】 为了查明案情，需要解决案件中有争议的专门性问题的，应当指派或者聘请具有专门知识的人员进行鉴定；鉴定人鉴定后，应当写出鉴定意见，并且签名。

【新旧对照】

修订后	修订前
第一百零六条 为了查明案情，需要解决案件中有争议的专门性问题的，应当指派或者聘请具有专门知识的人员进行鉴定；鉴定人鉴定后，应当写出鉴定意见，并且签名。	第九十条 为了查明案情，需要解决案件中有争议的专门性问题的，应当指派或者聘请具有专门知识的人员进行鉴定；鉴定人鉴定后，应当写出鉴定意见，并且签名。

【适用精解】

本条对应 2012 年《治安管理处罚法》第九十条内容，2025 年修订《治安管理处罚法》时未作修改。

本条是关于治安案件办案过程中对专门问题进行鉴定相关要求的规定。

办理治安案件过程中，当遇到有争议的专门性问题时，就应当启动鉴定程序。这些专门性问题通常超出了普通执法人员的知识和能力范围，如伤情鉴定、物品价值鉴定、精神状态鉴定、违禁品和危险品鉴定等。通过专业鉴定，能够为案件的处理提供科学依据，避免主观臆断。

公安机关承担着指派或者聘请具有专门知识人员进行鉴定的职责。这些被指派或聘请的人员须具备相应的专业资质和能力，能够对特定的专门性问题进行科学、准确的分析和判断，以保证鉴定结果的专业性和权威性。

鉴定人在完成鉴定工作后，应写出鉴定意见。鉴定意见作为证据的重要形式，应详细、准确，包括对专门性问题的分析过程、依据以及得出的结论等内容。同时，鉴定人需要在鉴定意见上签名，这不仅是一种形式要求，更是鉴定人对鉴定结果负责的法律体现。

【相关法律法规】

《公安机关鉴定机构登记管理办法》等。

第一百零七条 【辨认】为了查明案情，人民警察可以让违反治安管理行为人、被侵害人和其他证人对与违反治安管理行为有关的场所、物品进行辨认，也可以让被侵害人、其他证人对违反治安管理行为人进行辨认，或者让违反治安管理行为人对其他违反治安管理行为人进行辨认。

辨认应当制作辨认笔录，由人民警察和辨认人签名、盖章或者按指印。

【新旧对照】

修订后	修订前
第一百零七条 为了查明案情，人民警察可以让违反治安管理行为人、被侵害人和其他证人对与违反治安管理行为有关的场所、物品进行辨认，也可以让被侵害人、其他证人对违反治安管理行为人进行辨认，或者让违反治安管理行为人对其他违反治安管理行为人进行辨认。 辨认应当制作辨认笔录，由人民警察和辨认人签名、盖章或者按指印。	

【适用精解】

本条为2025年修订《治安管理处罚法》时新增的条文。增加辨认以及辨认笔录制作的规定，主要是考虑到更好地规范辨认的程序及辨认笔录的制作，避免辨认过程的随意性，提升治安案件办理的规范化水平。

本条是关于治安案件办案过程中对与违反治安管理行为相关的人员、物品、场所进行辨认相关要求的规定。

本条分为两款，第一款规定了场所、物品及违反治安管理行为人的辨认；第二款规定了辨认笔录的制作。

辨认由公安机关组织，可以组织违反治安管理行为人、被侵害人和其他证人，对违反治安管理行为的场所、物品进行辨认，也可以组织被侵害人、其他证人对违反治安管理行为人进行辨认，或者组织违反治安管理行为人对其他违反治安管理行为人进行辨认。通过辨认，能够帮助公安机关核实案件有关证据，确定与案件相关的人、物或场所，从而更准确地查明案件事实，为案件的处理提供依据。

对于辨认的情况，应当制作笔录。辨认笔录作为辨认活动的书面呈现，是法定证据形式之一。笔录应详细记载辨认的时间、地点、参与人员、辨认对象、辨认过程以及辨认结果等信息。笔录由主持和参加辨认的人民警察和辨认人签名或盖章。作为法定的证据种类，辨认笔录经过查证属实后，可以作为治安案件定案的依据。

第一百零八条　【警察执法人数的规范】公安机关进行询问、辨认、勘验，实施行政强制措施等调查取证工作时，人民警察不得少于二人。

公安机关在规范设置、严格管理的执法办案场所进行询问、扣押、辨认的，或者进行调解的，可以由一名人民警察进行。

依照前款规定由一名人民警察进行询问、扣押、辨认、调解的，应当全程同步录音录像。未按规定全程同步录音录像或者录音录像资料损毁、丢失的，相关证据不能作为处罚的根据。

【新旧对照】

修订后	修订前
第一百零八条　公安机关进行询问、辨认、勘验，实施行政强制措施等调查取证工作时，人民警察不得少于二人。 公安机关在规范设置、严格管理的执法办案场所进行询问、扣押、辨认的，或者进行调解的，可以由一名人民警察进行。 依照前款规定由一名人民警察进行询问、扣押、辨认、调解的，应当全程同步录音录像。未按规定全程同步录音录像或者录音录像资料损毁、丢失的，相关证据不能作为处罚的根据。	

【适用精解】

本条为2025年修订《治安管理处罚法》时新增的条文。增加规定了不得少于两名人民警察执法的情形，以及一名人民警察执法的情形、条件及规范。允许特定条件下一名人民警察进行执法，主要是考虑治安案件数量多、警力有限的执法实践，出于执法灵活性、资源优化、程序规范等多方面考量进行的规定。

本条是关于公安机关办案过程中各程序对执法民警人数相关要求的规定。

本条分为三款：第一款规定了不得少于两名人民警察执法的情形；第二款规定了一名人民警察执法的情形与条件；第三款规定了一名人民警察执法全程录音录像的要求。

通常情况下，治安案件查处程序要求有两名以上人民警察进行，尤其是在询问、辨认、勘验，实施行政强制措施等重要调查取证工作时，明确规定人民警察不得少于二人，以保证执法的公正性和合法性。然而，在特定情形下，即进行治安调解以及在规范设置、严格管理的执法办案场所进行询问、扣押、辨认时，可以由一名人民警察进行。这是考虑到一些对当事人影响相对较小的程序性办案工作，如治安调解工作中，当事人的自主权较大等，以及在规范设置、严格管理的执法办案场所有同步录音录像条件，对人民警察执法具有较强的监督效果，同时，也兼顾执法实践中警力有限的现实，因此，针对某些特定的执法，如询问、扣押、辨认工作时，规定可以由一名人民警察进行。

由一名人民警察进行上述询问、扣押、辨认、调解工作，必须全程同步录音录像。这是为了弥补单人执法在监督机制上的相对不足，确保执法行为依法依规进行，保护当事人的合法权益，也为可能出现的争议提供证据支持。如果未按规定进行全程同步录音录像，或者录音录像资料损毁、丢失，那么相关证据不能作为处罚的依据。这一规定凸显了同步录音录像资料在一人执法情形下的关键作用，从法律层面强化了对执法过程记录的严格要求，防止因证据缺失或不规范而导致处罚决定缺乏合法性基础，也体现了效率与公平的平衡。

【相关法律法规】

《中华人民共和国行政强制法》等。

第二节　决　　定

> **第一百零九条　【处罚决定机关】** 治安管理处罚由县级以上地方人民政府公安机关决定；其中警告、一千元以下的罚款，可以由公安派出所决定。

【新旧对照】

修订后	修订前
第一百零九条　治安管理处罚由县级以上地方人民政府公安机关决定；其中警告、**一千元**以下的罚款，可以由公安派出所决定。	第九十一条　治安管理处罚由县级以上人民政府公安机关决定；其中警告、五百元以下的罚款可以由公安派出所决定。

【适用精解】

本条由 2012 年《治安管理处罚法》第九十一条修改而来。

本条是关于治安管理处罚的决定机关的规定。县级以上地方人民政府公安机关可以依法作出本法规定的所有治安管理处罚，公安派出所可以决定警告和一千元（含一千元）以下的罚款。

本条规定的治安管理处罚，指的是本法第十条规定的警告、罚款、行政拘留、吊销公安机关发放的许可证件及对违反治安管理的外国人附加适用限期出境或者驱逐出境等处罚种类。

本条规定的县级以上地方人民政府公安机关，是指在县级以上行政区域内设立的公安机关，是本级人民政府的组成部门，包括县（市、旗）公安局、地（市、州、盟）公安局及其设立的公安分局、省（自治区、直辖市）公安厅（局）及其设立的公安分局。

公安派出所是县（市、旗）公安局、城市公安分局的派出机构。公安派出所可以作出警告、一千元以下罚款的治安管理处罚，符合我国社会治安秩序维护的实际。派出所承担着绝大多数治安管理、维护治安秩序、查处治安案件的职责。治安案件量大面广，查处时效要求高，接处警警情处置时间要求短，作为派出机构的派出所满足了这种需求。根据《中华人民共和国行政处罚法》第二十三条的规定："行政处罚由县级以上地方人民政府具有行政处罚权的行政机关管辖。法律、行政法规另有规定的，从其规定。"《治安管理处罚法》赋予公安派出所行使部分治安管理处罚权，既是适应我国各地实际治安秩序维护、治安案件办理的需要，也符合相关法律的规定。

本次修法将"其中警告、五百元以下的罚款，可以由公安派出所决定"修改为"其中警告、一千元以下的罚款，可以由公安派出所决定"，一方面适应了经济发展水平，提升了治安管理处罚惩戒的实际效果；另一方面优化了执法资源配置，更多的小额违法案件可直接由派出所处理，县级公安机关可更专注于复杂案件处理，实现警力分工的精细化、高效化，提升执法效率。

需要注意的有以下三个方面：一是本条规定"警告、一千元以下的罚款，可以由公安派出所决定"，既然是"可以"，意味着派出所对一千元以下罚款有裁量选择权，但若案件性质复杂，仍可提交上级公安机关处理。二是公安派出所虽然可以依法作出警告、一千元以下的罚款，而"拘留并处罚款""拘留可以并处罚款"是针对同一被处罚人的，且两种处罚是具有内在联系的一个整体，不可以分开由两个决定机关作出处罚决定。三是尽管各级公安机关的内设机构如治安管理部门也承担着治安案件的调查处理工作，有些内设机构在级别上也与县（市、旗）公安局、地（市、州、盟）公安局一样，但它们不是一级公安机关，不能以自己的名义作出治安管理处罚决定，只能以本级公安机关的名义作出治安管理处罚决定。

【相关法律法规】

《中华人民共和国行政处罚法》等。

第一百一十条　【处罚前限制人身自由强制措施的时间折抵】 对决定给予行政拘留处罚的人，在处罚前已经采取强制措施限制人身自由的时间，应当折抵。限制人身自由一日，折抵行政拘留一日。

【新旧对照】

修订后	修订前
第一百一十条　对决定给予行政拘留处罚的人，在处罚前已经采取强制措施限制人身自由的时间，应当折抵。限制人身自由一日，折抵行政拘留一日。	第九十二条　对决定给予行政拘留处罚的人，在处罚前已经采取强制措施限制人身自由的时间，应当折抵。限制人身自由一日，折抵行政拘留一日。

【适用精解】

本条来自2012年《治安管理处罚法》的第九十二条，内容没有变化。

本条是关于治安管理处罚前限制人身自由强制措施的时间折抵的规定。

对于犯罪嫌疑人被羁押、被采取限制人身自由强制措施的时间，是否折抵以及如何折抵剥夺或者限制人身自由的处罚期限问题，在刑法、刑事诉讼法中有详细的明确规定。本条规定了治安违法嫌疑人在处罚前已经采取强制措施限制人身自由的时间折抵问题，和刑事立法的限制人身自由的折抵问题合在一起，形成了我国现行法律中限制人身自由在时间折抵方面的闭环程序，更好地保障了公民的基本权利。

本法规定的"在处罚前已经采取强制措施限制人身自由的时间"，是指被处罚人在被行政拘留前因同一行为被采取强制措施限制人身自由的时间，既包括依法被公安机关采取强制措施限制人身自由的时间，也包括被公安机关违法限制人身自由的时间，即只要被处罚人在被行政拘留前因同一行为实际被限制人身自由的，其被限制人身自由的时间就应当折抵行政拘留时间。

值得注意的是，能够折抵的具体措施问题：一是刑事拘留、逮捕的时间折抵行政拘留时间方面，按照《中华人民共和国刑法》规定，判决执行以前先行羁押的，羁押一日折抵拘役、有期徒刑一日，举重以明轻，刑事拘留、逮捕一日可折抵行政拘留一日。但如果被拘留人被行政拘留与被刑事拘留、逮捕的行为不是同一行为的，则不能折抵。二是刑法中的拘传时间折抵行政拘留时间方面，《中华人民共和国刑法》第四十一条、第四十四条、第四十七条规定的羁押期限折抵刑罚的时间都以"日"为计算单位。根据现行《中华人民共和国刑事诉讼法》第一百一十九条第二款规定，"传唤、拘传持续的时间不得超过十二小时；案情特别重大、复杂，需要采取拘留、逮捕措施的，传唤、拘传持续的时间不得超过二十四小时。"不难发现，作为一种限制人身自由的刑事强制措施，拘传因其期限以小时为计算单位，最长才为一日，《中华人民共和国刑事诉讼法》未规定拘传时间可折抵刑期，在司法实践中，拘传的时间亦不折抵刑期，如果被行政拘留的人在被行政拘留前因同一行为被拘传的，其被拘传的时间不折抵行政拘留时间。

【相关法律法规】

《公安机关执行〈中华人民共和国治安管理处罚法〉有关问题的解释》等。

> 第一百一十一条 【定案证据】公安机关查处治安案件，对没有本人陈述，但其他证据能够证明案件事实的，可以作出治安管理处罚决定。但是，只有本人陈述，没有其他证据证明的，不能作出治安管理处罚决定。

【新旧对照】

修订后	修订前
第一百一十一条 公安机关查处治安案件，对没有本人陈述，但其他证据能够证明案件事实的，可以作出治安管理处罚决定。但是，只有本人陈述，没有其他证据证明的，不能作出治安管理处罚决定。	第九十三条 公安机关查处治安案件，对没有本人陈述，但其他证据能够证明案件事实的，可以作出治安管理处罚决定。但是，只有本人陈述，没有其他证据证明的，不能作出治安管理处罚决定。

【适用精解】

本条来自2012年《治安管理处罚法》第九十三条，内容没有变化。

本条是关于定案证据的规定。

本条规定的"对没有本人陈述，但其他证据能够证明案件事实的，可以作出治安管理处罚决定"，是指在办理治安案件中，即使违反治安管理行为人不承认实施了违反治安管理行为，但被侵害人的陈述、证人的证言、现场提取的物证、书证、视听资料、电子数据、鉴定意见以及勘验、检查、辨认笔录、现场笔录等其他证据确实、充分，因果关系清晰，能够相互印证，形成证据链，完全可以证明违反治安管理行为人实施了违反治安管理行为的，可以依法作出治安管理处罚决定。

本条规定的"只有本人陈述，没有其他证据证明的，不能作出治安管理处罚决定"，是指在治安案件查处过程中，如果只有违反治安管理行为人承认自己实施了违反治安管理行为的陈述，但没有任何其他证据证明或者佐证的，就不能对该人作出治安管理处罚决定，这是"孤证不能定案"规则的体现。尤其是要坚决防止只有当事人陈述、违法嫌疑人陈述而定性定罚的办案惯性。

本条实际上是对"没有口供"和"只有口供"两种情形作出的明确规定，对于当前依法办案、执法公正具有显著的实践指导意义，而且对于依法办案法治思维的形成具有长远指导意义。根据本条规定，公安机关在调查处理治安案件时，虽然没有违反治安管理行为人本人的陈述，但其他物证、书证等证据能够证明案件事实的，可以作出治安管理处罚决定。相反，如果只有违反治安管理行为人本人的陈述，而没有其他证据证明的，公安机关不能作出治安管理处罚决定。

值得注意的是，一是"重口供轻证据"的办案思路是我们坚决予以反对的，与依法行政、执法公正背道而驰，背离法治精神。当"口供"被视为定案的关键核心，办案人员可能会为了获取"口供"而不择手段。违法嫌疑人被迫作出虚假供述，这种违背意愿的"口供"无法真实反映案件事实，而且，"口供"具有较强主观性、易变性，很容易受到违法嫌疑人记忆偏差、心理状态、外部诱导等多种因素影响，一旦"口供"出现反复，整个案件的办理就会陷入混乱，导致案件真相难以查明。过度追求"口供"，会让办案人员将大量精力耗费在询问违法嫌疑人上，而忽略了对其他客观证据的收集与调查。二是"重口供轻证据"不等于不重视违反治安管理行为人的陈述，不轻信违反治安管理行为人的陈述并不是说可以轻视或者忽视违反治安管理行为人的陈述。违反治安管理行为人的陈述也是法律规定的证据之一，经查证属实，同样可以作为定案的有力根据。三是"零口供"不等于"零证据"，在治安案件查处过程中，公安机关可以通过蛛丝马迹寻找案件突破口，只要掌握的证据确实、充分，形成了完整的证据链，能够证明违法事实，便可以决定处罚，实现对"零口供"案件的严格办理。这也是查处绝大多数案件的主要思路，是法律倡导的办案思路和路径。四是不轻信违反治安管理行为人陈述的原则，也适用于共同违反治安管理案件的办理，只有共同违反治安管理行为人的陈述，没有其他证据印证，一般不能作出治安管理处罚决定，但是没有共同违反治安管理行为人的陈述，只要其他证据确实、充分且能互相印证形成证据链的，则可以作出治安管理处罚决定。

第一百一十二条 【处罚告知】公安机关作出治安管理处罚决定前，应当告知违反治安管理行为人拟作出治安管理处罚的内容及事实、理由、依据，并告知违反治安管理行为人依法享有的权利。

违反治安管理行为人有权陈述和申辩。公安机关必须充分听取违反治安管理行为人的意见，对违反治安管理行为人提出的事实、理由和证据，应当进行复核；违反治安管理行为人提出的事实、理由或者证据成立的，公安机关应当采纳。

> 违反治安管理行为人不满十八周岁的，还应当依照前两款的规定告知未成年人的父母或者其他监护人，充分听取其意见。
> 公安机关不得因违反治安管理行为人的陈述、申辩而加重其处罚。

【新旧对照】

修订后	修订前
第一百一十二条　公安机关作出治安管理处罚决定前，应当告知违反治安管理行为人**拟**作出治安管理处罚的**内容及**事实、理由、依据，并告知违反治安管理行为人依法享有的权利。 违反治安管理行为人有权陈述和申辩。公安机关必须充分听取违反治安管理行为人的意见，对违反治安管理行为人提出的事实、理由和证据，应当进行复核；违反治安管理行为人提出的事实、理由或者证据成立的，公安机关应当采纳。 **违反治安管理行为人不满十八周岁的，还应当依照前两款的规定告知未成年人的父母或者其他监护人，充分听取其意见。** 公安机关不得因违反治安管理行为人的陈述、申辩而加重其处罚。	第九十四条　公安机关作出治安管理处罚决定前，应当告知违反治安管理行为人作出治安管理处罚的事实、理由及依据，并告知违反治安管理行为人依法享有的权利。 违反治安管理行为人有权陈述和申辩。公安机关必须充分听取违反治安管理行为人的意见，对违反治安管理行为人提出的事实、理由和证据，应当进行复核；违反治安管理行为人提出的事实、理由或者证据成立的，公安机关应当采纳。 公安机关不得因违反治安管理行为人的陈述、申辩而加重处罚。

【适用精解】

本条由 2012 年《治安管理处罚法》第九十四条修改而来。

本条是关于处罚告知程序的规定。

依据《中华人民共和国行政处罚法》第四十四条规定："行政机关在作出行政处罚决定之前，应当告知当事人拟作出的行政处罚内容及事实、理由、依据，并告知当事人依法享有的陈述、申辩、要求听证等权利。"本条第一款规定新增的"内容"二字，指拟作出治安管理处罚的处罚种类、处罚幅度以及不予处罚等内容。处罚告知程序是处罚决定过程中不可省略的重要程序。无论是普通程序，还是简易程序，办案人员都必须履行告知程序。适用普通程序作出行政处罚决定的，采用书面形式或者笔录形式告知。适用简易程序作出当场处罚决定的，可以采取口头形式告知。对因违法行为不能成立而拟作出不予处罚决定的，可以不履行本条第一款规定的告知程序。

本条第二款规定违反治安管理行为人的陈述和申辩权。办案人员告知违反治安管理行为人相关内容后，还必须充分听取违反治安管理行为人的意见。对行为人而言，处罚告知程序是处罚决定前的一次权利救济。对公安机关而言，处罚告知程序是减少冤假错案的一次纠错机会。对违反治安管理行为人提出的新的事实、理由和证据，办案人员应当进行复核。违反治安管理行为人提出的事实、理由或者证据成立的，公安机关应当采纳。同时为确保违反治安管理行为人的陈述和申辩权，本条第四款明确规定，公安机关不得因违反治安管理行为人的陈述、申辩而对其加重处罚。

本条第三款是新增内容，对处罚告知的对象作了补充规定。为保障未成年人的合法权益，违反治安管理行为人不满十八周岁的，除告知当事人外，还应当依照前两款的规定告知当事人的父母或者其他监护人，充分听取其意见。

值得注意的是，对违法行为事实清楚、证据确实、充分，依法应当予以行政处罚，由于违法行为人逃跑等原因无法履行告知义务的，公安机关可以采取公告方式予以告知。自公告之日起七日内，违法嫌疑人未提出申辩的，公安机关可以依法对其作出行政处罚决定。

【相关法律法规】

《中华人民共和国行政处罚法》《公安机关办理行政案件程序规定》等。

第一百一十三条 【治安案件调查结束后的处理】治安案件调查结束后，公安机关应当根据不同情况，分别作出以下处理：

（一）确有依法应当给予治安管理处罚的违法行为的，根据情节轻重及具体情况，作出处罚决定；

（二）依法不予处罚的，或者违法事实不能成立的，作出不予处罚决定；

（三）违法行为已涉嫌犯罪的，移送有关主管机关依法追究刑事责任；

（四）发现违反治安管理行为人有其他违法行为的，在对违反治安管理行为作出处罚决定的同时，通知或者移送有关主管机关处理。

对情节复杂或者重大违法行为给予治安管理处罚，公安机关负责人应当集体讨论决定。

【新旧对照】

修订后	修订前
第一百一十三条 治安案件调查结束后，公安机关应当根据不同情况，分别作出	第九十五条 治安案件调查结束后，公安机关应当根据不同情况，分别作出以下

续表

修订后	修订前
以下处理： （一）确有依法应当给予治安管理处罚的违法行为的，根据情节轻重及具体情况，作出处罚决定； （二）依法不予处罚的，或者违法事实不能成立的，作出不予处罚决定； （三）违法行为已涉嫌犯罪的，移送**有关**主管机关依法追究刑事责任； （四）发现违反治安管理行为人有其他违法行为的，在对违反治安管理行为作出处罚决定的同时，通知**或者移送**有关**主管机关**处理。 **对情节复杂或者重大违法行为给予治安管理处罚，公安机关负责人应当集体讨论决定。**	处理： （一）确有依法应当给予治安管理处罚的违法行为的，根据情节轻重及具体情况，作出处罚决定； （二）依法不予处罚的，或者违法事实不能成立的，作出不予处罚决定； （三）违法行为已涉嫌犯罪的，移送主管机关依法追究刑事责任； （四）发现违反治安管理行为人有其他违法行为的，在对违反治安管理行为作出处罚决定的同时，通知有关行政主管部门处理。

【适用精解】

本条由 2012 年《治安管理处罚法》第九十五条修改而来。

本条是关于治安案件调查结束后的处理程序的规定。

在治安案件调查结束后，公安机关应根据不同情况，对案件作出不同处理。本条在内容上的修改主要是增加了一款：对情节复杂或者重大违法行为给予治安管理处罚，公安机关负责人应当集体讨论决定。此外，本条对原条文的个别文字表述作了修改，使相关表达更严谨。

治安案件经过调查后的处理一般存在五种情形。一是确实存在违法行为，并应当给予行政处罚。此时，应根据其情节和危害后果的轻重，作出行政处罚决定。这是最常见的一种情形。二是确有违法行为，但存在依法不予行政处罚情形的，应作出不予处罚决定。如不满十四周岁的人违反治安管理的、精神病人、智力残疾人在不能辨认或者不能控制自己行为的时候违反治安管理的。当然，此种情形下如果有违法所得和非法财物的，应当予以追缴或收缴。三是违法事实不能成立的，作出不予行政处罚决定。所谓违法事实不能成立，是指证明违法事实成立的证据不足，即公安机关虽然尽到调查取证的义务，但收集的证据无法证明违法嫌疑人实施了违法行为。既然证据不足，则应不予处罚。当然，如果事后又发现新证据，违法行为能够认定的，则应当重新作出处理决定，并撤销原不予处罚决定。四是违法行为涉嫌犯罪的，移送有关主管机关依法追究刑事责任。违法行为构成犯罪，应当依法追究刑事责任的，不得以行政处罚代替刑事处罚。因此，违法行为涉嫌犯罪的，应当依据《中华人民共和国刑事诉讼法》第一百一十条的规定，移送有管辖权的机关追究刑事责任。这里有管辖的机关，包括监察机关、检察机关、国家安全机关以及公安机关内部承担刑事案件侦查的部门。五是发现违法行为人有其他违法行为的，在对违反治安管理行为作出处罚决定的同时，通知或者移送有关主管机关处理。此种情形也较为常见。公安机关在办理行政案件时，如发现当事人还存在受其他行政机关管辖的违法行为，应将其他违法行为移送给其他主管机关处理，有证据材料的，应一并移交。当然，移送时，应当移送给正确的主管机关。

　　本条新增规定，对情节复杂或者重大违法行为给予治安管理处罚，公安机关负责人应当集体讨论决定。实际上，这一要求在《中华人民共和国行政处罚法》第五十七条中即有规定，此次修改《治安管理处罚法》，增加了这一规定。正确理解这一要求，应注意四个方面：第一，集体讨论的案件范围。何为"情节复杂"和"重大违法行为"，需要参考相关规定进行判断。第二，参加讨论的人员。何为负责人，根据《最高人民法院关于适用〈中华人民共和国行政诉讼法〉的解释》，行政机关负责人，包括行政机关的正职、副职负责人以及其他参与分管的负责人。那么，对于县级公安机关办理的治安案件，应当由局长、政委、副局长以及其他局领导集体讨论决定。第三，集体讨论的时间节点。关于集体讨论的时间节点，为了保障集体讨论真正发挥实效，应在处罚告知后决定作出前最为适宜。第四，集体讨论的表决方式。为了实现这一制度的意义，应当由有表决权的与会人员投票决定，以超半数的意见为会议最终决定。

> **第一百一十四条　【处罚决定前的法制审核】** 有下列情形之一的，在公安机关作出治安管理处罚决定之前，应当由从事治安管理处罚决定法制审核的人员进行法制审核；未经法制审核或者审核未通过的，不得作出决定：
>
> （一）涉及重大公共利益的；
> （二）直接关系当事人或者第三人重大权益，经过听证程序的；
> （三）案件情况疑难复杂、涉及多个法律关系的。
>
> 公安机关中初次从事治安管理处罚决定法制审核的人员，应当通过国家统一法律职业资格考试取得法律职业资格。

【新旧对照】

修订后	修订前
第一百一十四条　有下列情形之一的，在公安机关作出治安管理处罚决定之前，应当由从事治安管理处罚决定法制审核的人员进行法制审核；未经法制审核或者审核未通过的，不得作出决定： （一）涉及重大公共利益的； （二）直接关系当事人或者第三人重大权益，经过听证程序的； （三）案件情况疑难复杂、涉及多个法律关系的。 　　公安机关中初次从事治安管理处罚决定法制审核的人员，应当通过国家统一法律职业资格考试取得法律职业资格。	

【适用精解】

　　本条为新增规定，2012年《治安管理处罚法》未作相关规定。

　　本条是关于治安管理处罚决定作出前的法制审核的规定。

　　处罚决定作出前的法制审核制度，对促进执法规范化、保障和监督公安机关依法行政、维护相关人权益均具有重要意义。关于这一制度，2014年《中共中央关于全面推进依法治国若干重大问题的决定》中已提出要"严格执行重大执法决定法制审核制度"。《中华人民共和国行政处罚法》第五十八条也明确规定了这一制度。从实务来看，这一做法也早已有之，此次修订的《治安管理处罚法》对这一制度进行了明确。本条第一款规定了必须进行法制审核的三种情形。这三种情形是从处罚决定涉及利益的重要程度和案情的疑难程度来确定的，落脚点均在重大处罚决定上。但是，从执法实务来看，公安机关办理的治安案件，除以派出所名义作出的决定和适用快速办理程序办理案件外，其他多数案件都经过了法制部门的法制审核。这实际上扩大了法制审核的适用范围，当然，这样一种扩大并不违背法制审核制度的本义，是被允许的。

　　本条第二款规定了法制审核人员的资格要求，即初次从事治安管理处罚决定法制审核的人员，应当通过国家统一法律职业资格考试取得法律职业资格。

　　值得注意的有以下三个方面：一是法制审核的时间点。法制审核是事前审核，也就是作出处罚决定之前进行审核。二是法制审核的内容。关于审核的内容，公安部相关规章规定，对行政案件进行审核、审批时，应当审查下列内容：违法嫌疑人的基本情况；案件事实是否清楚，证据是否确实、充分；案件定性是否准确；适用法律、法规和规章是否正确；办案程序是否合法；拟作出的处理决定是否适当。此外，办案民警制作的法律文书是否完备、规范也应审核。三是法制审核的方式，《国务院办公厅关于全面推行行政执法公示制度执法全过程记录制度重大执法决定法制审核制度的指导意见》规定，法制审核机构完成审核后，要根据不同情形，提出同意或者存在问题的书面审核意见。这里所说的书面审核意见，应是要求法制审核采取书面形式。但是，随着执法信息化建设的推进，公安机关办理案件均在执法办案系统中进行，法制审核实际上大多采取网上审核方式，这大大提升了审核效率。当然，在不违背法律、法规和规章的前提下，各地可根据内部监督与执法效率的需要，灵活采用不同的审核方式。

【相关法律法规】

《国务院办公厅关于全面推行行政执法公示制度执法全过程记录制度重大执法决定法制审核制度的指导意见》等。

第一百一十五条　【处罚决定书内容】公安机关作出治安管理处罚决定的，应当制作治安管理处罚决定书。决定书应当载明下列内容：

（一）被处罚人的姓名、性别、年龄、身份证件的名称和号码、住址；
（二）违法事实和证据；
（三）处罚的种类和依据；
（四）处罚的执行方式和期限；
（五）对处罚决定不服，申请行政复议、提起行政诉讼的途径和期限；
（六）作出处罚决定的公安机关的名称和作出决定的日期。
决定书应当由作出处罚决定的公安机关加盖印章。

【新旧对照】

修订后	修订前
第一百一十五条　公安机关作出治安管理处罚决定的，应当制作治安管理处罚决定书。决定书应当载明下列内容： （一）被处罚人的姓名、性别、年龄、身份证件的名称和号码、住址； （二）违法事实和证据； （三）处罚的种类和依据；	第九十六条　公安机关作出治安管理处罚决定的，应当制作治安管理处罚决定书。决定书应当载明下列内容： （一）被处罚人的姓名、性别、年龄、身份证件的名称和号码、住址； （二）违法事实和证据； （三）处罚的种类和依据；

续表

修订后	修订前
（四）处罚的执行方式和期限； （五）对处罚决定不服，申请行政复议、提起行政诉讼的途径和期限； （六）作出处罚决定的公安机关的名称和作出决定的日期。 决定书应当由作出处罚决定的公安机关加盖印章。	（四）处罚的执行方式和期限； （五）对处罚决定不服，申请行政复议、提起行政诉讼的途径和期限； （六）作出处罚决定的公安机关的名称和作出决定的日期。 决定书应当由作出处罚决定的公安机关加盖印章。

【适用精解】

本条来自 2012 年《治安管理处罚法》第九十六条，内容没有变化。

本条是关于治安管理处罚决定书的内容的规定。

本条第一款规定了治安管理处罚决定书应当载明的内容，具体来说，决定书应当载明：（1）被处罚人的姓名、性别、年龄、身份证件的名称和号码、住址。处罚对象为单位的，还应注明被处罚单位的名称、地址和法定代表人。处罚对象是外国人的，还应注明其国籍。此外，处罚对象如有工作单位和其他违法经历，也应注明。（2）违法事实和证据（如果存在从重、从轻、减轻等情节，同样应当注明）。（3）处罚的种类和依据。（4）处罚的执行方式和期限。（5）对涉案财物的处理结果及对被处罚人的其他处理情况。（6）对处罚决定不服，申请行政复议、提起行政诉讼的途径和期限。（7）作出处罚决定的公安机关的名称和作出决定的日期。

作出罚款处罚的，行政处罚决定书还应当载明逾期不缴纳罚款依法加处罚款的标准和最高限额，一般表述为"逾期不缴纳罚款的，每日按罚款数额的百分之三加处罚款，加处罚款的数额不超过罚款本数。"对于涉案财物，除了载明处理结果，还应附上收缴、追缴物品清单等文书。

为了促进执法规范化，公安部制发了《公安行政法律文书式样》，对各个文书的内容、格式作了明确。公安机关制作包括处罚决定书在内的各个文书时，应按照公安部的式样规范制作。

本条第二款规定，决定书应当由作出处罚决定的公安机关加盖印章。印章是公安政机关行使职权的重要凭证，加盖印章的处罚决定书代表处罚实施机关的意志，具有法律效力。因此，印章是具有法律效力的签名，没有加盖印章的处罚决定书不具有法律效力。当然，如果印章与作出处罚决定的公安机关的名称不一致，处罚决定不具有效力。

【相关法律法规】

《公安机关办理行政案件程序规定》等。

第一百一十六条 【处罚决定书宣告和送达】公安机关应当向被处罚人宣告治安管理处罚决定书,并当场交付被处罚人;无法当场向被处罚人宣告的,应当在二日以内送达被处罚人。决定给予行政拘留处罚的,应当及时通知被处罚人的家属。

有被侵害人的,公安机关应当将决定书送达被侵害人。

【新旧对照】

修订后	修订前
第一百一十六条 公安机关应当向被处罚人宣告治安管理处罚决定书,并当场交付被处罚人;无法当场向被处罚人宣告的,应当在二日**以内**送达被处罚人。决定给予行政拘留处罚的,应当及时通知被处罚人的家属。 有被侵害人的,公安机关应当将决定书**送达**被侵害人。	第九十七条 公安机关应当向被处罚人宣告治安管理处罚决定书,并当场交付被处罚人;无法当场向被处罚人宣告的,应当在二日内送达被处罚人。决定给予行政拘留处罚的,应当及时通知被处罚人的家属。 有被侵害人的,公安机关应当将决定书副本抄送被侵害人。

【适用精解】

本条由2012年《治安管理处罚法》第九十七条修改而来。

本条是关于治安管理处罚决定书的宣告与送达的规定。

本条规定,行政处罚决定作出后,应通过适当的方式向被处罚人宣告、送达。通过宣告、送达,一方面让被处罚人知晓处罚情况,并便于其履行处罚决定;另一方面也便于其救济权的行使,让其了解如何寻求救济。同理,如果案件存在被侵害人,处罚决定也要通过适当的方式告知被侵害人。

公安机关作出处罚决定后,应按照规定送达决定书,根据《公安机关办理行政案件程序规定》第三十六条规定,需要注意以下几个方面:第一,依照简易程序作出当场处罚决定的,应当将决定书当场交付被处罚人。第二,按照一般程序作出处罚决定的,应当在宣告后将决定书当场交付被处罚人,并由被处罚人在附卷的决定书上签名或者捺指印,即为送达;被处罚人拒绝的,由办案人民警察在附卷的决定书上注明;被处罚人不在场的,公安机关应当在作出决定的二日以内将决定书送达被处罚人。第三，送达法律文书应当首先采取直接送达方式，交给受送达人本人；受送达人不在的，可以交付其成年家属、所在单位的负责人员或者其居住地居（村）民委员会代收。受送达人本人或者代收人拒绝接收或者拒绝签名和捺指印的，送达人可以邀请其邻居或者其他见证人到场，说明情况，也可以对拒收情况进行录音录像，把文书留在受送达人处，在附卷的法律文书上注明拒绝的事由、送达日期，由送达人、见证人签名或者捺指印，即视为送达。无法直接送达的，委托其他公安机关代为送达，或者邮寄送达。经受送达人同意，可以采用传真、互联网通信工具等能够确认其收悉的方式送达。经采取上述送达方式仍无法送达的，可以公告送达。公告的范围和方式应当便于公民知晓，公告期限不得少于六十日。

值得注意的有以下两个方面：一是对于行政拘留处罚决定，除了向被处罚人宣告、送达，还应当及时通知被处罚人的家属。行政拘留决定一经作出，被处罚人就会被拘留所执行。为了使被处罚人家属知晓亲属被处罚的情况及下落，公安机关应将处罚情况和执行场所及时通知被处罚人家属。二是在送达的时间计算上，应参照《中华人民共和国民事诉讼法》的相关规定执行，即期间以时、日、月、年计算，期间开始之时或者开始之日不计算在内。法律文书送达的期间不包括路途上的时间。期间的最后一日是节假日的，以节假日后的第一日为期满日期。期间不包括在途时间，邮寄送达的，在期间届满前交邮的，不算过期。

第一百一十七条　【听证适用范围】公安机关作出吊销许可证件、处四千元以上罚款的治安管理处罚决定或者采取责令停业整顿措施前，应当告知违反治安管理行为人有权要求举行听证；违反治安管理行为人要求听证的，公安机关应当及时依法举行听证。

对依照本法第二十三条第二款规定可能执行行政拘留的未成年人，公安机关应当告知未成年人和其监护人有权要求举行听证；未成年人和其监护人要求听证的，公安机关应当及时依法举行听证。对未成年人案件的听证不公开举行。

前两款规定以外的案情复杂或者具有重大社会影响的案件，违反治安管理行为人要求听证，公安机关认为必要的，应当及时依法举行听证。

公安机关不得因违反治安管理行为人要求听证而加重其处罚。

【新旧对照】

修订后	修订前
第一百一十七条 公安机关作出吊销许可证件、处四千元以上罚款的治安管理处罚决定或者采取责令停业整顿措施前，应当告知违反治安管理行为人有权要求举行听证；违反治安管理行为人要求听证的，公安机关应当及时依法举行听证。 对依照本法第二十三条第二款规定可能执行行政拘留的未成年人，公安机关应当告知未成年人和其监护人有权要求举行听证；未成年人和其监护人要求听证的，公安机关应当及时依法举行听证。对未成年人案件的听证不公开举行。 前两款规定以外的案情复杂或者具有重大社会影响的案件，违反治安管理行为人要求听证，公安机关认为必要的，应当及时依法举行听证。 公安机关不得因违反治安管理行为人要求听证而加重其处罚。	第九十八条 公安机关作出吊销许可证以及处二千元以上罚款的治安管理处罚决定前，应当告知违反治安管理行为人有权要求举行听证；违反治安管理行为人要求听证的，公安机关应当及时依法举行听证。

【适用精解】

本条由2012年《治安管理处罚法》第九十八条修改而来。

本条是关于治安管理处罚的听证适用范围的规定。

本条规定了治安管理处罚中听证的适用范围，作为一项重要程序制度，对保障当事人权益具有重要意义。行政处罚既要追求公正，也要讲究效率。因此，听证的范围一般限于较重的行政处罚，而不是所有行政处罚。具体来说，《治安管理处罚法》规定了三种适用听证的情形：一是公安机关作出吊销许可证件、处四千元以上罚款的治安管理处罚决定或者采取责令停业整顿措施前，应当告知违反治安管理行为人有权要求举行。需要注意的是，这里的处四千元以上罚款，是针对单个违反治安管理行为而言的，不包括对两种以上违反治安管理行为分别决定合并执行罚款数额达到四千元的情形。二是依照《治安管理处罚法》第二十三条第二款规定可能执行行政拘留的未成年人，公安机关应当告知该未成年人和其监护人有权要求举行听证。此项规定是为了更好地保障未成年人的权益。三是除上述两种情形以外的其他案情复杂或者具有重大社会影响的案件，违反治安管理行为人要求听证，公安机关认为必要的，应当及时依法举行听证。此种情形下，是否举行听证，公安机关拥有裁量权，公安机关认为有必要进行听证的，才举行听证。值得注意的是，为了保障听证权真正得到落实，《治安管理处罚法》明确规定公安机关不得因行为人要求听证而对其加重处罚。

《中华人民共和国行政处罚法》第六十四条对听证如何组织作了具体规定。根据这一规定，公安机关组织听证可按以下程序进行：一是当事人要求听证的，应当在公安机关告知后五日内提出。二是公安机关应当在举行听证的七日前，通知当事人及有关人员听证的时间、地点。三是除涉及国家秘密、商业秘密或者个人隐私依法予以保密以及未成年人案件外，听证公开举行。四是听证由公安机关指定的非本案调查人员主持，一般情况下，由法制部门民警主持；当事人认为主持人与本案有直接利害关系的，有权申请其回避。五是当事人可以亲自参加听证，也可以委托一至二人代理。六是当事人及其代理人无正当理由拒不出席听证或者未经许可中途退出听证的，视为放弃听证权利，公安机关终止听证。七是举行听证时，调查人员提出当事人违法的事实、证据和行政处罚建议，当事人进行申辩和质证。八是听证应当制作笔录。笔录应当交当事人或者其代理人核对无误后签字或者盖章。当事人或者其代理人拒绝签字或者盖章的，由听证主持人在笔录中注明。听证结束后，公安机关应当根据听证笔录，对案件作出不同处理。

【相关法律法规】

《中华人民共和国行政处罚法》等。

> **第一百一十八条　【办案期限】** 公安机关办理治安案件的期限，自立案之日起不得超过三十日；案情重大、复杂的，经上一级公安机关批准，可以延长三十日。期限延长以二次为限。公安派出所办理的案件需要延长期限的，由所属公安机关批准。
>
> 为了查明案情进行鉴定的期间、听证的期间，不计入办理治安案件的期限。

【新旧对照】

修订后	修订前
第一百一十八条　公安机关办理治安案件的期限，自**立案**之日起不得超过三十日；案情重大、复杂的，经上一级公安机关批准，可以延长三十日。**期限延长以二次**	第九十九条　公安机关办理治安案件的期限，自受理之日起不得超过三十日；案情重大、复杂的，经上一级公安机关批准，可以延长三十日。

续表

修订后	修订前
为限。公安派出所办理的案件需要延长期限的，由所属公安机关批准。 为了查明案情进行鉴定的期间、听证的期间，不计入办理治安案件的期限。	为了查明案情进行鉴定的期间，不计入办理治安案件的期限。

【适用精解】

本条由2012年《治安管理处罚法》第九十九条修改而来。

本条是关于治安案件办案期限的规定。

公安机关办理治安案件的期限是指公安机关在立案之后起，对治安案件进行调查直至作出治安管理处罚决定的最长时间期限。本法将治安案件的办案期限规定为三十日。但对于案情重大、复杂的治安案件，在经上一级公安机关批准以后，其办案期限可以延长三十日，即六十日；在确有必要的情况下，治安案件可以在已经延长三十日的基础上，由上一级公安机关批准后再延长三十日，此时，治安案件的办案期限可以延长至九十日，但办案期限最多延长两次，之后不得以任何理由第三次申请延长。上述关于办案期限的规定所涉及的时间指的是包括节假日在内的连续计算的自然日，而非工作日。办理治安案件的期限在计算时，应从公安机关立案的次日开始计算，公安机关立案当日不计算在内。同时，作为公安（分）局的派出机构，公安派出所在相关法律规定的授权下可以对部分治安管理案件进行管辖，具有独立的执法主体资格。此时，若公安派出所在办理治安案件时需要延长办案期限，其延长期限的申请当由公安派出所所属的公安（分）局进行批准。

为了查明案情，对于需要就专门性问题进行鉴定的治安案件，公安机关应当依法进行鉴定；同时，对于当事人依法申请，需要公安机关组织听证的治安案件，公安机关亦当依法组织听证。根据本条的规定，鉴定时间和听证所占用的时间依法不计入公安机关的办案期限。但就实践中出现的与查明案情无关的鉴定和听证活动，其所占用的时间不在此列。

此外，受理治安案件的公安机关对于需要延长办案期限的案件，要在当下办案期限届满之前向上一级公安机关提出申请，上一级公安机关也应在当下办案期限届满之前对延长办案期限的申请作出是否同意延长办案期限的决定。

同时，治安案件的办理并不因办案期限的到期而终止，对于已超过办案期限但事实上仍未办结的治安案件，公安机关仍需继续办理，将治安案件尽快依法办结，不得以超过办案期限为由终止案件的办理。

第一百一十九条　【当场处罚条件】违反治安管理行为事实清楚，证据确凿，处警告或者五百元以下罚款的，可以当场作出治安管理处罚决定。

【新旧对照】

修订后	修订前
第一百一十九条　违反治安管理行为事实清楚，证据确凿，处警告或者**五百元以下罚款**的，可以当场作出治安管理处罚决定。	第一百条　违反治安管理行为事实清楚，证据确凿，处警告或者二百元以下罚款的，可以当场作出治安管理处罚决定。

【适用精解】

本条由 2012 年《治安管理处罚法》第一百条修改而来。

本条是关于适用当场处罚程序条件的规定。为了保证治安案件得到及时处理，公安机关可以在保证公正执法的前提下，依法对特定治安案件的处罚程序进行简化，通过当场作出治安管理处罚决定来降低执法成本、提高行政效率，是繁简分流理念的具体体现。

治安案件适用当场处罚程序需要具备以下条件：

一是事实清楚，证据确凿。在治安案件中适用当场处罚程序，首先要确保事实清楚，证据确凿，即案件事实清楚明了，相应证据确实、充分，因果关系明确，人民警察对案情可以当场作出判断，客观上没有继续进行调查取证的必要。适用当场处罚程序的核心在于平衡行政的效率追求和行政程序的完备性，不能片面地追求行政效率而罔顾案件事实。对于那些存在尚未查清的事实，需要进一步收集证据，继续调查核实的治安案件，一律不得适用当场处罚程序进行处理。

二是处罚内容为警告或者较低数额的罚款。适用当场处罚程序意味着在一定程度上简化治安管理处罚决定的作出程序，而这将不可避免地影响治安管理处罚决定的内容，将当场处罚程序的适用限定在那些对当事人权益影响不大的治安案件中，最大限度地限制了因简化处罚程序而给当事人带来的权利影响。目前，适用当场处罚的治安案件仅限于两类行政处罚：警告或者五百元以下的罚款。其中，警告是一种以精神惩戒来促使违法行为人纠正违法行为的申诫罚，对当事人的权利义务影响较小；而罚款是一种要求违法行为人缴纳一定金钱的处罚方式，五百元以下的罚款对当事人的负担也相对有限。该规定与我国当前的行政执法实际与社会经济发展水平相适应。同时，警告或者五百元以下的罚款指的是根据违反治安管理的具体行为的性质、情节、危害程度等因素应当被处以警告或者五百元以下的罚款,而不是指法律、法规、规章对该种违反治安管理行为的法定最高处罚。

值得注意的是,并非所有满足上述条件的治安案件都必须适用当场处罚程序。人民警察在办理治安案件的过程中,应当根据案件的具体情况,结合当地的执法资源、案件的社会影响等因素,依法采取适当的程序进行办理。

> **第一百二十条 【当场处罚程序】** 当场作出治安管理处罚决定的,人民警察应当向违反治安管理行为人出示人民警察证,并填写处罚决定书。处罚决定书应当当场交付被处罚人;有被侵害人的,并应当将决定书送达被侵害人。
>
> 前款规定的处罚决定书,应当载明被处罚人的姓名、违法行为、处罚依据、罚款数额、时间、地点以及公安机关名称,并由经办的人民警察签名或者盖章。
>
> 适用当场处罚,被处罚人对拟作出治安管理处罚的内容及事实、理由、依据没有异议的,可以由一名人民警察作出治安管理处罚决定,并应当全程同步录音录像。
>
> 当场作出治安管理处罚决定的,经办的人民警察应当在二十四小时以内报所属公安机关备案。

【新旧对照】

修订后	修订前
第一百二十条 当场作出治安管理处罚决定的,人民警察应当向违反治安管理行为人出示**人民警察证**,并填写处罚决定书。处罚决定书应当当场交付被处罚人;有被侵害人的,并**应当将决定书送达被侵害人。** 前款规定的处罚决定书,应当载明被处罚人的姓名、违法行为、处罚依据、罚款数额、时间、地点以及公安机关名称,并由经办的人民警察签名或者盖章。 **适用当场处罚,被处罚人对拟作出治安管理处罚的内容及事实、理由、依据没有异议的,可以由一名人民警察作出治安管理处罚决定,并应当全程同步录音录像。** 当场作出治安管理处罚决定的,经办的人民警察应当在二十四小时**以内**报所属公安机关备案。	第一百零一条 当场作出治安管理处罚决定的,人民警察应当向违反治安管理行为人出示工作证件,并填写处罚决定书。处罚决定书应当当场交付被处罚人;有被侵害人的,并将决定书副本抄送被侵害人。 前款规定的处罚决定书,应当载明被处罚人的姓名、违法行为、处罚依据、罚款数额、时间、地点以及公安机关名称,并由经办的人民警察签名或者盖章。 当场作出治安管理处罚决定的,经办的人民警察应当在二十四小时内报所属公安机关备案。

【适用精解】

本条由 2012 年《治安管理处罚法》第一百零一条修改而来。

本条是关于治安管理过程中当场处罚决定程序的规定。按照本条规定，人民警察当场作出治安管理处罚的决定程序包括以下内容：

一是警察身份的表明。治安管理处罚应当由具有执法资格的人民警察实施。了解执法人员的执法身份，是当事人依法享有的权利。人民警察证是表明人民警察身份的法定证件。人民警察在对被处罚人当场作出治安管理处罚的决定时，应当向被处罚人主动出示人民警察证，表明其警察身份。无论作出处罚决定的人民警察是否身着公安机关人民警察的制式服装，都需要向被处罚人出示人民警察证。

二是处罚决定书的填写与交付。治安管理处罚决定书是公安机关对违反治安管理的当事人依法给予行政处罚、载明处罚内容的法律文书。人民警察当场作出治安管理处罚决定的，无须公安机关负责人批准，但需要当场填写并交付处罚决定书。公安机关在当场处罚程序中出具的处罚决定书应有预定格式并编有号码，处罚决定书上当载明被处罚人的姓名、违法行为、处罚依据、罚款数额、时间、地点以及作出处罚决定的公安机关的名称等基本内容，同时，经办的人民警察需在处罚决定书上签名或盖章。经办的人民警察在填写好"治安管理处罚决定书"以后，应当将"治安管理处罚决定书"当场交付被处罚人。有被侵害人的，也应将"治安管理处罚决定书"送达被侵害人，送达方式可以依照《中华人民共和国民事诉讼法》以及相关司法解释关于"送达"的规定进行送达。

三是当场处罚程序的简化。与一般的治安管理处罚程序一样，在当场处罚程序中，人民警察应当在作出治安管理处罚决定前将拟作出的治安管理处罚内容及事实、理由、依据等事项告知被处罚人，以确保被处罚人陈述、申辩等权利。但在被处罚人对人民警察告知的上述内容没有异议的情况下，为了进一步简化处罚程序以节约执法成本、提高行政效率，当场处罚决定可以由一名人民警察直接作出。由一名人民警察作出治安管理处罚决定时应当全程录音录像对当场处罚程序进行记录，强化执法过程的监督，以确保处罚决定的合法性和公正性。

四是处罚决定的备案。当场处罚是人民警察代表公安机关对符合特定条件的治安管理案件即时作出处罚决定的行政行为，不同于一般的治安管理处罚行为，当场处罚决定的作出未经公安机关的审查或审批。故而为了加强对当场处罚行为的监督，规范人民警察依法行使职权，进一步保护公民、法人和其他组织的合法权利，人民警察在当场作出治安管理处罚决定以后，应当在二十四小时以内报所属公安机关备案。公安机关在接收到备案材料后，应当就当场处罚决定的内容、事实、依据、理由等事项进行审查，对存在问题的处罚决定要及时予以纠正。

第一百二十一条　【救济途径】被处罚人、被侵害人对公安机关依照本法规定作出的治安管理处罚决定，作出的收缴、追缴决定，或者采取的有关限制性、禁止性措施等不服的，可以依法申请行政复议或者提起行政诉讼。

【新旧对照】

修订后	修订前
第一百二十一条　被处罚人、**被侵害人对公安机关依照本法规定作出的**治安管理处罚决定，**作出的收缴、追缴决定，或者采取的有关限制性、禁止性措施等**不服的，可以依法申请行政复议或者提起行政诉讼。	第一百零二条　被处罚人对治安管理处罚决定不服的，可以依法申请行政复议或者提起行政诉讼。

【适用精解】

本条由 2012 年《治安管理处罚法》第一百零二条修改而来。

本条是关于被处罚人、被侵害人的法律救济途径的规定。《中华人民共和国行政复议法》第十一条规定："有下列情形之一的，公民、法人或者其他组织可以依照本法申请行政复议：（一）对行政机关作出的行政处罚决定不服……"《中华人民共和国行政诉讼法》第十二条规定："人民法院受理公民、法人或者其他组织提起的下列诉讼：（一）对行政拘留、暂扣或者吊销许可证和执照、责令停产停业、没收违法所得、没收非法财物、罚款、警告等行政处罚不服的……"本条规定进一步明确了被处罚人和被侵害人寻求法律救济的权利，无论是治安案件中的被处罚人，还是治安案件所涉及的被侵害人，只要他们对公安机关依照《治安管理处罚法》作出的治安管理处罚规定不服，就拥有依法申请行政复议或者提起行政诉讼的权利。公安机关在作出治安管理处罚决定时，需要在治安管理处罚决定书上载明当事人申请行政复议或提起行政诉讼的途径和期限以告知当事人相应的法律救济途径。

公安机关在办理治安案件的过程中，也可能作出或采取包括收缴、追缴以及其他限制性、禁止性措施等不属于行政处罚的行政行为。公安机关的这些行为与其作出或执行相应的治安管理处罚决定有着密切的关系，同样是公安机关以《治安管理处罚法》为依据作出的行政行为，也有可能会侵犯当事人的合法权益。被处罚人或被侵害人对公安机关依照《治安管理处罚法》作出的收缴、追缴决定，或者采取的有关限制性、禁止性措施等不服的，同样有权申请行政复议或者提起行政诉讼。

原则上，治安案件中的被处罚人、被侵权人对于公安机关在治安管理过程中侵害其合法权益的行政行为，可以自行选择以行政复议或是行政诉讼的方式来维护自身权益。不过，根据《中华人民共和国行政复议法》第二十三条，对于当场处罚的治安案件，被处罚人或被侵害人对公安机关当场作出的治安管理处罚决定不服的，应当先向行政复议机关申请行政复议；行政复议决定作出后，若被处罚人或被侵害人对该行政复议决定仍旧不服，才可以再依法向人民法院提起行政诉讼。且公安机关在当场作出治安管理处罚决定时，也应告知当事人要先向行政复议机关申请行政复议，不得直接提起行政诉讼。

【相关法律法规】

《中华人民共和国行政复议法》《中华人民共和国行政诉讼法》等。

第三节 执 行

> 第一百二十二条　【行政拘留处罚的投所执行和异地执行】对被决定给予行政拘留处罚的人，由作出决定的公安机关送拘留所执行；执行期满，拘留所应当按时解除拘留，发给解除拘留证明书。
> 被决定给予行政拘留处罚的人在异地被抓获或者有其他有必要在异地拘留所执行情形的，经异地拘留所主管公安机关批准，可以在异地执行。

【新旧对照】

修订后	修订前
第一百二十二条　对被决定给予行政拘留处罚的人，由作出决定的公安机关送拘留所执行；**执行期满，拘留所应当按时解除拘留，发给解除拘留证明书。** **被决定给予行政拘留处罚的人在异地被抓获或者有其他有必要在异地拘留所执行情形的，经异地拘留所主管公安机关批准，可以在异地执行。**	第一百零三条　对被决定给予行政拘留处罚的人，由作出决定的公安机关送达拘留所执行。

【适用精解】

本条由 2012 年《治安管理处罚法》第一百零三条修改而来。

本条是关于行政拘留处罚的投所执行和异地执行的规定。

本条在内容上作出如下修改：

一是本条第一款规定了行政拘留处罚的投所执行，明确了由作出行政拘留处罚决定的公安机关负责将被拘留人送至拘留所交付执行。需要注意的是，本款新增规定了拘留所负有按期解除行政拘留的职责，即拘留所应当在拘留执行期满后按时解除拘留，同时发给解除拘留证明书以为证明。

二是本条新增第二款规定了行政拘留处罚的异地执行。

首先，行政拘留处罚异地执行的情形包括：（1）被决定给予行政拘留处罚的人在异地被抓获；（2）其他有必要在异地拘留所执行的情形。

其次，行政拘留处罚异地执行在程序上必须经异地拘留所主管公安机关的批准。

最后，行政拘留处罚异地执行由作出行政拘留处罚决定的公安机关裁量决定。

本条修改的重要意义在于新增了行政拘留处罚异地执行条款。随着我国社会经济繁荣，人员跨区域流动日益频繁，造成当需要对被处罚人执行行政拘留处罚，但被处罚人不在行政拘留处罚执行机关的辖区时，被处罚人所在地公安机关和行政拘留执行公安机关之间可能因信息沟通不畅、协作规定不清、执行程序不明等因素难以有效执行行政拘留处罚，影响了行政拘留处罚的威慑力和治安管理的有效性。新增条款明确了行政拘留异地执行的实体要件和程序要求，强化了不同地区公安机关的协同执法能力，能够迅速有效地处置跨区域违法活动，维护社会治安秩序。

【相关法律法规】

《公安机关办理行政案件程序规定》等。

第一百二十三条　【罚款缴纳程序和当场收缴罚款的适用】 受到罚款处罚的人应当自收到处罚决定书之日起十五日以内，到指定的银行或者通过电子支付系统缴纳罚款。但是，有下列情形之一的，人民警察可以当场收缴罚款：

（一）被处二百元以下罚款，被处罚人对罚款无异议的；

（二）在边远、水上、交通不便地区，旅客列车上或者口岸，公安机关及其人民警察依照本法的规定作出罚款决定后，被处罚人到指定的银行或者通过电子支付系统缴纳罚款确有困难，经被处罚人提出的；

（三）被处罚人在当地没有固定住所，不当场收缴事后难以执行的。

【新旧对照】

修订后	修订前
第一百二十三条　受到罚款处罚的人应当自收到处罚决定书之日起十五日**以内**，到指定的银行**或者通过电子支付系统**缴纳罚款。但是，有下列情形之一的，人民警察可以当场收缴罚款： （一）被处**二百元**以下罚款，被处罚人对罚款无异议的； （二）在边远、水上、交通不便地区，**旅客列车上或者口岸**，公安机关及其人民警察依照本法的规定作出罚款决定后，被处罚人**到指定的银行或者通过电子支付系统**缴纳罚款确有困难，经被处罚人提出的； （三）被处罚人在当地没有固定住所，不当场收缴事后难以执行的。	第一百零四条　受到罚款处罚的人应当自收到处罚决定书之日起十五日内，到指定的银行缴纳罚款。但是，有下列情形之一的，人民警察可以当场收缴罚款： （一）被处五十元以下罚款，被处罚人对罚款无异议的； （二）在边远、水上、交通不便地区，公安机关及其人民警察依照本法的规定作出罚款决定后，被处罚人向指定的银行缴纳罚款确有困难，经被处罚人提出的； （三）被处罚人在当地没有固定住所，不当场收缴事后难以执行的。

【适用精解】

本条由 2012 年《治安管理处罚法》第一百零四条修改而来。

本条是关于被罚款人缴纳罚款程序和适用当场收缴罚款情形的规定。

本条在内容上作出如下修改：

一是增加规定了被罚款处罚的人自行缴纳罚款的途径，除到指定的银行缴纳，还可以通过电子支付系统缴纳罚款，确认了在实践中已经广泛使用的这一支付方式的合法性。修改后的条文与《中华人民共和国行政处罚法》第六十七条第三款规定一致，不仅更为便民，也有助于提升执法效率。

二是修改了人民警察可以当场收缴罚款的情形。

1. 在第一项规定的被处罚人对罚款无异议的情形中，将罚款数额由"五十元"提升至"二百元"。

2. 在第二项规定的被处罚人自行缴纳罚款有困难，主动提出当场缴纳的情形中，在"边远、水上、交通不便地区"的基础上增加规定了"旅客列车上或者口岸"，扩大本条款适用范围，更为便民；同时，在向"指定银行缴纳罚款确有困难"的基础上，增加规定了"通过电子支付系统缴纳罚款确有困难"的情形，以与本法前述修改相呼应。应注意的是，该情形对罚款的数额并无限制。

对于本条第三项规定的对于被处罚人在当地没有固定住所，不当场收缴事后难以执行的情形，内容没有变化。

本条修改的重要意义在于,通过增加罚款缴纳的便捷途径,提高当场收缴罚款的数额、增加当场收缴罚款的场景等,减轻被罚款人的负担,方便其缴纳罚款,体现出人性管理、柔性执法的便民原则;同时,也有利于罚款的收缴,提升治安管理的效率。

【相关法律法规】

《中华人民共和国行政处罚法》《公安机关办理行政案件程序规定》等。

第一百二十四条 【当场收缴罚款缴付程序和时限】 人民警察当场收缴的罚款,应当自收缴罚款之日起二日以内,交至所属的公安机关;在水上、旅客列车上当场收缴的罚款,应当自抵岸或者到站之日起二日以内,交至所属的公安机关;公安机关应当自收到罚款之日起二日以内将罚款缴付指定的银行。

【新旧对照】

修订后	修订前
第一百二十四条 人民警察当场收缴的罚款,应当自收缴罚款之日起二日**以内**,交至所属的公安机关;在水上、旅客列车上当场收缴的罚款,应当自抵岸或者到站之日起二日**以内**,交至所属的公安机关;公安机关应当自收到罚款之日起二日**以内**将罚款缴付指定的银行。	第一百零五条 人民警察当场收缴的罚款,应当自收缴罚款之日起二日内,交至所属的公安机关;在水上、旅客列车上当场收缴的罚款,应当自抵岸或者到站之日起二日内,交至所属的公安机关;公安机关应当自收到罚款之日起二日内将罚款缴付指定的银行。

【适用精解】

本条由2012年《治安管理处罚法》第一百零五条修改而来。

本条是关于人民警察当场收缴罚款缴付程序和时限的规定。

本条在内容上未作实质性修改,只是将"二日内"改为"二日以内",以与本法第一百四十三条所规定之"本法所称以上、以下、以内,包括本数"呼应一致。

本条首先规定了当场收缴罚款的缴付程序。根据本法第一百三十五条规定,罚款应执行"罚缴分离"原则。立法基于便民原则、执法效率等因素特别授权公安机关人民警察在法定特殊情形下可以当场收缴罚款,但是,为了确保人民警察当场收缴的罚款能够及时、全部上缴国库,确保职务廉洁性,防止国家利益因罚款流失而受损,本条明确了当场收缴罚款的缴付程序,即先由负责当场执行罚款处罚的人民警察将罚款交至其所属公安机关,再由该公安机关缴付指定的银行。

本条其次规定了当场收缴罚款的缴付期限。依据我国相关财务制度规定,公安机关当日所收罚款应在当日缴付银行,但基于公安机关人民警察当场收缴罚款的特殊场景,如果要求当日即将收缴罚款缴付银行,将加重一线执法民警的工作负担,甚至影响罚款处罚的正确适用。鉴于此,本条适当放宽了当场收缴罚款的缴付期限,规定在一般情况下,当场收缴罚款的缴付期限是自人民警察当场收缴罚款之日起二日内;但在水上、旅客列车上当场收缴罚款的特定情形,罚款的缴付期限是自人民警察抵岸或者到站之日起二日内。

第一百二十五条 【当场收缴罚款应出具专用票据】人民警察当场收缴罚款的,应当向被处罚人出具省级以上人民政府财政部门统一制发的专用票据;不出具统一制发的专用票据的,被处罚人有权拒绝缴纳罚款。

【新旧对照】

修订后	修订前
第一百二十五条 人民警察当场收缴罚款的,应当向被处罚人出具**省级以上**人民政府财政部门统一制发的**专用票据**;不出具统一制发的**专用票据**的,被处罚人有权拒绝缴纳罚款。	第一百零六条 人民警察当场收缴罚款的,应当向被处罚人出具省、自治区、直辖市人民政府财政部门统一制发的罚款收据;不出具统一制发的罚款收据的,被处罚人有权拒绝缴纳罚款。

【适用精解】

本条由2012年《治安管理处罚法》第一百零六条修改而来。

本条是关于人民警察当场收缴罚款必须出具统一制发专用票据的规定。

本条在内容上作出如下修改:

一是将"罚款收据"改为"专用票据"。为防止公安机关及其人民警察利用当场收缴罚款机会乱罚款、滥罚款,甚至私自截留、坐支、挪用、私分、侵吞罚款的乱象,严格规范人民警察当场收缴罚款行为,同时依照《中华人民共和国行政处罚法》第七十条规定,本条明确规定当场收缴罚款必须出具"专用票据"。

二是根据《财政票据管理办法》,专用票据由国务院财政部门或者省、自治区、直辖市人民政府财政部门统一制发,其他任何机关、部门、单位无权制发罚款票据。据此规定,本条将专用票据的制定主体由省级人民政府财政部门扩展至

"省级以上"人民政府财政部门,包括省、自治区、直辖市人民政府财政部门和国务院财政部门。修改后的条文符合《中华人民共和国行政处罚法》第七十条规定,同时也简化了相关表述。

人民警察当场收缴罚款但不出具专用票据,或者出具不符合本条规定专用票据的,均属于违法行为,被处罚人有权拒绝缴纳,同时,可依据本法第一百三十三条第二款规定,向公安机关或者人民检察院、监察机关检举、控告。

本条修改的重要意义在于,加强对公安机关及其人民警察的监督管理,更为严格地规范人民警察当场收缴罚款这一"罚缴分离"原则的例外情形,防止出现当场收缴的罚款被私分、截留、挪用等乱象,确保所收缴罚款全额上缴国库。

【相关法律法规】

《中华人民共和国行政处罚法》《财政票据管理办法》等。

第一百二十六条 【行政拘留暂缓执行适用条件和程序】被处罚人不服行政拘留处罚决定,申请行政复议、提起行政诉讼的,遇有参加升学考试、子女出生或者近亲属病危、死亡等情形的,可以向公安机关提出暂缓执行行政拘留的申请。公安机关认为暂缓执行行政拘留不致发生社会危险的,由被处罚人或者其近亲属提出符合本法第一百二十七条规定条件的担保人,或者按每日行政拘留二百元的标准交纳保证金,行政拘留的处罚决定暂缓执行。

正在被执行行政拘留处罚的人遇有参加升学考试、子女出生或者近亲属病危、死亡等情形,被拘留人或者其近亲属申请出所的,由公安机关依照前款规定执行。被拘留人出所的时间不计入拘留期限。

【新旧对照】

修订后	修订前
第一百二十六条 被处罚人不服行政拘留处罚决定,申请行政复议、提起行政诉讼的,**遇有参加升学考试、子女出生或者近亲属病危、死亡等情形的**,可以向公安机关提出暂缓执行行政拘留的申请。公安机关认为暂缓执行行政拘留不致发生社会危险的,由被处罚人或者其近亲属提出符合本法**第一百二十七条**规定条件的担保人,或者按每日行政拘留二百元的标准交纳保证金,行政拘留的处罚决定暂缓执行。	第一百零七条 被处罚人不服行政拘留处罚决定,申请行政复议、提起行政诉讼的,可以向公安机关提出暂缓执行行政拘留的申请。公安机关认为暂缓执行行政拘留不致发生社会危险的,由被处罚人或者其近亲属提出符合本法第一百零八条规定条件的担保人,或者按每日行政拘留二百元的标准交纳保证金,行政拘留的处罚决定暂缓执行。

续表

修订后	修订前
正在被执行行政拘留处罚的人遇有参加升学考试、子女出生或者近亲属病危、死亡等情形，被拘留人或者其近亲属申请出所的，由公安机关依照前款规定执行。被拘留人出所的时间不计入拘留期限。	

【适用精解】

本条由 2012 年《治安管理处罚法》第一百零七条修改而来。

本条是关于行政拘留暂缓执行适用条件和程序的规定。

本条在内容上作出如下修改：

一是本条第一款规定的行政拘留暂缓执行适用条件中，扩大了被处罚人申请行政拘留暂缓执行的前提条件，新增"遇有参加升学考试、子女出生或者近亲属病危、死亡等情形"。新增规定将行政拘留暂缓执行与行政复议、行政诉讼"解绑"，即使被处罚人没有申请行政复议或者提起行政诉讼，只要符合本条款新增规定的情形，其依然有权申请暂缓执行行政拘留；同理，被处罚人申请行政复议或者提起行政诉讼，即使行政复议机关作出不予受理或维持决定，或者人民法院作出不予立案或驳回诉讼请求的裁判，只要符合本条款新增规定的情形，被处罚人依然有权申请暂缓执行行政拘留。

二是本条新增第二款，规定了行政拘留处罚暂缓执行中特殊的中止执行，准许被拘留人临时外出的规定，其适用的条件和程序如下：

1. 对象是正在被执行行政拘留的人。

2. 正在被执行行政拘留的人符合"参加升学考试、子女出生或者近亲属病危、死亡等情形"，并提出了行政拘留暂缓执行申请。

3. 公安机关认为暂缓执行行政拘留不致发生社会危险。

4. 申请人或其近亲属提供了符合法定条件的担保人，或者按照法定标准交纳保证金。

同时，公安机关应严格审核此类申请，确保情况属实，防止出现逃避行政拘留处罚执行的情况，提高执法的精准性和公正性。

公安机关作出行政拘留中止执行决定，准许被拘留人临时外出后，被拘留人出所的时间不计入拘留期限，待法定情形消除后，由作出决定的公安机关恢复执行行政拘留。

本条修改的重要意义在于，通过将"参加升学考试、子女出生或者近亲属病危、死亡等情形"列入行政拘留暂缓执行适用条件以及增设中止执行条款，反映出法律对公民基本权利和人道需求的尊重，体现了法律温情的一面，在治安管理实践中，不仅要落实严格执法的强度，也要体现柔性执法的温度，体现执法的人性化，这并非对违法者的纵容，而是在维护法律严肃性的同时，兼顾了社会情理，有利于缓解被拘留人及其家属的对立情绪，有效化解执法纠纷和社会矛盾。

> **第一百二十七条　【担保人条件】**担保人应当符合下列条件：
> （一）与本案无牵连；
> （二）享有政治权利，人身自由未受到限制；
> （三）在当地有常住户口和固定住所；
> （四）有能力履行担保义务。

【新旧对照】

修订后	修订前
第一百二十七条　担保人应当符合下列条件： （一）与本案无牵连； （二）享有政治权利，人身自由未受到限制； （三）在当地有常住户口和固定住所； （四）有能力履行担保义务。	第一百零八条　担保人应当符合下列条件： （一）与本案无牵连； （二）享有政治权利，人身自由未受到限制； （三）在当地有常住户口和固定住所； （四）有能力履行担保义务。

【适用精解】

本条由2012年《治安管理处罚法》第一百零八条延续而来，在内容上未作修改。

本条是关于行政拘留处罚暂缓执行担保人条件的规定。

具有行政拘留暂缓执行的担保人资格的关键，是判断其是否具有保证被拘留人在行政拘留暂缓执行期间不逃避行政拘留执行的人格和信誉，并依据以下形式要件予以判断：

首先，与本案无牵连是指担保人与被拘留人涉及的治安案件无任何利害关系。

其次，担保人不仅没有因违法犯罪行为被剥夺政治权利，而且也没有被限制人身自由，这两个条件缺一不可，必须同时具备。

再次，担保人在作出行政拘留处罚决定的公安机关的所在地（市、县、旗等），不仅有常住户口，同时还有固定的住所，以对被担保人实施有效的监督管理。

最后，担保人具有履行担保义务的能力，包括具有完全的民事行为能力、身体状况良好、在当地有一定的信用度、对被担保人有一定的约束力等。

> **第一百二十八条　【担保人义务与法律责任】**担保人应当保证被担保人不逃避行政拘留处罚的执行。
> 　　担保人不履行担保义务，致使被担保人逃避行政拘留处罚的执行的，处三千元以下罚款。

【新旧对照】

修订后	修订前
第一百二十八条　担保人应当保证被担保人不逃避行政拘留处罚的执行。 　　担保人不履行担保义务，致使被担保人逃避行政拘留处罚的执行的，处三千元以下罚款。	第一百零九条　担保人应当保证被担保人不逃避行政拘留处罚的执行。 　　担保人不履行担保义务，致使被担保人逃避行政拘留处罚的执行的，由公安机关对其处三千元以下罚款。

【适用精解】

本条由 2012 年《治安管理处罚法》第一百零九条修改而来。

本条是有关行政拘留处罚暂缓执行担保人的担保义务以及不履行担保义务应承担法律责任的规定。

本条除了第二款将"由公安机关对其"删除外，在内容上未作实质性修改。

本条第一款规定了担保人应履行的担保义务，即保证被担保人不逃避行政拘留处罚的执行。具体而言，首先，根据《公安机关办理行政案件程序规定》第二百二十六条，担保人要保证被担保人遵守下列规定：（1）未经决定机关批准不得离开所居住的市、县；（2）住址、工作单位和联系方式发生变动的，在二十四小时以内向决定机关报告；（3）在行政复议和行政诉讼中不得干扰证人作证、伪造证据或者串供；（4）不得逃避、拒绝或者阻碍处罚的执行。其次，担保人发现被担保人伪造证据、串供或者逃跑的，及时向公安机关报告。

本条第二款规定了担保人不履行担保义务的法律责任。具体而言：（1）担保人客观上不履行担保义务，并且造成被担保人逃避行政拘留处罚执行的后果；（2）担保人主观上是故意，即故意不履行担保义务致使被担保人逃避行政拘留处罚的执行。如果担保人履行了担保义务，但被担保人仍逃避行政拘留处罚执行的，或者被担保人逃跑后，担保人积极帮助公安机关抓获被担保人的，可以从轻或者不予行政处罚。

【相关法律法规】

《公安机关办理行政案件程序规定》等。

第一百二十九条　【保证金没收】 被决定给予行政拘留处罚的人交纳保证金，暂缓行政拘留或者出所后，逃避行政拘留处罚的执行的，保证金予以没收并上缴国库，已经作出的行政拘留决定仍应执行。

【新旧对照】

修订后	修订前
第一百二十九条　被决定给予行政拘留处罚的人交纳保证金，暂缓行政拘留**或者出所后**，逃避行政拘留处罚的执行的，保证金予以没收并上缴国库，已经作出的行政拘留决定仍应执行。	第一百一十条　被决定给予行政拘留处罚的人交纳保证金，暂缓行政拘留后，逃避行政拘留处罚的执行的，保证金予以没收并上缴国库，已经作出的行政拘留决定仍应执行。

【适用精解】

本条由2012年《治安管理处罚法》第一百一十条修改而来。

本条是关于在行政拘留暂缓执行中，交纳保证金的被拘留人逃避行政拘留执行应负法律责任的规定。

一是没收被拘留人或其近亲属交纳的保证金，并上缴国库。没收保证金是对被拘留人逃避行政拘留处罚执行的一种惩罚，对没收的保证金，公安机关应当依照相关规定及时上缴国库，严禁截留、坐支、挪用或者以其他任何形式侵吞被没收的保证金。

二是执行已作出的行政拘留处罚。被拘留人在暂缓执行行政拘留期间逃避行政拘留执行的，已经充分证明其不符合本法第一百二十六条规定的行政拘留暂缓执行的适用条件（公安机关认为暂缓执行行政拘留不致发生社会危险的），作出行政拘留处罚决定的公安机关应依据本法第一百二十二条规定，将被拘留人送拘留所执行。

需要注意的是，对被拘留人在暂缓执行后逃避行政拘留处罚决定的，应同时没收保证金和执行行政拘留，不得以没收保证金替代执行行政拘留处罚。

本条在内容上的修改是，增加规定了已被执行的被拘留人申请中止执行，并被准许临时离开拘留所后，逃避行政拘留处罚执行的情形，以便与本法第一百二十六条第二款规定呼应并衔接适用。

> **第一百三十条　【保证金退还】**行政拘留的处罚决定被撤销，行政拘留处罚开始执行，或者出所后继续执行的，公安机关收取的保证金应当及时退还交纳人。

【新旧对照】

修订后	修订前
第一百三十条　行政拘留的处罚决定被撤销，行政拘留处罚开始执行，或者**出所后继续执行的**，公安机关收取的保证金应当及时退还交纳人。	第一百一十一条　行政拘留的处罚决定被撤销，或者行政拘留处罚开始执行的，公安机关收取的保证金应当及时退还交纳人。

【适用精解】

本条由 2012 年《治安管理处罚法》第一百一十一条修改而来。

本条是关于行政拘留处罚暂缓执行中保证金退还的规定。

本条在原有的两种保证金退还情形基础上增加规定了一种保证金退还情形，目前，保证金退还共计三种情形。

一是行政拘留被依法撤销的情形，具体包括：（1）行政拘留决定被作出决定的公安机关撤销；（2）行政拘留决定被上级公安机关撤销；（3）行政拘留决定被行政复议机关撤销；（4）行政拘留决定被人民法院判决撤销。

二是行政拘留已经开始执行的情形，即作出行政拘留决定的公安机关已经将被处罚人送拘留所实际执行行政拘留。

三是本条新增加的"出所后继续执行的"情形，即已被执行的被拘留人申请中止执行，并被准许临时离开拘留所，待本法第一百二十六条第二款规定的"遇有参加升学考试、子女出生或者近亲属病危、死亡等情形"消除后，回到拘留所恢复执行行政拘留。

本条修改的内容是与本法第一百二十六条第二款规定呼应并衔接适用，确保法律体系周延。

符合上述情形的保证金应当及时退还交纳人，公安机关不得以任何理由扣留，更不能私分、截留、挪用保证金。

第五章 执法监督

> **第一百三十一条 【公安机关及人民警察办案原则】** 公安机关及其人民警察应当依法、公正、严格、高效办理治安案件，文明执法，不得徇私舞弊、玩忽职守、滥用职权。

【新旧对照】

修订后	修订前
第一百三十一条　公安机关及其人民警察应当依法、公正、严格、高效办理治安案件，文明执法，不得徇私舞弊、**玩忽职守、滥用职权**。	第一百一十二条　公安机关及其人民警察应当依法、公正、严格、高效办理治安案件，文明执法，不得徇私舞弊。

【适用精解】

本条由 2012 年《治安管理处罚法》第一百一十二条修改而来。

本条是关于公安机关及其人民警察办理治安案件应遵循的原则的规定。

公安机关及其人民警察在办理治安案件过程中，一是要依法，即依照法律规定办理治安案件，做到法无规定不可为，法有规定必须为，实现执法的规范化，杜绝执法恣意性；二是要公正，即治安案件当事人不偏私、不歧视，一视同仁，平等公正地适用法律；三是要严格，即全面遵循法定权限和程序办理治安案件，有法必依，执法必严，及时惩戒治安违法行为，杜绝随意性执法、选择性执法；四是要高效，即快速响应警情，及时处置治安违法行为，通过精准执法提高效能；五是要文明，即办理治安案件中应尊重当事人的合法权益，规范执法语言和行为，注重沟通疏导，避免简单粗暴，杜绝辱骂、暴力等行为。

本条在内容上作出如下修改：在原有"徇私舞弊"的基础上，新增"玩忽职守"和"滥用职权"这两种禁止性行为。

具体而言：徇私舞弊是指公安机关人民警察在执行公务过程中，出于私情、私利等，故意违背职责，弄虚作假，隐瞒事实，致使公共财产、国家和人民利益遭受重大损失的行为。

玩忽职守是指公安机关人民警察严重不负责任，不履行或不认真履行职责，致使公共财产、国家和人民利益遭受重大损失的行为。

滥用职权是指公安机关人民警察故意逾越职权，不按或违反法律决定，处理其无权决定、处理的事项，或者违反规定处理公务，致使公共财产、国家和人民利益遭受重大损失的行为。

本条修改的重要意义在于加大执法监督的范围和力度，确保执法的廉洁性。

【相关法律法规】

《中华人民共和国刑法》《中华人民共和国监察法》等。

第一百三十二条　【尊重和保障人权】公安机关及其人民警察办理治安案件，禁止对违反治安管理行为人打骂、虐待或者侮辱。

【新旧对照】

修订后	修订前
第一百三十二条　公安机关及其人民警察办理治安案件，禁止对违反治安管理行为人打骂、虐待或者侮辱。	第一百一十三条　公安机关及其人民警察办理治安案件，禁止对违反治安管理行为人打骂、虐待或者侮辱。

【适用精解】

本条由2012年《治安管理处罚法》第一百一十三条延续而来，在内容上未作修改。

本条是关于办理治安案件过程中，公安机关及其人民警察尊重和保障人权具体要求的规定。

本条规定是本法第六条第二款规定的"实施治安管理处罚，应当公开、公正，尊重和保障人权，保护公民的人格尊严"的具体体现和要求。

一是禁止打骂，即公安机关人民警察不得对违反治安管理行为人实施殴打和谩骂的行为。

二是禁止虐待，即公安机关人民警察不得以体罚、不让睡觉、制造噪声等方法对违反治安管理行为人进行肉体上、精神上的折磨。

三是禁止侮辱，即公安机关人民警察不得贬损违反治安管理行为人的人格，破坏其名誉。

第一百三十三条 【接受监督】公安机关及其人民警察办理治安案件，应当自觉接受社会和公民的监督。

公安机关及其人民警察办理治安案件，不严格执法或者有违法违纪行为的，任何单位和个人都有权向公安机关或者人民检察院、监察机关检举、控告；收到检举、控告的机关，应当依据职责及时处理。

【新旧对照】

修订后	修订前
第一百三十三条 公安机关及其人民警察办理治安案件，应当自觉接受社会和公民的监督。 公安机关及其人民警察办理治安案件，不严格执法或者有违法违纪行为的，任何单位和个人都有权向公安机关或者人民检察院、监察机关检举、控告；收到检举、控告的机关，应当依据职责及时处理。	第一百一十四条 公安机关及其人民警察办理治安案件，应当自觉接受社会和公民的监督。 公安机关及其人民警察办理治安案件，不严格执法或者有违法违纪行为的，任何单位和个人都有权向公安机关或者人民检察院、行政监察机关检举、控告；收到检举、控告的机关，应当依据职责及时处理。

【适用精解】

本条由2012年《治安管理处罚法》第一百一十四条延续而来，在内容上未作修改。

本条是关于公安机关及其人民警察办理治安案件应自觉接受社会和群众监督的规定。

本条第一款规定了公安机关及其人民警察办理治安案件应接受监督的总体原则，即除了接受公安机关内部执法监督、监察机关监督、司法机关监督，还应当接受社会和公民的监督。

本条第二款首先规定了单位和个人对公安机关及其人民警察不严格执法以及违法违纪行为，向公安机关、人民检察院、监察机关检举、控告的权利和途径。

其次规定了有权机关查处公安机关人民警察违法违纪行为的义务，即收到检举、控告的上述机关应当依据职责及时处理，并将处理结果及时告知检举人、控告人，任何机关、任何人不得对检举人、控告人进行压制和打击报复。

第一百三十四条 【通报政务处分】 公安机关作出治安管理处罚决定，发现被处罚人是公职人员，依照《中华人民共和国公职人员政务处分法》的规定需要给予政务处分的，应当依照有关规定及时通报监察机关等有关单位。

【新旧对照】

修订后	修订前
第一百三十四条 公安机关作出治安管理处罚决定，发现被处罚人是公职人员，依照《中华人民共和国公职人员政务处分法》的规定需要给予政务处分的，应当依照有关规定及时通报监察机关等有关单位。	

【适用精解】

本条是 2025 年《治安管理处罚法》重要新增条文。

本条是有关公安机关对公职人员违法情况通报职责的规定。

根据本条规定，公安机关对公职人员履行违法通报职责的要件包括：

首先，公安机关发现其治安管理处罚的对象是公职人员，具体包括：（1）中国共产党机关、人民代表大会及其常务委员会机关、人民政府、监察委员会、人民法院、人民检察院、中国人民政治协商会议各级委员会机关、民主党派机关和工商业联合会机关的公务员，以及参照《中华人民共和国公务员法》管理的人员；（2）法律、法规授权或者受国家机关依法委托管理公共事务的组织中从事公务的人员；（3）国有企业管理人员；（4）公办的教育、科研、文化、医疗卫生、体育等单位中从事管理的人员；（5）基层群众性自治组织中从事管理的人员；（6）其他依法履行公职的人员。[①]

其次，被治安处罚的公职人员的违法行为或处罚决定，依据《中华人民共和国公职人员政务处分法》相关规定需要给予警告、记过、记大过、降级、撤职、开除等政务处分。

最后，公安机关应及时将治安处罚决定相关情况通报给对被处罚公职人员有管辖权的监察机关及被处罚人的任免机关、单位。

新增本条的重要意义在于强化对公职人员违法违纪行为的监督管理，顺畅对

---

① 参见《中华人民共和国监察法》第十五条。

公职人员治安处罚与政务处分的衔接，通过加强对公职人员的监督，促进公职人员依法履职、秉公用权、廉洁从政从业、坚持道德操守。

【相关法律法规】

《中华人民共和国公职人员政务处分法》《中华人民共和国监察法》等。

> 第一百三十五条 【罚缴分离】公安机关依法实施罚款处罚，应当依照有关法律、行政法规的规定，实行罚款决定与罚款收缴分离；收缴的罚款应当全部上缴国库，不得返还、变相返还，不得与经费保障挂钩。

【新旧对照】

修订后	修订前
第一百三十五条　公安机关依法实施罚款处罚，应当依照有关法律、行政法规的规定，实行罚款决定与罚款收缴分离；收缴的罚款应当全部上缴国库，**不得返还、变相返还，不得与经费保障挂钩。**	第一百一十五条　公安机关依法实施罚款处罚，应当依照有关法律、行政法规的规定，实行罚款决定与罚款收缴分离；收缴的罚款应当全部上缴国库。

【适用精解】

本条由2012年《治安管理处罚法》第一百一十五条修改而来。

本条是关于罚款处罚中罚缴分离要求的规定。

首先，为有效遏制滥罚款的乱象，本条款明确规定，罚款处罚的执行贯彻罚缴分离的原则，即公安机关在治安案件中作出罚款处罚后不得自行收缴罚款，而是由被处罚人在规定期限内到指定的银行或者通过电子支付系统缴纳罚款。

其次，罚款属于政府非税收入，应当依照国库集中收缴管理的规定，全额上缴国库，纳入一般公共预算管理，任何机关、单位和个人不得以任何形式违反上述规定。

本条在内容上的修改有以下方面：

依据相关规定，罚款收入与公安机关经费实行的是"收支两条线"规定，即罚款收入全部由公安机关上缴国库，执法机关所需经费由财政部门另行拨给，财政部门不得以任何名义、任何形式向作出罚款处罚决定的公安机关返还罚款。鉴于此，本条增加规定"返还罚款""变相返还罚款""将罚款数额与经费保障挂钩"这三种违反"收支两条线"规定的行为。

本条修改的重要意义在于，明确规定三种禁止性行为，使得条文规定具有针对性和指向性，能更好地执行罚款收入统一上缴国库的规定。

【相关法律法规】

《中华人民共和国行政处罚法》等。

> **第一百三十六条　【治安违法记录封存】**违反治安管理的记录应当予以封存，不得向任何单位和个人提供或者公开，但有关国家机关为办案需要或者有关单位根据国家规定进行查询的除外。依法进行查询的单位，应当对被封存的违法记录的情况予以保密。

【新旧对照】

修订后	修订前
第一百三十六条　违反治安管理的记录应当予以封存，不得向任何单位和个人提供或者公开，但有关国家机关为办案需要或者有关单位根据国家规定进行查询的除外。依法进行查询的单位，应当对被封存的违法记录的情况予以保密。	

【适用精解】

本条是 2025 年《治安管理处罚法》重要新增条文。

本条是关于公安机关对违反治安管理记录封存的规定。

根据本条规定，公安机关履行违反治安管理记录封存职责内容包括以下几点：

首先，对于任何人的违反治安管理记录，公安机关原则上负有不得向任何单位和个人提供或公开的职责。

其次，在本法明确规定的特定情形下，公安机关可以例外地向有关国家机关、单位提供违反治安管理的记录，具体的特定情形包括：第一，有关国家机关为办案需要，如行政机关为办理行政案件需要；侦查司法机关为办理刑事案件需要；监察机关为办理职务违法和职务犯罪案件需要；等等。第二，有关单位根据国家规定进行查询。

依国家规定进行查询的单位，对所查询的违反治安管理记录负有保密义务。需要注意的是，因办案需要而获取违反治安管理记录的有关国家机关并不负有保密义务，而是应根据办理不同案件的规定处理所获取的违反治安管理记录。

新增本条的重要意义在于，深入贯彻党的二十届三中全会提出的"建立轻微犯罪记录封存制度"部署，不仅让治安管理处罚有阻却违法行为的惩戒力度，还有帮助被处罚人回归社会的温度，解决治安处罚"社会标签化"的问题。违法记录封存使被处罚人在教育、就业、社会信用评价等方面不受歧视，更好地回归社会，降低其再次违法甚至犯罪的可能性，通过"惩戒—封存—回归"的良性循环实现社会治安综合治理。同时，本条文设置的例外规定，实现了办案机关和有关单位必要的知情权与保护公民隐私权的平衡。

【相关法律法规】

《中华人民共和国刑事诉讼法》等。

第一百三十七条　【同步录音录像管理】公安机关应当履行同步录音录像运行安全管理职责，完善技术措施，定期维护设施设备，保障录音录像设备运行连续、稳定、安全。

【新旧对照】

修订后	修订前
第一百三十七条　公安机关应当履行同步录音录像运行安全管理职责，完善技术措施，定期维护设施设备，保障录音录像设备运行连续、稳定、安全。	

【适用精解】

本条是 2025 年《治安管理处罚法》重要新增条文。

本条是关于公安机关履行同步录音录像运行安全管理职责的规定。

《中共中央关于坚持和完善中国特色社会主义制度　推进国家治理体系和治理能力现代化若干重大问题的决定》中提出"完善执法程序，建立执法全过程记录制度"。为落实党中央部署，2025 年《治安管理处罚法》在多处执法程序中要求"同步录音录像"。

为落实本法规定的"同步录音录像"，本条文明确了由公安机关履行同步录音录像运行安全的管理职责，并进一步规定要通过"完善技术措施""定期维护设施设备"等手段，保障同步录音录像设备运行的连续、稳定、安全。其中，"连续"要求录音录像连贯顺畅，不存在剪接、删改等情形；"稳定"要求录音录像音质画质清晰，不存在破损、抖动等情形；"安全"即要求录音录像记录资料集中存储、妥善保管，确保归档流程清晰、数据链条完整、存储安全有保障。

新增本条的重要意义在于，通过明确同步录音录像运行安全管理职责，确保充分发挥其对治安案件执法规范化建设和执法监督的应有功能和重要意义。

> **第一百三十八条　【个人信息保护】**公安机关及其人民警察不得将在办理治安案件过程中获得的个人信息，依法提取、采集的相关信息、样本用于与治安管理、查处犯罪无关的用途，不得出售、提供给其他单位或者个人。

【新旧对照】

修订后	修订前
第一百三十八条　公安机关及其人民警察不得将在办理治安案件过程中获得的个人信息，依法提取、采集的相关信息、样本用于与治安管理、查处犯罪无关的用途，不得出售、提供给其他单位或者个人。	

【适用精解】

本条是 2025 年《治安管理处罚法》重要新增条文。

本条是关于公安机关及其人民警察在办理治安案件过程中履行个人信息保护职责的规定。

《中华人民共和国个人信息保护法》第三十四条规定："国家机关为履行法定职责处理个人信息，应当依照法律、行政法规规定的权限、程序进行，不得超出履行法定职责所必需的范围和限度。"

本条依据上述法律规定，要求公安机关及其人民警察在办理治安案件过程中，对于所获得的个人信息和依法提取、采集的相关信息、样本，负有保护职责，一是禁止用于与治安管理、查处犯罪无关的用途，二是禁止出售、提供给其他单位或者个人。

新增本条的重要意义在于：在办理治安案件过程中依据《中华人民共和国个人信息保护法》相关规定，要求公安机关及其人民警察对个人信息以及相关信息、样本履行保护职责，本条与本法第五十六条规定一起构成个人信息的法律保护屏障。

【相关法律法规】

《中华人民共和国个人信息保护法》等。

第一百三十九条 【人民警察违法违纪责任】 人民警察办理治安案件,有下列行为之一的,依法给予处分;构成犯罪的,依法追究刑事责任:

(一)刑讯逼供、体罚、打骂、虐待、侮辱他人的;

(二)超过询问查证的时间限制人身自由的;

(三)不执行罚款决定与罚款收缴分离制度或者不按规定将罚没的财物上缴国库或者依法处理的;

(四)私分、侵占、挪用、故意损毁所收缴、追缴、扣押的财物的;

(五)违反规定使用或者不及时返还被侵害人财物的;

(六)违反规定不及时退还保证金的;

(七)利用职务上的便利收受他人财物或者谋取其他利益的;

(八)当场收缴罚款不出具专用票据或者不如实填写罚款数额的;

(九)接到要求制止违反治安管理行为的报警后,不及时出警的;

(十)在查处违反治安管理活动时,为违法犯罪行为人通风报信的;

(十一)泄露办理治安案件过程中的工作秘密或者其他依法应当保密的信息的;

(十二)将在办理治安案件过程中获得的个人信息,依法提取、采集的相关信息、样本用于与治安管理、查处犯罪无关的用途,或者出售、提供给其他单位或者个人的;

(十三)剪接、删改、损毁、丢失办理治安案件的同步录音录像资料的;

(十四)有徇私舞弊、玩忽职守、滥用职权,不依法履行法定职责的其他情形的。

办理治安案件的公安机关有前款所列行为的,对负有责任的领导人员和直接责任人员,依法给予处分。

【新旧对照】

修订后	修订前
第一百三十九条 人民警察办理治安案件,有下列行为之一的,依法给予处分;构成犯罪的,依法追究刑事责任: (一)刑讯逼供、体罚、**打骂**、虐待、侮辱他人的; (二)超过询问查证的时间限制人身自由的; (三)不执行罚款决定与罚款收缴分离	第一百一十六条 人民警察办理治安案件,有下列行为之一的,依法给予行政处分;构成犯罪的,依法追究刑事责任: (一)刑讯逼供、体罚、虐待、侮辱他人的; (二)超过询问查证的时间限制人身自由的; (三)不执行罚款决定与罚款收缴分离

续表

修订后	修订前
制度或者不按规定将罚没的财物上缴国库或者依法处理的； （四）私分、侵占、挪用、故意损毁**所收缴**、**追缴**、扣押的财物的； （五）违反规定使用或者不及时返还被侵害人财物的； （六）违反规定不及时退还保证金的； （七）利用职务上的便利收受他人财物或者谋取其他利益的； （八）当场收缴罚款不出具**专用票据**或者不如实填写罚款数额的； （九）接到要求制止违反治安管理行为的报警后，不及时出警的； （十）在查处违反治安管理活动时，为违法犯罪行为人通风报信的； （十一）**泄露办理治安案件过程中的工作秘密或者其他依法应当保密的信息的；** （十二）**将在办理治安案件过程中获得的个人信息，依法提取、采集的相关信息、样本用于与治安管理、查处犯罪无关的用途，或者出售、提供给其他单位或者个人的；** （十三）**剪接、删改、损毁、丢失办理治安案件的同步录音录像资料的；** （十四）有徇私舞弊、**玩忽职守**、滥用职权，不依法履行法定职责的其他情形的。 办理治安案件的公安机关有前款所列行为的，**对负有责任的领导人员和直接责任人员，依法给予处分。**	制度或者不按规定将罚没的财物上缴国库或者依法处理的； （四）私分、侵占、挪用、故意损毁收缴、扣押的财物的； （五）违反规定使用或者不及时返还被侵害人财物的； （六）违反规定不及时退还保证金的； （七）利用职务上的便利收受他人财物或者谋取其他利益的； （八）当场收缴罚款不出具罚款收据或者不如实填写罚款数额的； （九）接到要求制止违反治安管理行为的报警后，不及时出警的； （十）在查处违反治安管理活动时，为违法犯罪行为人通风报信的； （十一）有徇私舞弊、滥用职权，不依法履行法定职责的其他情形的。 办理治安案件的公安机关有前款所列行为的，对直接负责的主管人员和其他直接责任人员给予相应的行政处分。

【适用精解】

本条由 2012 年《治安管理处罚法》第一百一十六条修改而来。

本条是关于公安机关人民警察在办理治安案件过程中，应被追究行政责任和刑事责任的违法履职行为的规定。

本条除调整个别词语表述外，实质性的内容修改包括以下几点：

一是在第一款第一项中增加"打骂"规定，即公安机关人民警察对违反治安管理行为人实施殴打和谩骂的行为，以与本法第一百三十二条规定的"打骂"呼应一致，使条文内容在逻辑上更为周延。

二是在第一款第四项增加"追缴"规定，即将治安违法行为人因实施治安违法行为所得的赃款、赃物和非法利益追回并上缴国库，以与本法第十一条和第一百二十一条规定的"追缴"呼应一致。

三是在第一款第八项中以"专用票据"替换"罚款收据"，即省级以上人民政府财政部门统一制发的罚款票据，以与本法第一百二十五条规定呼应一致。

四是新增第一款第十一项，规定了公安机关人民警察在办理治安案件过程中，泄露工作秘密或者其他依法应当保密的信息的行为。该项内容与本法第九十四条规定之"公安机关及其人民警察在办理治安案件时，对涉及的国家秘密、商业秘密、个人隐私或者个人信息，应当予以保密"内容呼应。本项规定中，"工作秘密或者其他依法应当保密的信息"包括公安机关人民警察在办理治安案件时获悉的国家秘密、商业秘密、个人隐私以及个人信息等。

五是新增第一款第十二项，规定了将在办理治安案件过程中获得的个人信息以及依法提取、采集的相关信息、样本用于与治安管理、查处犯罪无关的用途，或者出售、提供给其他单位或者个人的行为。该项内容与本法第一百三十八条所规定之"公安机关及其人民警察不得将在办理治安案件过程中获得的个人信息，依法提取、采集的相关信息、样本用于与治安管理、查处犯罪无关的用途，不得出售、提供给其他单位或者个人"内容呼应。

六是新增第一款第十三项，规定了公安机关人民警察对同步录音录像资料予以剪接、删改、毁损、丢失等行为，该项规定是对本法多处执法程序要求"同步录音录像"规定，以及与本法第一百三十七条所规定之"公安机关应当履行同步录音录像运行安全管理职责，完善技术措施，定期维护设施设备，保障录音录像设备运行连续、稳定、安全"内容呼应，确保同步录音录像能够发挥执法监督的功能。

七是在第一款第十四项中增加"玩忽职守"规定，以与本法第一百三十一条所规定之"不得徇私舞弊、玩忽职守、滥用职权"内容呼应。

八是在本条第二款中修改了领导责任的规定，一是将"直接负责的主管人员"修改为"负有责任的领导人员"，明确了承担领导责任的具体情形，合理限定了领导责任的范围；二是删除了"其他"和"行政"，条款表述更为简洁；三是强调"依法"给予处分，即严格依据《中华人民共和国人民警察法》《中华人民共和国公务员法》《中华人民共和国公职人员政务处分法》等给予政务处分。

【相关法律法规】

《中华人民共和国人民警察法》《中华人民共和国公务员法》《中华人民共和国公职人员政务处分法》等。

第一百四十条 【公安机关及其人民警察赔偿责任】公安机关及其人民警察违法行使职权，侵犯公民、法人和其他组织合法权益的，应当赔礼道歉；造成损害的，应当依法承担赔偿责任。

【新旧对照】

修订后	修订前
第一百四十条 公安机关及其人民警察违法行使职权，侵犯公民、法人和其他组织合法权益的，应当赔礼道歉；造成损害的，应当依法承担赔偿责任。	第一百一十七条 公安机关及其人民警察违法行使职权，侵犯公民、法人和其他组织合法权益的，应当赔礼道歉；造成损害的，应当依法承担赔偿责任。

【适用精解】

本条由 2012 年《治安管理处罚法》第一百一十七条延续而来，在内容上未作修改。

本条是关于公安机关及其人民警察在办理治安案件过程中违法行使职权应承担民事责任和国家赔偿责任的规定。

当公安机关及其人民警察在办理治安案件中违法行使职权，侵犯公民、法人和其他组织的合法权益，应当承担赔礼道歉的民事责任。

公安机关及其人民警察违法行使职权行为造成公民、法人和其他组织财产损失的，应当承担国家赔偿责任。

第六章 附　　则

第一百四十一条　【本法管辖适用的特殊规定】其他法律中规定由公安机关给予行政拘留处罚的，其处罚程序适用本法规定。

公安机关依照《中华人民共和国枪支管理法》、《民用爆炸物品安全管理条例》等直接关系公共安全和社会治安秩序的法律、行政法规实施处罚的，其处罚程序适用本法规定。

本法第三十二条、第三十四条、第四十六条、第五十六条规定给予行政拘留处罚，其他法律、行政法规同时规定给予罚款、没收违法所得、没收非法财物等其他行政处罚的行为，由相关主管部门依照相应规定处罚；需要给予行政拘留处罚的，由公安机关依照本法规定处理。

【新旧对照】

修订后	修订前
第一百四十一条　其他法律中规定由公安机关给予行政拘留处罚的，其处罚程序适用本法规定。 公安机关依照《中华人民共和国枪支管理法》、《民用爆炸物品安全管理条例》等直接关系公共安全和社会治安秩序的法律、行政法规实施处罚的，其处罚程序适用本法规定。 本法第三十二条、第三十四条、第四十六条、第五十六条规定给予行政拘留处罚，其他法律、行政法规同时规定给予罚款、没收违法所得、没收非法财物等其他行政处罚的行为，由相关主管部门依照相应规定处罚；需要给予行政拘留处罚的，由公安机关依照本法规定处理。	

【适用精解】

本条是2025年《治安管理处罚法》重要新增条文。

本条是关于本法在特殊情况下管辖适用的规定。

本条第一款规定，行政拘留处罚无论是依据本法决定，还是依据其他法律决定，均应统一适用本法规定的处罚程序。新增本款的重要意义在于：基于行政拘留处罚的严苛性，强化对行政拘留处罚的程序性规制，要求所有由公安机关给予的行政拘留处罚，即使依据的是本法之外的其他法律，应统一适用本法规定的处罚程序，以确保行政拘留处罚的公正性。

本条第二款规定，公安机关依照《中华人民共和国枪支管理法》《民用爆炸物品安全管理条例》等直接关系公共安全和社会治安秩序的法律、行政法规实施的行政处罚，均应适用本法规定的处罚程序。新增本条款的重要意义在于：要求所有由公安机关依照直接关系公共安全和社会治安秩序的法律、行政法规实施的行政处罚，均应适用本法规定的处罚程序，通过相对完善的程序规则，确保上述行政处罚的公正性。

本条第三款规定，公安机关依据本法第三十二条、第三十四条、第四十六条、第五十六条规定对违法行为人给予行政拘留处罚，相关主管部门可以同时依据其他法律、行政法规规定对该违法行为人给予罚款、没收违法所得、没收非法财物等其他行政处罚的，并不违反"一事不再罚"原则。但是，如果依据其他法律、行政法规规定需要给予行政拘留处罚的，必须由公安机关依照本法规定处理，其他任何机关、单位无权决定行政拘留处罚。新增本条款的重要意义在于：确定了公安机关依据本法第三十二条等四个条款给予行政拘留处罚的与相关行政机关依据其他法律、行政法规给予罚款等其他行政处罚同时适用的合法性，但同时也明确规定，无论是依据本法上述条款还是依据其他法律、行政法规，行政拘留处罚只能由公安机关依据本法规定处理，进一步规范了行政拘留处罚的适用。

【相关法律法规】

《中华人民共和国枪支管理法》《民用爆炸物品安全管理条例》等。

第一百四十二条　【海警机构海上治安职责】海警机构履行海上治安管理职责，行使本法规定的公安机关的职权，但是法律另有规定的除外。

【新旧对照】

修订后	修订前
第一百四十二条　海警机构履行海上治安管理职责，行使本法规定的公安机关的职权，但是法律另有规定的除外。	

【适用精解】

本条是 2025 年《治安管理处罚法》重要新增条文。

本条是关于由海警机构履行我国海上治安管理职责的规定。

依据《中华人民共和国海警法》第五条、第十一条第一款第三项等规定，本条规定由我国海警机构履行海上治安管理职责，对于在我国管辖海域及其上空实施的治安违法行为，依照本法给予治安管理处罚，除非法律另有规定。

【相关法律法规】

《中华人民共和国海警法》等。

> 第一百四十三条　【特定法律用语的含义】本法所称以上、以下、以内，包括本数。

【新旧对照】

修订后	修订前
第一百四十三条　本法所称以上、以下、以内，包括本数。	第一百一十八条　本法所称以上、以下、以内，包括本数。

【适用精解】

本条由 2012 年《治安管理处罚法》第一百一十八条延续而来，在内容上未作修改。

本条是关于本法特定法律用语具体含义的规定。

依照法律用语的传统和惯例，法律规范中的"以上""以下""以内"均包括本数在内，即包括数字起点在内，为避免歧义，本法对此作出明确规定。

> 第一百四十四条　【本法施行日期】本法自 2026 年 1 月 1 日起施行。

【新旧对照】

修订后	修订前
第一百四十四条　本法自2026年1月1日起施行。	第一百一十九条　本法自2006年3月1日起施行。1986年9月5日公布、1994年5月12日修订公布的《中华人民共和国治安管理处罚条例》同时废止。

【适用精解】

本条由2012年《治安管理处罚法》第一百一十九条修改而来。

本条是关于本法生效时间的规定。

本条在内容上作出如下修改：确定了本法的具体生效施行时间，即本法于2026年1月1日施行。

根据本条规定，可以推知2012年《治安管理处罚法》的失效时间，即与本法开始生效施行的同时失效。

附录

中华人民共和国治安管理处罚法

（2005年8月28日第十届全国人民代表大会常务委员会第十七次会议通过 根据2012年10月26日第十一届全国人民代表大会常务委员会第二十九次会议《关于修改〈中华人民共和国治安管理处罚法〉的决定》修正 2025年6月27日第十四届全国人民代表大会常务委员会第十六次会议修订 2025年6月27日中华人民共和国主席令第49号公布 自2026年1月1日起施行）

目 录

第一章 总 则
第二章 处罚的种类和适用
第三章 违反治安管理的行为和处罚
  第一节 扰乱公共秩序的行为和处罚
  第二节 妨害公共安全的行为和处罚
  第三节 侵犯人身权利、财产权利的行为和处罚
  第四节 妨害社会管理的行为和处罚
第四章 处罚程序
  第一节 调 查
  第二节 决 定
  第三节 执 行
第五章 执法监督
第六章 附 则

第一章 总 则

第一条 【立法目的和立法依据】[①] 为了维护社会治安秩序，保障公共安全，

[①] 条文主旨为编者所加，下同。

保护公民、法人和其他组织的合法权益，规范和保障公安机关及其人民警察依法履行治安管理职责，根据宪法，制定本法。

第二条　【工作原则与政府职责】治安管理工作坚持中国共产党的领导，坚持综合治理。

各级人民政府应当加强社会治安综合治理，采取有效措施，预防和化解社会矛盾纠纷，增进社会和谐，维护社会稳定。

第三条　【处罚对象和实施机关】扰乱公共秩序，妨害公共安全，侵犯人身权利、财产权利，妨害社会管理，具有社会危害性，依照《中华人民共和国刑法》的规定构成犯罪的，依法追究刑事责任；尚不够刑事处罚的，由公安机关依照本法给予治安管理处罚。

第四条　【处罚程序适用原则】治安管理处罚的程序，适用本法的规定；本法没有规定的，适用《中华人民共和国行政处罚法》、《中华人民共和国行政强制法》的有关规定。

第五条　【空间效力范围】在中华人民共和国领域内发生的违反治安管理行为，除法律有特别规定的外，适用本法。

在中华人民共和国船舶和航空器内发生的违反治安管理行为，除法律有特别规定的外，适用本法。

在外国船舶和航空器内发生的违反治安管理行为，依照中华人民共和国缔结或者参加的国际条约，中华人民共和国行使管辖权的，适用本法。

第六条　【处罚基本原则】治安管理处罚必须以事实为依据，与违反治安管理的事实、性质、情节以及社会危害程度相当。

实施治安管理处罚，应当公开、公正，尊重和保障人权，保护公民的人格尊严。

办理治安案件应当坚持教育与处罚相结合的原则，充分释法说理，教育公民、法人或者其他组织自觉守法。

第七条　【主管部门和案件管辖】国务院公安部门负责全国的治安管理工作。县级以上地方各级人民政府公安机关负责本行政区域内的治安管理工作。

治安案件的管辖由国务院公安部门规定。

第八条　【处罚与民、刑责任衔接】违反治安管理行为对他人造成损害的，除依照本法给予治安管理处罚外，行为人或者其监护人还应当依法承担民事责任。

违反治安管理行为构成犯罪，应当依法追究刑事责任的，不得以治安管理处罚代替刑事处罚。

第九条　【多元调解机制】对于因民间纠纷引起的打架斗殴或者损毁他人财物等违反治安管理行为，情节较轻的，公安机关可以调解处理。

调解处理治安案件，应当查明事实，并遵循合法、公正、自愿、及时的原则，注重教育和疏导，促进化解矛盾纠纷。

经公安机关调解，当事人达成协议的，不予处罚。经调解未达成协议或者达成协议后不履行的，公安机关应当依照本法的规定对违反治安管理行为作出处理，并告知当事人可以就民事争议依法向人民法院提起民事诉讼。

对属于第一款规定的调解范围的治安案件，公安机关作出处理决定前，当事人自行和解或者经人民调解委员会调解达成协议并履行，书面申请经公安机关认可的，不予处罚。

第二章 处罚的种类和适用

第十条 【处罚种类】 治安管理处罚的种类分为：

（一）警告；

（二）罚款；

（三）行政拘留；

（四）吊销公安机关发放的许可证件。

对违反治安管理的外国人，可以附加适用限期出境或者驱逐出境。

第十一条 【涉案财物处理】 办理治安案件所查获的毒品、淫秽物品等违禁品，赌具、赌资，吸食、注射毒品的用具以及直接用于实施违反治安管理行为的本人所有的工具，应当收缴，按照规定处理。

违反治安管理所得的财物，追缴退还被侵害人；没有被侵害人的，登记造册，公开拍卖或者按照国家有关规定处理，所得款项上缴国库。

第十二条 【未成年人处罚及处理】 已满十四周岁不满十八周岁的人违反治安管理的，从轻或者减轻处罚；不满十四周岁的人违反治安管理的，不予处罚，但是应当责令其监护人严加管教。

第十三条 【精神病人、智力残疾人处罚及处理】 精神病人、智力残疾人在不能辨认或者不能控制自己行为的时候违反治安管理的，不予处罚，但是应当责令其监护人加强看护管理和治疗。间歇性的精神病人在精神正常的时候违反治安管理的，应当给予处罚。尚未完全丧失辨认或者控制自己行为能力的精神病人、智力残疾人违反治安管理的，应当给予处罚，但是可以从轻或者减轻处罚。

第十四条 【盲聋哑人处罚】 盲人或者又聋又哑的人违反治安管理的，可以从轻、减轻或者不予处罚。

第十五条 【醉酒人处罚及处理】 醉酒的人违反治安管理的，应当给予处罚。

醉酒的人在醉酒状态中，对本人有危险或者对他人的人身、财产或者公共安全有威胁的，应当对其采取保护性措施约束至酒醒。

第十六条 【数行为并罚】有两种以上违反治安管理行为的，分别决定，合并执行处罚。行政拘留处罚合并执行的，最长不超过二十日。

第十七条 【共同违法的处罚】共同违反治安管理的，根据行为人在违反治安管理行为中所起的作用，分别处罚。

教唆、胁迫、诱骗他人违反治安管理的，按照其教唆、胁迫、诱骗的行为处罚。

第十八条 【单位违法处罚】单位违反治安管理的，对其直接负责的主管人员和其他直接责任人员依照本法的规定处罚。其他法律、行政法规对同一行为规定给予单位处罚的，依照其规定处罚。

第十九条 【正当防卫】为了免受正在进行的不法侵害而采取的制止行为，造成损害的，不属于违反治安管理行为，不受处罚；制止行为明显超过必要限度，造成较大损害的，依法给予处罚，但是应当减轻处罚；情节较轻的，不予处罚。

第二十条 【从轻减轻或不予处罚情形】违反治安管理有下列情形之一的，从轻、减轻或者不予处罚：

（一）情节轻微的；

（二）主动消除或者减轻违法后果的；

（三）取得被侵害人谅解的；

（四）出于他人胁迫或者诱骗的；

（五）主动投案，向公安机关如实陈述自己的违法行为的；

（六）有立功表现的。

第二十一条 【认错认罚从宽】违反治安管理行为人自愿向公安机关如实陈述自己的违法行为，承认违法事实，愿意接受处罚的，可以依法从宽处理。

第二十二条 【从重处罚】违反治安管理有下列情形之一的，从重处罚：

（一）有较严重后果的；

（二）教唆、胁迫、诱骗他人违反治安管理的；

（三）对报案人、控告人、举报人、证人打击报复的；

（四）一年以内曾受过治安管理处罚的。

第二十三条 【不执行行政拘留情形】违反治安管理行为人有下列情形之一，依照本法应当给予行政拘留处罚的，不执行行政拘留处罚：

（一）已满十四周岁不满十六周岁的；

（二）已满十六周岁不满十八周岁，初次违反治安管理的；

（三）七十周岁以上的；

（四）怀孕或者哺乳自己不满一周岁婴儿的。

前款第一项、第二项、第三项规定的行为人违反治安管理情节严重、影响恶劣的，或者第一项、第三项规定的行为人在一年以内二次以上违反治安管理的，不受前款规定的限制。

第二十四条 【未成年人矫治教育】对依照本法第十二条规定不予处罚或者依照本法第二十三条规定不执行行政拘留处罚的未成年人，公安机关依照《中华人民共和国预防未成年人犯罪法》的规定采取相应矫治教育等措施。

第二十五条 【处罚追究时效】违反治安管理行为在六个月以内没有被公安机关发现的，不再处罚。

前款规定的期限，从违反治安管理行为发生之日起计算；违反治安管理行为有连续或者继续状态的，从行为终了之日起计算。

第三章 违反治安管理的行为和处罚

第一节 扰乱公共秩序的行为和处罚

第二十六条 【扰乱机关单位、公共场所、公共交通秩序及破坏选举秩序的行为和处罚】有下列行为之一的，处警告或者五百元以下罚款；情节较重的，处五日以上十日以下拘留，可以并处一千元以下罚款：

（一）扰乱机关、团体、企业、事业单位秩序，致使工作、生产、营业、医疗、教学、科研不能正常进行，尚未造成严重损失的；

（二）扰乱车站、港口、码头、机场、商场、公园、展览馆或者其他公共场所秩序的；

（三）扰乱公共汽车、电车、城市轨道交通车辆、火车、船舶、航空器或者其他公共交通工具上的秩序的；

（四）非法拦截或者强登、扒乘机动车、船舶、航空器以及其他交通工具，影响交通工具正常行驶的；

（五）破坏依法进行的选举秩序的。

聚众实施前款行为的，对首要分子处十日以上十五日以下拘留，可以并处二千元以下罚款。

第二十七条 【扰乱国家考试秩序的行为和处罚】在法律、行政法规规定的国家考试中，有下列行为之一，扰乱考试秩序的，处违法所得一倍以上五倍以下罚款，没有违法所得或者违法所得不足一千元的，处一千元以上三千元以下罚款；情节较重的，处五日以上十五日以下拘留：

（一）组织作弊的；

（二）为他人组织作弊提供作弊器材或者其他帮助的；
（三）为实施考试作弊行为，向他人非法出售、提供考试试题、答案的；
（四）代替他人或者让他人代替自己参加考试的。

第二十八条　【扰乱大型群众性活动秩序的行为和处罚】有下列行为之一，扰乱体育、文化等大型群众性活动秩序的，处警告或者五百元以下罚款；情节严重的，处五日以上十日以下拘留，可以并处一千元以下罚款：

（一）强行进入场内的；
（二）违反规定，在场内燃放烟花爆竹或者其他物品的；
（三）展示侮辱性标语、条幅等物品的；
（四）围攻裁判员、运动员或者其他工作人员的；
（五）向场内投掷杂物，不听制止的；
（六）扰乱大型群众性活动秩序的其他行为。

因扰乱体育比赛、文艺演出活动秩序被处以拘留处罚的，可以同时责令其六个月至一年以内不得进入体育场馆、演出场馆观看同类比赛、演出；违反规定进入体育场馆、演出场馆的，强行带离现场，可以处五日以下拘留或者一千元以下罚款。

第二十九条　【故意散布谣言、谎报险情、疫情、警情，投放虚假的危险物质或者扬言实施危害公共安全犯罪行为的行为和处罚】有下列行为之一的，处五日以上十日以下拘留，可以并处一千元以下罚款；情节较轻的，处五日以下拘留或者一千元以下罚款：

（一）故意散布谣言，谎报险情、疫情、灾情、警情或者以其他方法故意扰乱公共秩序的；
（二）投放虚假的爆炸性、毒害性、放射性、腐蚀性物质或者传染病病原体等危险物质扰乱公共秩序的；
（三）扬言实施放火、爆炸、投放危险物质等危害公共安全犯罪行为扰乱公共秩序的。

第三十条　【寻衅滋事的行为和处罚】有下列行为之一的，处五日以上十日以下拘留或者一千元以下罚款；情节较重的，处十日以上十五日以下拘留，可以并处二千元以下罚款：

（一）结伙斗殴或者随意殴打他人的；
（二）追逐、拦截他人的；
（三）强拿硬要或者任意损毁、占用公私财物的；
（四）其他无故侵扰他人、扰乱社会秩序的寻衅滋事行为。

第三十一条　【组织、利用邪教，冒用宗教、气功名义扰乱社会秩序，制作、

传播宣扬邪教、会道门内容的物品、信息、资料的行为和处罚】有下列行为之一的，处十日以上十五日以下拘留，可以并处二千元以下罚款；情节较轻的，处五日以上十日以下拘留，可以并处一千元以下罚款：

（一）组织、教唆、胁迫、诱骗、煽动他人从事邪教活动、会道门活动、非法的宗教活动或者利用邪教组织、会道门、迷信活动，扰乱社会秩序、损害他人身体健康的；

（二）冒用宗教、气功名义进行扰乱社会秩序、损害他人身体健康活动的；

（三）制作、传播宣扬邪教、会道门内容的物品、信息、资料的。

第三十二条　**【故意干扰无线电业务、对无线电台（站）产生有害干扰、擅自设置无线电台（站）的行为和处罚】**违反国家规定，有下列行为之一的，处五日以上十日以下拘留；情节严重的，处十日以上十五日以下拘留：

（一）故意干扰无线电业务正常进行的；

（二）对正常运行的无线电台（站）产生有害干扰，经有关主管部门指出后，拒不采取有效措施消除的；

（三）未经批准设置无线电广播电台、通信基站等无线电台（站）的，或者非法使用、占用无线电频率，从事违法活动的。

第三十三条　**【危害计算机信息系统及其数据安全的行为和处罚】**有下列行为之一，造成危害的，处五日以下拘留；情节较重的，处五日以上十五日以下拘留：

（一）违反国家规定，侵入计算机信息系统或者采用其他技术手段，获取计算机信息系统中存储、处理或者传输的数据，或者对计算机信息系统实施非法控制的；

（二）违反国家规定，对计算机信息系统功能进行删除、修改、增加、干扰的；

（三）违反国家规定，对计算机信息系统中存储、处理、传输的数据和应用程序进行删除、修改、增加的；

（四）故意制作、传播计算机病毒等破坏性程序的；

（五）提供专门用于侵入、非法控制计算机信息系统的程序、工具，或者明知他人实施侵入、非法控制计算机信息系统的违法犯罪行为而为其提供程序、工具的。

第三十四条　**【组织、领导传销，胁迫、诱骗他人参加传销的行为及处罚】**组织、领导传销活动的，处十日以上十五日以下拘留；情节较轻的，处五日以上十日以下拘留。

胁迫、诱骗他人参加传销活动的，处五日以上十日以下拘留；情节较重的，处十日以上十五日以下拘留。

第三十五条 【从事影响国家重要活动、从事有损纪念英雄烈士环境和氛围的活动，侵害英烈名誉及宣扬侵略的行为和处罚】有下列行为之一的，处五日以上十日以下拘留或者一千元以上三千元以下罚款；情节较重的，处十日以上十五日以下拘留，可以并处五千元以下罚款：

（一）在国家举行庆祝、纪念、缅怀、公祭等重要活动的场所及周边管控区域，故意从事与活动主题和氛围相违背的行为，不听劝阻，造成不良社会影响的；

（二）在英雄烈士纪念设施保护范围内从事有损纪念英雄烈士环境和氛围的活动，不听劝阻的，或者侵占、破坏、污损英雄烈士纪念设施的；

（三）以侮辱、诽谤或者其他方式侵害英雄烈士的姓名、肖像、名誉、荣誉，损害社会公共利益的；

（四）亵渎、否定英雄烈士事迹和精神，或者制作、传播、散布宣扬、美化侵略战争、侵略行为的言论或者图片、音视频等物品，扰乱公共秩序的；

（五）在公共场所或者强制他人在公共场所穿着、佩戴宣扬、美化侵略战争、侵略行为的服饰、标志，不听劝阻，造成不良社会影响的。

第二节　妨害公共安全的行为和处罚

第三十六条 【违反危险物质管理的行为和处罚】违反国家规定，制造、买卖、储存、运输、邮寄、携带、使用、提供、处置爆炸性、毒害性、放射性、腐蚀性物质或者传染病病原体等危险物质的，处十日以上十五日以下拘留；情节较轻的，处五日以上十日以下拘留。

第三十七条 【危险物质被盗、被抢或丢失不报告、故意隐瞒不报的行为和处罚】爆炸性、毒害性、放射性、腐蚀性物质或者传染病病原体等危险物质被盗、被抢或者丢失，未按规定报告的，处五日以下拘留；故意隐瞒不报的，处五日以上十日以下拘留。

第三十八条 【非法携带枪支、弹药、管制器具的行为和处罚】非法携带枪支、弹药或者弩、匕首等国家规定的管制器具的，处五日以下拘留，可以并处一千元以下罚款；情节较轻的，处警告或者五百元以下罚款。

非法携带枪支、弹药或者弩、匕首等国家规定的管制器具进入公共场所或者公共交通工具的，处五日以上十日以下拘留，可以并处一千元以下罚款。

第三十九条 【盗窃、损毁重要公共设施、移动、损毁国（边）境标志设施，影响国（边）境管理设施的行为和处罚】有下列行为之一的，处十日以上十五日以下拘留；情节较轻的，处五日以下拘留：

（一）盗窃、损毁油气管道设施、电力电信设施、广播电视设施、水利工程设施、公共供水设施、公路及附属设施或者水文监测、测量、气象测报、生态环境监测、地质监测、地震监测等公共设施，危及公共安全的；

（二）移动、损毁国家边境的界碑、界桩以及其他边境标志、边境设施或者领土、领海基点标志设施的；

（三）非法进行影响国（边）界线走向的活动或者修建有碍国（边）境管理的设施的。

第四十条 【妨碍交通工具安全运行的行为和处罚】盗窃、损坏、擅自移动使用中的航空设施，或者强行进入航空器驾驶舱的，处十日以上十五日以下拘留。

在使用中的航空器上使用可能影响导航系统正常功能的器具、工具，不听劝阻的，处五日以下拘留或者一千元以下罚款。

盗窃、损坏、擅自移动使用中的其他公共交通工具设施、设备，或者以抢控驾驶操纵装置、拉扯、殴打驾驶人员等方式，干扰公共交通工具正常行驶的，处五日以下拘留或者一千元以下罚款；情节较重的，处五日以上十日以下拘留。

第四十一条 【妨碍铁路、城市轨道交通线路运行安全的行为和处罚】有下列行为之一的，处五日以上十日以下拘留，可以并处一千元以下罚款；情节较轻的，处五日以下拘留或者一千元以下罚款：

（一）盗窃、损毁、擅自移动铁路、城市轨道交通设施、设备、机车车辆配件或者安全标志的；

（二）在铁路、城市轨道交通线路上放置障碍物，或者故意向列车投掷物品的；

（三）在铁路、城市轨道交通线路、桥梁、隧道、涵洞处挖掘坑穴、采石取沙的；

（四）在铁路、城市轨道交通线路上私设道口或者平交过道的。

第四十二条 【妨碍火车行车安全、城市轨道交通安全的行为和处罚】擅自进入铁路、城市轨道交通防护网或者火车、城市轨道交通列车来临时在铁路、城市轨道交通线路上行走坐卧，抢越铁路、城市轨道，影响行车安全的，处警告或者五百元以下罚款。

第四十三条 【擅自安装使用电网、道路施工妨碍行人安全、破坏道路施工安全和破坏公共设施、违反规定升放携带明火的升空物体、高空抛物的行为和处罚】有下列行为之一的，处五日以下拘留或者一千元以下罚款；情节严重的，处十日以上十五日以下拘留，可以并处一千元以下罚款：

（一）未经批准，安装、使用电网的，或者安装、使用电网不符合安全规定的；

（二）在车辆、行人通行的地方施工，对沟井坎穴不设覆盖物、防围和警示标志的，或者故意损毁、移动覆盖物、防围和警示标志的；

（三）盗窃、损毁路面井盖、照明等公共设施的；

（四）违反有关法律法规规定，升放携带明火的升空物体，有发生火灾事故危险，不听劝阻的；

（五）从建筑物或者其他高空抛掷物品，有危害他人人身安全、公私财产安全或者公共安全危险的。

第四十四条　【举办大型活动违反有关规定的行为和处罚】举办体育、文化等大型群众性活动，违反有关规定，有发生安全事故危险，经公安机关责令改正而拒不改正或者无法改正的，责令停止活动，立即疏散；对其直接负责的主管人员和其他直接责任人员处五日以上十日以下拘留，并处一千元以上三千元以下罚款；情节较重的，处十日以上十五日以下拘留，并处三千元以上五千元以下罚款，可以同时责令六个月至一年以内不得举办大型群众性活动。

第四十五条　【公共活动场所拒不执行安全规定的行为和处罚】旅馆、饭店、影剧院、娱乐场、体育场馆、展览馆或者其他供社会公众活动的场所违反安全规定，致使该场所有发生安全事故危险，经公安机关责令改正而拒不改正的，对其直接负责的主管人员和其他直接责任人员处五日以下拘留；情节较重的，处五日以上十日以下拘留。

第四十六条　【无人驾驶航空器违反空域管理规定进行飞行的行为和处罚】违反有关法律法规关于飞行空域管理规定，飞行民用无人驾驶航空器、航空运动器材，或者升放无人驾驶自由气球、系留气球等升空物体，情节较重的，处五日以上十日以下拘留。

飞行、升放前款规定的物体非法穿越国（边）境的，处十日以上十五日以下拘留。

第三节　侵犯人身权利、财产权利的行为和处罚

第四十七条　【组织胁迫表演、强迫劳动、非法限制人身自由、非法侵宅、非法搜查等行为和处罚】有下列行为之一的，处十日以上十五日以下拘留，并处一千元以上二千元以下罚款；情节较轻的，处五日以上十日以下拘留，并处一千元以下罚款：

（一）组织、胁迫、诱骗不满十六周岁的人或者残疾人进行恐怖、残忍表演的；

（二）以暴力、威胁或者其他手段强迫他人劳动的；

（三）非法限制他人人身自由、非法侵入他人住宅或者非法搜查他人身体的。

第四十八条 【组织、胁迫未成年人有偿陪侍的行为和处罚】组织、胁迫未成年人在不适宜未成年人活动的经营场所从事陪酒、陪唱等有偿陪侍活动的，处十日以上十五日以下拘留，并处五千元以下罚款；情节较轻的，处五日以下拘留或者五千元以下罚款。

第四十九条 【胁迫乞讨等行为和处罚】胁迫、诱骗或者利用他人乞讨的，处十日以上十五日以下拘留，可以并处二千元以下罚款。

反复纠缠、强行讨要或者以其他滋扰他人的方式乞讨的，处五日以下拘留或者警告。

第五十条 【恐吓威胁、公然侮辱、诽谤、诬告陷害、打击报复证人、干扰他人生活、侵犯隐私等行为、处罚及措施】有下列行为之一的，处五日以下拘留或者一千元以下罚款；情节较重的，处五日以上十日以下拘留，可以并处一千元以下罚款：

（一）写恐吓信或者以其他方法威胁他人人身安全的；

（二）公然侮辱他人或者捏造事实诽谤他人的；

（三）捏造事实诬告陷害他人，企图使他人受到刑事追究或者受到治安管理处罚的；

（四）对证人及其近亲属进行威胁、侮辱、殴打或者打击报复的；

（五）多次发送淫秽、侮辱、恐吓等信息或者采取滋扰、纠缠、跟踪等方法，干扰他人正常生活的；

（六）偷窥、偷拍、窃听、散布他人隐私的。

有前款第五项规定的滋扰、纠缠、跟踪行为的，除依照前款规定给予处罚外，经公安机关负责人批准，可以责令其一定期限内禁止接触被侵害人。对违反禁止接触规定的，处五日以上十日以下拘留，可以并处一千元以下罚款。

第五十一条 【殴打他人、故意伤害的行为和处罚】殴打他人的，或者故意伤害他人身体的，处五日以上十日以下拘留，并处五百元以上一千元以下罚款；情节较轻的，处五日以下拘留或者一千元以下罚款。

有下列情形之一的，处十日以上十五日以下拘留，并处一千元以上二千元以下罚款：

（一）结伙殴打、伤害他人的；

（二）殴打、伤害残疾人、孕妇、不满十四周岁的人或者七十周岁以上的人的；

（三）多次殴打、伤害他人或者一次殴打、伤害多人的。

第五十二条 【猥亵、公共场所裸露隐私部位的行为和处罚】猥亵他人的，处五日以上十日以下拘留；猥亵精神病人、智力残疾人、不满十四周岁的人或者有其他严重情节的，处十日以上十五日以下拘留。

在公共场所故意裸露身体隐私部位的，处警告或者五百元以下罚款；情节恶劣的，处五日以上十日以下拘留。

第五十三条　【虐待、遗弃的行为和处罚】有下列行为之一的，处五日以下拘留或者警告；情节较重的，处五日以上十日以下拘留，可以并处一千元以下罚款：

（一）虐待家庭成员，被虐待人或者其监护人要求处理的；

（二）对未成年人、老年人、患病的人、残疾人等负有监护、看护职责的人虐待被监护、看护的人的；

（三）遗弃没有独立生活能力的被扶养人的。

第五十四条　【强买强卖的行为和处罚】强买强卖商品，强迫他人提供服务或者强迫他人接受服务的，处五日以上十日以下拘留，并处三千元以上五千元以下罚款；情节较轻的，处五日以下拘留或者一千元以下罚款。

第五十五条　【煽动、刊载民族仇恨、民族歧视等行为和处罚】煽动民族仇恨、民族歧视，或者在出版物、信息网络中刊载民族歧视、侮辱内容的，处十日以上十五日以下拘留，可以并处三千元以下罚款；情节较轻的，处五日以下拘留或者三千元以下罚款。

第五十六条　【违规出售、提供或非法获取个人信息的行为和处罚】违反国家有关规定，向他人出售或者提供个人信息的，处十日以上十五日以下拘留；情节较轻的，处五日以下拘留。

窃取或者以其他方法非法获取个人信息的，依照前款的规定处罚。

第五十七条　【冒领、隐匿、毁弃、倒卖、私自开拆或者非法检查他人邮件、快件的行为和处罚】冒领、隐匿、毁弃、倒卖、私自开拆或者非法检查他人邮件、快件的，处警告或者一千元以下罚款；情节较重的，处五日以上十日以下拘留。

第五十八条　【盗窃、诈骗、哄抢、抢夺或者敲诈勒索的行为和处罚】盗窃、诈骗、哄抢、抢夺或者敲诈勒索的，处五日以上十日以下拘留或者二千元以下罚款；情节较重的，处十日以上十五日以下拘留，可以并处三千元以下罚款。

第五十九条　【故意损毁公私财物的行为和处罚】故意损毁公私财物的，处五日以下拘留或者一千元以下罚款；情节较重的，处五日以上十日以下拘留，可以并处三千元以下罚款。

第六十条　【学生欺凌的行为、处罚及措施】以殴打、侮辱、恐吓等方式实施学生欺凌，违反治安管理的，公安机关应当依照本法、《中华人民共和国预防未成年人犯罪法》的规定，给予治安管理处罚、采取相应矫治教育等措施。

学校违反有关法律法规规定，明知发生严重的学生欺凌或者明知发生其他侵害未成年学生的犯罪，不按规定报告或者处置的，责令改正，对其直接负责的主管人员和其他直接责任人员，建议有关部门依法予以处分。

第四节　妨害社会管理的行为和处罚

第六十一条　【拒不执行政府在紧急情况下依法发布的决定，命令和阻碍执行职务，阻碍特种车辆船舶通行，冲闯警戒带、警戒区的行为和处罚】有下列行为之一的，处警告或者五百元以下罚款；情节严重的，处五日以上十日以下拘留，可以并处一千元以下罚款：

（一）拒不执行人民政府在紧急状态情况下依法发布的决定、命令的；

（二）阻碍国家机关工作人员依法执行职务的；

（三）阻碍执行紧急任务的消防车、救护车、工程抢险车、警车或者执行上述紧急任务的专用船舶通行的；

（四）强行冲闯公安机关设置的警戒带、警戒区或者检查点的。

阻碍人民警察依法执行职务的，从重处罚。

第六十二条　【冒充国家机关工作人员及其他虚假身份招摇撞骗的行为和处罚】冒充国家机关工作人员招摇撞骗的，处十日以上十五日以下拘留，可以并处一千元以下罚款；情节较轻的，处五日以上十日以下拘留。

冒充军警人员招摇撞骗的，从重处罚。

盗用、冒用个人、组织的身份、名义或者以其他虚假身份招摇撞骗的，处五日以下拘留或者一千元以下罚款；情节较重的，处五日以上十日以下拘留，可以并处一千元以下罚款。

第六十三条　【伪造、变造、出租出借公文、证件、证明文件、印章、有价票证、凭证、船舶户牌的行为和处罚】有下列行为之一的，处十日以上十五日以下拘留，可以并处五千元以下罚款；情节较轻的，处五日以上十日以下拘留，可以并处三千元以下罚款：

（一）伪造、变造或者买卖国家机关、人民团体、企业、事业单位或者其他组织的公文、证件、证明文件、印章的；

（二）出租、出借国家机关、人民团体、企业、事业单位或者其他组织的公文、证件、证明文件、印章供他人非法使用的；

（三）买卖或者使用伪造、变造的国家机关、人民团体、企业、事业单位或者其他组织的公文、证件、证明文件、印章的；

（四）伪造、变造或者倒卖车票、船票、航空客票、文艺演出票、体育比赛入场券或者其他有价票证、凭证的；

（五）伪造、变造船舶户牌，买卖或者使用伪造、变造的船舶户牌，或者涂改船舶发动机号码的。

第六十四条　【船舶擅自进入、停靠国家禁止、限制进入的水域或者岛屿的行为和处罚】船舶擅自进入、停靠国家禁止、限制进入的水域或者岛屿的，对船舶负责人及有关责任人员处一千元以上二千元以下罚款；情节严重的，处五日以下拘留，可以并处二千元以下罚款。

第六十五条　【非法以社会组织名义活动、被撤销登记的社会组织继续活动、擅自经营需公安机关许可的行业的行为和处罚】有下列行为之一的，处十日以上十五日以下拘留，可以并处五千元以下罚款；情节较轻的，处五日以上十日以下拘留或者一千元以上三千元以下罚款：

（一）违反国家规定，未经注册登记，以社会团体、基金会、社会服务机构等社会组织名义进行活动，被取缔后，仍进行活动的；

（二）被依法撤销登记或者吊销登记证书的社会团体、基金会、社会服务机构等社会组织，仍以原社会组织名义进行活动的；

（三）未经许可，擅自经营按照国家规定需要由公安机关许可的行业的。

有前款第三项行为的，予以取缔。被取缔一年以内又实施的，处十日以上十五日以下拘留，并处三千元以上五千元以下罚款。

取得公安机关许可的经营者，违反国家有关管理规定，情节严重的，公安机关可以吊销许可证件。

第六十六条　【煽动、策划非法集会、游行、示威的行为和处罚】煽动、策划非法集会、游行、示威，不听劝阻的，处十日以上十五日以下拘留。

第六十七条　【旅馆业不按规定登记旅客信息，不制止旅客带入危险物质，明知住宿旅客是犯罪嫌疑人不报告的行为和处罚】从事旅馆业经营活动不按规定登记住宿人员姓名、有效身份证件种类和号码等信息的，或者为身份不明、拒绝登记身份信息的人提供住宿服务的，对其直接负责的主管人员和其他直接责任人员处五百元以上一千元以下罚款；情节较轻的，处警告或者五百元以下罚款。

实施前款行为，妨害反恐怖主义工作进行，违反《中华人民共和国反恐怖主义法》规定的，依照其规定处罚。

从事旅馆业经营活动有下列行为之一的，对其直接负责的主管人员和其他直接责任人员处一千元以上三千元以下罚款；情节严重的，处五日以下拘留，可以并处三千元以上五千元以下罚款：

（一）明知住宿人员违反规定将危险物质带入住宿区域，不予制止的；

（二）明知住宿人员是犯罪嫌疑人员或者被公安机关通缉的人员，不向公安机关报告的；

（三）明知住宿人员利用旅馆实施犯罪活动，不向公安机关报告的。

第六十八条 【房屋出租人违反有关出租房屋管理规定的行为和处罚】房屋出租人将房屋出租给身份不明、拒绝登记身份信息的人的，或者不按规定登记承租人姓名、有效身份证件种类和号码等信息的，处五百元以上一千元以下罚款；情节较轻的，处警告或者五百元以下罚款。

房屋出租人明知承租人利用出租房屋实施犯罪活动，不向公安机关报告的，处一千元以上三千元以下罚款；情节严重的，处五日以下拘留，可以并处三千元以上五千元以下罚款。

第六十九条 【娱乐场所、公章刻制业、机动车修理业、报废机动车回收行业经营者不依法登记信息的行为和处罚】娱乐场所和公章刻制、机动车修理、报废机动车回收行业经营者违反法律法规关于要求登记信息的规定，不登记信息的，处警告；拒不改正或者造成后果的，对其直接负责的主管人员和其他直接责任人员处五日以下拘留或者三千元以下罚款。

第七十条 【非法安装、使用、提供窃听、窃照专用器材的行为和处罚】非法安装、使用、提供窃听、窃照专用器材的，处五日以下拘留或者一千元以上三千元以下罚款；情节较重的，处五日以上十日以下拘留，并处三千元以上五千元以下罚款。

第七十一条 【违法典当、违法收购违禁物品等行为和处罚】有下列行为之一的，处一千元以上三千元以下罚款；情节严重的，处五日以上十日以下拘留，并处一千元以上三千元以下罚款：

（一）典当业工作人员承接典当的物品，不查验有关证明、不履行登记手续的，或者违反国家规定对明知是违法犯罪嫌疑人、赃物而不向公安机关报告的；

（二）违反国家规定，收购铁路、油田、供电、电信、矿山、水利、测量和城市公用设施等废旧专用器材的；

（三）收购公安机关通报寻查的赃物或者有赃物嫌疑的物品的；

（四）收购国家禁止收购的其他物品的。

第七十二条 【隐藏、转移、变卖、擅自使用或者损毁行政执法机关依法扣押、查封、冻结、扣留、先行登记保存的财物，伪造、隐匿、毁灭证据，提供虚假证言、谎报案情，窝藏、转移或者代为销售赃物，违反监督管理规定的行为和处罚】有下列行为之一的，处五日以上十日以下拘留，可以并处一千元以下罚款；情节较轻的，处警告或者一千元以下罚款：

（一）隐藏、转移、变卖、擅自使用或者损毁行政执法机关依法扣押、查封、冻结、扣留、先行登记保存的财物的；

（二）伪造、隐匿、毁灭证据或者提供虚假证言、谎报案情，影响行政执法机关依法办案的；

（三）明知是赃物而窝藏、转移或者代为销售的；

（四）被依法执行管制、剥夺政治权利或者在缓刑、暂予监外执行中的罪犯或者被依法采取刑事强制措施的人，有违反法律、行政法规或者国务院有关部门的监督管理规定的行为的。

第七十三条 【违反人民法院刑事判决中的禁止令或者职业禁止决定，拒不执行禁止家庭暴力告诫书、禁止性骚扰告诫书，违反禁止接触证人、鉴定人、被害人及其近亲属保护措施的行为和处罚】有下列行为之一的，处警告或者一千元以下罚款；情节较重的，处五日以上十日以下拘留，可以并处一千元以下罚款：

（一）违反人民法院刑事判决中的禁止令或者职业禁止决定的；

（二）拒不执行公安机关依照《中华人民共和国反家庭暴力法》、《中华人民共和国妇女权益保障法》出具的禁止家庭暴力告诫书、禁止性骚扰告诫书的；

（三）违反监察机关在监察工作中、司法机关在刑事诉讼中依法采取的禁止接触证人、鉴定人、被害人及其近亲属保护措施的。

第七十四条 【被关押的违法行为人脱逃的行为和处罚】依法被关押的违法行为人脱逃的，处十日以上十五日以下拘留；情节较轻的，处五日以上十日以下拘留。

第七十五条 【故意损坏国家保护的文物、名胜古迹；在文物保护单位附近进行爆破、钻探、挖掘等活动，危及文物安全的行为和处罚】有下列行为之一的，处警告或者五百元以下罚款；情节较重的，处五日以上十日以下拘留，并处五百元以上一千元以下罚款：

（一）刻划、涂污或者以其他方式故意损坏国家保护的文物、名胜古迹的；

（二）违反国家规定，在文物保护单位附近进行爆破、钻探、挖掘等活动，危及文物安全的。

第七十六条 【偷开他人机动车的，未取得驾驶证驾驶或者偷开他人航空器、机动船舶的行为和处罚】有下列行为之一的，处一千元以上二千元以下罚款；情节严重的，处十日以上十五日以下拘留，可以并处二千元以下罚款：

（一）偷开他人机动车的；

（二）未取得驾驶证驾驶或者偷开他人航空器、机动船舶的。

第七十七条 【故意破坏、污损他人坟墓或者毁坏、丢弃他人尸骨、骨灰；在公共场所停放尸体或者因停放尸体影响他人的行为和处罚】有下列行为之一的，处五日以上十日以下拘留；情节严重的，处十日以上十五日以下拘留，可以并处二千元以下罚款：

（一）故意破坏、污损他人坟墓或者毁坏、丢弃他人尸骨、骨灰的；

（二）在公共场所停放尸体或者因停放尸体影响他人正常生活、工作秩序，不听劝阻的。

第七十八条 【卖淫、嫖娼以及在公共场所拉客招嫖的行为和处罚】卖淫、嫖娼的，处十日以上十五日以下拘留，可以并处五千元以下罚款；情节较轻的，处五日以下拘留或者一千元以下罚款。

在公共场所拉客招嫖的，处五日以下拘留或者一千元以下罚款。

第七十九条 【引诱、容留、介绍他人卖淫的行为和处罚】引诱、容留、介绍他人卖淫的，处十日以上十五日以下拘留，可以并处五千元以下罚款；情节较轻的，处五日以下拘留或者一千元以上二千元以下罚款。

第八十条 【制作、运输、复制、出售、出租淫秽书刊、音像制品等淫秽物品及传播淫秽信息的行为和处罚】制作、运输、复制、出售、出租淫秽的书刊、图片、影片、音像制品等淫秽物品或者利用信息网络、电话以及其他通讯工具传播淫秽信息的，处十日以上十五日以下拘留，可以并处五千元以下罚款；情节较轻的，处五日以下拘留或者一千元以上三千元以下罚款。

前款规定的淫秽物品或者淫秽信息中涉及未成年人的，从重处罚。

第八十一条 【组织播放淫秽音像、组织或者进行淫秽表演、参与聚众淫乱活动的行为和处罚】有下列行为之一的，处十日以上十五日以下拘留，并处一千元以上二千元以下罚款：

（一）组织播放淫秽音像的；

（二）组织或者进行淫秽表演的；

（三）参与聚众淫乱活动的。

明知他人从事前款活动，为其提供条件的，依照前款的规定处罚。

组织未成年人从事第一款活动的，从重处罚。

第八十二条 【为赌博提供条件或者参与赌博赌资较大的行为和处罚】以营利为目的，为赌博提供条件的，或者参与赌博赌资较大的，处五日以下拘留或者一千元以下罚款；情节严重的，处十日以上十五日以下拘留，并处一千元以上五千元以下罚款。

第八十三条 【非法种植罂粟不满五百株或者其他少量毒品原植物，非法买卖、运输、携带、持有少量未经灭活的罂粟等毒品原植物种子或者幼苗，非法运输、买卖、储存、使用少量罂粟壳的行为和处罚】有下列行为之一的，处十日以上十五日以下拘留，可以并处五千元以下罚款；情节较轻的，处五日以下拘留或者一千元以下罚款：

（一）非法种植罂粟不满五百株或者其他少量毒品原植物的；

（二）非法买卖、运输、携带、持有少量未经灭活的罂粟等毒品原植物种子或者幼苗的；

（三）非法运输、买卖、储存、使用少量罂粟壳的。

有前款第一项行为，在成熟前自行铲除的，不予处罚。

第八十四条 **【非法持有毒品，向他人提供毒品，吸食、注射毒品，胁迫、欺骗医务人员开具麻醉药品、精神药品的行为和处罚】**有下列行为之一的，处十日以上十五日以下拘留，可以并处三千元以下罚款；情节较轻的，处五日以下拘留或者一千元以下罚款：

（一）非法持有鸦片不满二百克、海洛因或者甲基苯丙胺不满十克或者其他少量毒品的；

（二）向他人提供毒品的；

（三）吸食、注射毒品的；

（四）胁迫、欺骗医务人员开具麻醉药品、精神药品的。

聚众、组织吸食、注射毒品的，对首要分子、组织者依照前款的规定从重处罚。

吸食、注射毒品的，可以同时责令其六个月至一年以内不得进入娱乐场所、不得擅自接触涉及毒品违法犯罪人员。违反规定的，处五日以下拘留或者一千元以下罚款。

第八十五条 **【教唆、引诱、欺骗或者强迫他人吸食、注射毒品，以及容留他人吸食、注射毒品或者介绍买卖毒品的行为和处罚】**引诱、教唆、欺骗或者强迫他人吸食、注射毒品的，处十日以上十五日以下拘留，并处一千元以上五千元以下罚款。

容留他人吸食、注射毒品或者介绍买卖毒品的，处十日以上十五日以下拘留，可以并处三千元以下罚款；情节较轻的，处五日以下拘留或者一千元以下罚款。

第八十六条 **【非法生产、经营、购买、运输用于制造毒品的原料、配剂的行为和处罚】**违反国家规定，非法生产、经营、购买、运输用于制造毒品的原料、配剂的，处十日以上十五日以下拘留；情节较轻的，处五日以上十日以下拘留。

第八十七条 **【为吸毒、赌博、卖淫、嫖娼人员通风报信或提供条件的行为和处罚】**旅馆业、饮食服务业、文化娱乐业、出租汽车业等单位的人员，在公安机关查处吸毒、赌博、卖淫、嫖娼活动时，为违法犯罪行为人通风报信的，或者以其他方式为上述活动提供条件的，处十日以上十五日以下拘留；情节较轻的，处五日以下拘留或者一千元以上二千元以下罚款。

第八十八条 **【产生生活噪声干扰他人的行为和处罚】**违反关于社会生活噪声污染防治的法律法规规定，产生社会生活噪声，经基层群众性自治组织、业主委员会、物业服务人、有关部门依法劝阻、调解和处理未能制止，继续干扰他人正常生活、工作和学习的，处五日以下拘留或者一千元以下罚款；情节严重的，处五日以上十日以下拘留，可以并处一千元以下罚款。

第八十九条 【饲养动物干扰他人正常生活，违法违规出售、饲养动物，未采取安全措施致动物伤人，驱使动物伤害他人的行为和处罚】 饲养动物，干扰他人正常生活的，处警告；警告后不改正的，或者放任动物恐吓他人的，处一千元以下罚款。

违反有关法律、法规、规章规定，出售、饲养烈性犬等危险动物的，处警告；警告后不改正的，或者致使动物伤害他人的，处五日以下拘留或者一千元以下罚款；情节较重的，处五日以上十日以下拘留。

未对动物采取安全措施，致使动物伤害他人的，处一千元以下罚款；情节较重的，处五日以上十日以下拘留。

驱使动物伤害他人的，依照本法第五十一条的规定处罚。

第四章 处罚程序

第一节 调 查

第九十条 【立案调查】 公安机关对报案、控告、举报或者违反治安管理行为人主动投案，以及其他国家机关移送的违反治安管理案件，应当立即立案并进行调查；认为不属于违反治安管理行为的，应当告知报案人、控告人、举报人、投案人，并说明理由。

第九十一条 【严禁非法取证】 公安机关及其人民警察对治安案件的调查，应当依法进行。严禁刑讯逼供或者采用威胁、引诱、欺骗等非法手段收集证据。

以非法手段收集的证据不得作为处罚的根据。

第九十二条 【收集、调取证据】 公安机关办理治安案件，有权向有关单位和个人收集、调取证据。有关单位和个人应当如实提供证据。

公安机关向有关单位和个人收集、调取证据时，应当告知其必须如实提供证据，以及伪造、隐匿、毁灭证据或者提供虚假证言应当承担的法律责任。

第九十三条 【移送案件证据效力】 在办理刑事案件过程中以及其他执法办案机关在移送案件前依法收集的物证、书证、视听资料、电子数据等证据材料，可以作为治安案件的证据使用。

第九十四条 【公安机关保密义务】 公安机关及其人民警察在办理治安案件

时，对涉及的国家秘密、商业秘密、个人隐私或者个人信息，应当予以保密。

第九十五条 【办案回避】人民警察在办理治安案件过程中，遇有下列情形之一的，应当回避；违反治安管理行为人、被侵害人或者其法定代理人也有权要求他们回避：

（一）是本案当事人或者当事人的近亲属的；

（二）本人或者其近亲属与本案有利害关系的；

（三）与本案当事人有其他关系，可能影响案件公正处理的。

人民警察的回避，由其所属的公安机关决定；公安机关负责人的回避，由上一级公安机关决定。

第九十六条 【传唤与强制传唤】需要传唤违反治安管理行为人接受调查的，经公安机关办案部门负责人批准，使用传唤证传唤。对现场发现的违反治安管理行为人，人民警察经出示人民警察证，可以口头传唤，但应当在询问笔录中注明。

公安机关应当将传唤的原因和依据告知被传唤人。对无正当理由不接受传唤或者逃避传唤的人，经公安机关办案部门负责人批准，可以强制传唤。

第九十七条 【询问查证时间及通知义务】对违反治安管理行为人，公安机关传唤后应当及时询问查证，询问查证的时间不得超过八小时；涉案人数众多、违反治安管理行为人身份不明的，询问查证的时间不得超过十二小时；情况复杂，依照本法规定可能适用行政拘留处罚的，询问查证的时间不得超过二十四小时。在执法办案场所询问违反治安管理行为人，应当全程同步录音录像。

公安机关应当及时将传唤的原因和处所通知被传唤人家属。

询问查证期间，公安机关应当保证违反治安管理行为人的饮食、必要的休息时间等正当需求。

第九十八条 【询问笔录及询问不满十八周岁人的规定】询问笔录应当交被询问人核对；对没有阅读能力的，应当向其宣读。记载有遗漏或者差错的，被询问人可以提出补充或者更正。被询问人确认笔录无误后，应当签名、盖章或者按指印，询问的人民警察也应当在笔录上签名。

被询问人要求就被询问事项自行提供书面材料的，应当准许；必要时，人民警察也可以要求被询问人自行书写。

询问不满十八周岁的违反治安管理行为人，应当通知其父母或者其他监护人到场；其父母或者其他监护人不能到场的，也可以通知其他成年亲属，所在学校、单位、居住地基层组织或者未成年人保护组织的代表等合适成年人到场，并将有关情况记录在案。确实无法通知或者通知后未到场的，应当在笔录中注明。

第九十九条 【询问被侵害人和其他证人】人民警察询问被侵害人或者其他证人，可以在现场进行，也可以到其所在单位、住处或者其提出的地点进行；必要时，也可以通知其到公安机关提供证言。

人民警察在公安机关以外询问被侵害人或者其他证人，应当出示人民警察证。

询问被侵害人或者其他证人，同时适用本法第九十八条的规定。

第一百条　【异地代为询问与远程视频询问】违反治安管理行为人、被侵害人或者其他证人在异地的，公安机关可以委托异地公安机关代为询问，也可以通过公安机关的视频系统远程询问。

通过远程视频方式询问的，应当向被询问人宣读询问笔录，被询问人确认笔录无误后，询问的人民警察应当在笔录上注明。询问和宣读过程应当全程同步录音录像。

第一百零一条　【询问中的语言帮助】询问聋哑的违反治安管理行为人、被侵害人或者其他证人，应当有通晓手语等交流方式的人提供帮助，并在笔录上注明。

询问不通晓当地通用的语言文字的违反治安管理行为人、被侵害人或者其他证人，应当配备翻译人员，并在笔录上注明。

第一百零二条　【人身检查与生物样本提取】为了查明案件事实，确定违反治安管理行为人、被侵害人的某些特征、伤害情况或者生理状态，需要对其人身进行检查，提取或者采集肖像、指纹信息和血液、尿液等生物样本的，经公安机关办案部门负责人批准后进行。对已经提取、采集的信息或者样本，不得重复提取、采集。提取或者采集被侵害人的信息或者样本，应当征得被侵害人或者其监护人同意。

第一百零三条　【检查程序】公安机关对与违反治安管理行为有关的场所或者违反治安管理行为人的人身、物品可以进行检查。检查时，人民警察不得少于二人，并应当出示人民警察证。

对场所进行检查的，经县级以上人民政府公安机关负责人批准，使用检查证检查；对确有必要立即进行检查的，人民警察经出示人民警察证，可以当场检查，并应当全程同步录音录像。检查公民住所应当出示县级以上人民政府公安机关开具的检查证。

检查妇女的身体，应当由女性工作人员或者医师进行。

第一百零四条　【检查笔录】检查的情况应当制作检查笔录，由检查人、被检查人和见证人签名、盖章或者按指印；被检查人不在场或者被检查人、见证人拒绝签名的，人民警察应当在笔录上注明。

第一百零五条　【扣押物品】公安机关办理治安案件，对与案件有关的需要作为证据的物品，可以扣押；对被侵害人或者善意第三人合法占有的财产，不得扣押，应当予以登记，但是对其中与案件有关的必须鉴定的物品，可以扣押，鉴定后应当立即解除。对与案件无关的物品，不得扣押。

对扣押的物品，应当会同在场见证人和被扣押物品持有人查点清楚，当场开列清单一式二份，由调查人员、见证人和持有人签名或者盖章，一份交给持有人，另一份附卷备查。

实施扣押前应当报经公安机关负责人批准；因情况紧急或者物品价值不大，当场实施扣押的，人民警察应当及时向其所属公安机关负责人报告，并补办批准手续。公安机关负责人认为不应当扣押的，应当立即解除。当场实施扣押的，应当全程同步录音录像。

对扣押的物品，应当妥善保管，不得挪作他用；对不宜长期保存的物品，按照有关规定处理。经查明与案件无关或者经核实属于被侵害人或者他人合法财产的，应当登记后立即退还；满六个月无人对该财产主张权利或者无法查清权利人的，应当公开拍卖或者按照国家有关规定处理，所得款项上缴国库。

第一百零六条　【鉴定】为了查明案情，需要解决案件中有争议的专门性问题，应当指派或者聘请具有专门知识的人员进行鉴定；鉴定人鉴定后，应当写出鉴定意见，并且签名。

第一百零七条　【辨认】为了查明案情，人民警察可以让违反治安管理行为人、被侵害人和其他证人对与违反治安管理行为有关的场所、物品进行辨认，也可以让被侵害人、其他证人对违反治安管理行为人进行辨认，或者让违反治安管理行为人对其他违反治安管理行为人进行辨认。

辨认应当制作辨认笔录，由人民警察和辨认人签名、盖章或者按指印。

第一百零八条　【警察执法人数的规范】公安机关进行询问、辨认、勘验，实施行政强制措施等调查取证工作时，人民警察不得少于二人。

公安机关在规范设置、严格管理的执法办案场所进行询问、扣押、辨认的，或者进行调解的，可以由一名人民警察进行。

依照前款规定由一名人民警察进行询问、扣押、辨认、调解的，应当全程同步录音录像。未按规定全程同步录音录像或者录音录像资料损毁、丢失的，相关证据不能作为处罚的根据。

第二节　决　　定

第一百零九条　【处罚决定机关】治安管理处罚由县级以上地方人民政府公安机关决定；其中警告、一千元以下的罚款，可以由公安派出所决定。

第一百一十条　【处罚前限制人身自由强制措施的时间折抵】对决定给予行政拘留处罚的人，在处罚前已经采取强制措施限制人身自由的时间，应当折抵。

限制人身自由一日，折抵行政拘留一日。

第一百一十一条 【定案证据】公安机关查处治安案件，对没有本人陈述，但其他证据能够证明案件事实的，可以作出治安管理处罚决定。但是，只有本人陈述，没有其他证据证明的，不能作出治安管理处罚决定。

第一百一十二条 【处罚告知】公安机关作出治安管理处罚决定前，应当告知违反治安管理行为人拟作出治安管理处罚的内容及事实、理由、依据，并告知违反治安管理行为人依法享有的权利。

违反治安管理行为人有权陈述和申辩。公安机关必须充分听取违反治安管理行为人的意见，对违反治安管理行为人提出的事实、理由和证据，应当进行复核；违反治安管理行为人提出的事实、理由或者证据成立的，公安机关应当采纳。

违反治安管理行为人不满十八周岁的，还应当依照前两款的规定告知未成年人的父母或者其他监护人，充分听取其意见。

公安机关不得因违反治安管理行为人的陈述、申辩而加重其处罚。

第一百一十三条 【治安案件调查结束后的处理】治安案件调查结束后，公安机关应当根据不同情况，分别作出以下处理：

（一）确有依法应当给予治安管理处罚的违法行为的，根据情节轻重及具体情况，作出处罚决定；

（二）依法不予处罚的，或者违法事实不能成立的，作出不予处罚决定；

（三）违法行为已涉嫌犯罪的，移送有关主管机关依法追究刑事责任；

（四）发现违反治安管理行为人有其他违法行为的，在对违反治安管理行为作出处罚决定的同时，通知或者移送有关主管机关处理。

对情节复杂或者重大违法行为给予治安管理处罚，公安机关负责人应当集体讨论决定。

第一百一十四条 【处罚决定前的法制审核】有下列情形之一的，在公安机关作出治安管理处罚决定之前，应当由从事治安管理处罚决定法制审核的人员进行法制审核；未经法制审核或者审核未通过的，不得作出决定：

（一）涉及重大公共利益的；

（二）直接关系当事人或者第三人重大权益，经过听证程序的；

（三）案件情况疑难复杂、涉及多个法律关系的。

公安机关中初次从事治安管理处罚决定法制审核的人员，应当通过国家统一法律职业资格考试取得法律职业资格。

第一百一十五条 【处罚决定书内容】公安机关作出治安管理处罚决定的，应当制作治安管理处罚决定书。决定书应当载明下列内容：

（一）被处罚人的姓名、性别、年龄、身份证件的名称和号码、住址；

（二）违法事实和证据；
（三）处罚的种类和依据；
（四）处罚的执行方式和期限；
（五）对处罚决定不服，申请行政复议、提起行政诉讼的途径和期限；
（六）作出处罚决定的公安机关的名称和作出决定的日期。
决定书应当由作出处罚决定的公安机关加盖印章。

第一百一十六条　【处罚决定书宣告和送达】公安机关应当向被处罚人宣告治安管理处罚决定书，并当场交付被处罚人；无法当场向被处罚人宣告的，应当在二日以内送达被处罚人。决定给予行政拘留处罚的，应当及时通知被处罚人的家属。

有被侵害人的，公安机关应当将决定书送达被侵害人。

第一百一十七条　【听证适用范围】公安机关作出吊销许可证件、处四千元以上罚款的治安管理处罚决定或者采取责令停业整顿措施前，应当告知违反治安管理行为人有权要求举行听证；违反治安管理行为人要求听证的，公安机关应当及时依法举行听证。

对依照本法第二十三条第二款规定可能执行行政拘留的未成年人，公安机关应当告知未成年人和其监护人有权要求举行听证；未成年人和其监护人要求听证的，公安机关应当及时依法举行听证。对未成年人案件的听证不公开举行。

前两款规定以外的案情复杂或者具有重大社会影响的案件，违反治安管理行为人要求听证，公安机关认为必要的，应当及时依法举行听证。

公安机关不得因违反治安管理行为人要求听证而加重其处罚。

第一百一十八条　【办案期限】公安机关办理治安案件的期限，自立案之日起不得超过三十日；案情重大、复杂的，经上一级公安机关批准，可以延长三十日。期限延长以二次为限。公安派出所办理的案件需要延长期限的，由所属公安机关批准。

为了查明案情进行鉴定的期间、听证的期间，不计入办理治安案件的期限。

第一百一十九条　【当场处罚条件】违反治安管理行为事实清楚，证据确凿，处警告或者五百元以下罚款的，可以当场作出治安管理处罚决定。

第一百二十条　【当场处罚程序】当场作出治安管理处罚决定的，人民警察应当向违反治安管理行为人出示人民警察证，并填写处罚决定书。处罚决定书应当当场交付被处罚人；有被侵害人的，并应当将决定书送达被侵害人。

前款规定的处罚决定书，应当载明被处罚人的姓名、违法行为、处罚依据、罚款数额、时间、地点以及公安机关名称，并由经办的人民警察签名或者盖章。

适用当场处罚，被处罚人对拟作出治安管理处罚的内容及事实、理由、依据没有异议的，可以由一名人民警察作出治安管理处罚决定，并应当全程同步录音录像。

当场作出治安管理处罚决定的，经办的人民警察应当在二十四小时以内报所属公安机关备案。

第一百二十一条　【救济途径】被处罚人、被侵害人对公安机关依照本法规定作出的治安管理处罚决定，作出的收缴、追缴决定，或者采取的有关限制性、禁止性措施等不服的，可以依法申请行政复议或者提起行政诉讼。

第三节　执　　行

第一百二十二条　【行政拘留处罚的投所执行和异地执行】对被决定给予行政拘留处罚的人，由作出决定的公安机关送拘留所执行；执行期满，拘留所应当按时解除拘留，发给解除拘留证明书。

被决定给予行政拘留处罚的人在异地被抓获或者有其他有必要在异地拘留所执行情形的，经异地拘留所主管公安机关批准，可以在异地执行。

第一百二十三条　【罚款缴纳程序和当场收缴罚款的适用】受到罚款处罚的人应当自收到处罚决定书之日起十五日以内，到指定的银行或者通过电子支付系统缴纳罚款。但是，有下列情形之一的，人民警察可以当场收缴罚款：

（一）被处二百元以下罚款，被处罚人对罚款无异议的；

（二）在边远、水上、交通不便地区，旅客列车上或者口岸，公安机关及其人民警察依照本法的规定作出罚款决定后，被处罚人到指定的银行或者通过电子支付系统缴纳罚款确有困难，经被处罚人提出的；

（三）被处罚人在当地没有固定住所，不当场收缴事后难以执行的。

第一百二十四条　【当场收缴罚款缴付程序和时限】人民警察当场收缴的罚款，应当自收缴罚款之日起二日以内，交至所属的公安机关；在水上、旅客列车上当场收缴的罚款，应当自抵岸或者到站之日起二日以内，交至所属的公安机关；公安机关应当自收到罚款之日起二日以内将罚款缴付指定的银行。

第一百二十五条　【当场收缴罚款应出具专用票据】人民警察当场收缴罚款的，应当向被处罚人出具省级以上人民政府财政部门统一制发的专用票据；不出具统一制发的专用票据的，被处罚人有权拒绝缴纳罚款。

第一百二十六条　【行政拘留暂缓执行适用条件和程序】被处罚人不服行政拘留处罚决定，申请行政复议、提起行政诉讼的，遇有参加升学考试、子女出生或者近亲属病危、死亡等情形的，可以向公安机关提出暂缓执行行政拘留的申请。公安机关认为暂缓执行行政拘留不致发生社会危险的，由被处罚人或者其近亲属提出符合本法第一百二十七条规定条件的担保人，或者按每日行政拘留二百元的标准交纳保证金，行政拘留的处罚决定暂缓执行。

正在被执行行政拘留处罚的人遇有参加升学考试、子女出生或者近亲属病危、死亡等情形，被拘留人或者其近亲属申请出所的，由公安机关依照前款规定执行。被拘留人出所的时间不计入拘留期限。

第一百二十七条　【担保人条件】担保人应当符合下列条件：

（一）与本案无牵连；

（二）享有政治权利，人身自由未受到限制；

（三）在当地有常住户口和固定住所；

（四）有能力履行担保义务。

第一百二十八条　【担保人义务与法律责任】担保人应当保证被担保人不逃避行政拘留处罚的执行。

担保人不履行担保义务，致使被担保人逃避行政拘留处罚的执行的，处三千元以下罚款。

第一百二十九条　【保证金没收】被决定给予行政拘留处罚的人交纳保证金，暂缓行政拘留或者出所后，逃避行政拘留处罚的执行的，保证金予以没收并上缴国库，已经作出的行政拘留决定仍应执行。

第一百三十条　【保证金退还】行政拘留的处罚决定被撤销，行政拘留处罚开始执行，或者出所后继续执行的，公安机关收取的保证金应当及时退还交纳人。

第五章　执法监督

第一百三十一条　【公安机关及人民警察办案原则】公安机关及其人民警察应当依法、公正、严格、高效办理治安案件，文明执法，不得徇私舞弊、玩忽职守、滥用职权。

第一百三十二条　【尊重和保障人权】公安机关及其人民警察办理治安案件，禁止对违反治安管理行为人打骂、虐待或者侮辱。

第一百三十三条　【接受监督】公安机关及其人民警察办理治安案件，应当自觉接受社会和公民的监督。

公安机关及其人民警察办理治安案件，不严格执法或者有违法违纪行为的，任何单位和个人都有权向公安机关或者人民检察院、监察机关检举、控告；收到检举、控告的机关，应当依据职责及时处理。

第一百三十四条　【通报政务处分】公安机关作出治安管理处罚决定，发现被处罚人是公职人员，依照《中华人民共和国公职人员政务处分法》的规定需要给予政务处分的，应当依照有关规定及时通报监察机关等有关单位。

第一百三十五条　【罚缴分离】公安机关依法实施罚款处罚，应当依照有关法律、行政法规的规定，实行罚款决定与罚款收缴分离；收缴的罚款应当全部上缴国库，不得返还、变相返还，不得与经费保障挂钩。

第一百三十六条　【治安违法记录封存】违反治安管理的记录应当予以封存，不得向任何单位和个人提供或者公开，但有关国家机关为办案需要或者有关单位根据国家规定进行查询的除外。依法进行查询的单位，应当对被封存的违法记录的情况予以保密。

第一百三十七条　【同步录音录像管理】公安机关应当履行同步录音录像运行安全管理职责，完善技术措施，定期维护设施设备，保障录音录像设备运行连续、稳定、安全。

第一百三十八条　【个人信息保护】公安机关及其人民警察不得将在办理治安案件过程中获得的个人信息，依法提取、采集的相关信息、样本用于与治安管理、查处犯罪无关的用途，不得出售、提供给其他单位或者个人。

第一百三十九条　【人民警察违法违纪责任】人民警察办理治安案件，有下列行为之一的，依法给予处分；构成犯罪的，依法追究刑事责任：

（一）刑讯逼供、体罚、打骂、虐待、侮辱他人的；

（二）超过询问查证的时间限制人身自由的；

（三）不执行罚款决定与罚款收缴分离制度或者不按规定将罚没的财物上缴国库或者依法处理的；

（四）私分、侵占、挪用、故意损毁所收缴、追缴、扣押的财物的；

（五）违反规定使用或者不及时返还被侵害人财物的；

（六）违反规定不及时退还保证金的；

（七）利用职务上的便利收受他人财物或者谋取其他利益的；

（八）当场收缴罚款不出具专用票据或者不如实填写罚款数额的；

（九）接到要求制止违反治安管理行为的报警后，不及时出警的；

（十）在查处违反治安管理活动时，为违法犯罪行为人通风报信的；

（十一）泄露办理治安案件过程中的工作秘密或者其他依法应当保密的信息的；

（十二）将在办理治安案件过程中获得的个人信息，依法提取、采集的相关信息、样本用于与治安管理、查处犯罪无关的用途，或者出售、提供给其他单位或者个人的；

（十三）剪接、删改、损毁、丢失办理治安案件的同步录音录像资料的；

（十四）有徇私舞弊、玩忽职守、滥用职权，不依法履行法定职责的其他情形的。

办理治安案件的公安机关有前款所列行为的，对负有责任的领导人员和直接责任人员，依法给予处分。

第一百四十条　【公安机关及其人民警察赔偿责任】公安机关及其人民警察违法行使职权，侵犯公民、法人和其他组织合法权益的，应当赔礼道歉；造成损害的，应当依法承担赔偿责任。

第六章　附　则

第一百四十一条　【本法管辖适用的特殊规定】其他法律中规定由公安机关给予行政拘留处罚的，其处罚程序适用本法规定。

公安机关依照《中华人民共和国枪支管理法》、《民用爆炸物品安全管理条例》等直接关系公共安全和社会治安秩序的法律、行政法规实施处罚的，其处罚程序适用本法规定。

本法第三十二条、第三十四条、第四十六条、第五十六条规定给予行政拘留处罚，其他法律、行政法规同时规定给予罚款、没收违法所得、没收非法财物等其他行政处罚的行为，由相关主管部门依照相应规定处罚；需要给予行政拘留处罚的，由公安机关依照本法规定处理。

第一百四十二条　【海警机构海上治安职责】海警机构履行海上治安管理职责，行使本法规定的公安机关的职权，但是法律另有规定的除外。

第一百四十三条　【特定法律用语的含义】本法所称以上、以下、以内，包括本数。

第一百四十四条　【本法施行日期】本法自2026年1月1日起施行。

图书在版编目（CIP）数据

中华人民共和国治安管理处罚法新旧条文对照与适用精解：条文对照、逐条解读、关联指引 / 刘春玲主编. -- 北京：中国法治出版社，2025.7. -- ISBN 978-7-5216-5237-6

I．D922.145

中国国家版本馆CIP数据核字第2025WG2879号

策划编辑：王熹　　　　责任编辑：李若瑶　　　　封面设计：赵　博

中华人民共和国治安管理处罚法新旧条文对照与适用精解：条文对照、逐条解读、关联指引

ZHONGHUA RENMIN GONGHEGUO ZHI'AN GUANLI CHUFAFA XINJIU TIAOWEN DUIZHAO YU SHIYONG JINGJIE：TIAOWEN DUIZHAO、ZHUTIAO JIEDU、GUANLIAN ZHIYIN

主编/刘春玲
经销/新华书店
印刷/三河市紫恒印装有限公司
开本/710毫米×1000毫米　16开　　　　　　　　　印张/14.25　字数/220千
版次/2025年7月第1版　　　　　　　　　　　　　2025年7月第1次印刷

中国法治出版社出版
书号 ISBN 978-7-5216-5237-6　　　　　　　　　　　　　　　定价：59.00元

北京市西城区西便门西里甲16号西便门办公区
邮政编码：100053　　　　　　　　　　　　　　　　　传真：010-63141600
网址：http://www.zgfzs.com　　　　　　　　　　　编辑部电话：010-63141833
市场营销部电话：010-63141612　　　　　　　　　　印务部电话：010-63141606

（如有印装质量问题，请与本社印务部联系。）